鹏华基金®

世界金融博览书库

ETF宝典

ETF知识全揭秘

理查德·A. 费里（Richard A. Ferri）◎著

张颖滢　沈效玄◎译

上海财经大学出版社　WILEY

图书在版编目(CIP)数据

ETF宝典:ETF知识全揭秘/(美)理查德·A. 费里(Richard A. Ferri)著;张颖滢,沈效玄译. —上海:上海财经大学出版社,2021.3
(鹏华基金·世界金融博览书库)
书名原文:The ETF Book: All You Need to Know About Exchange-Traded Funds
ISBN 978-7-5642-3484-3/F·3484
Ⅰ.①E… Ⅱ.①理… ②张…③沈… Ⅲ.①证券投资-投资基金 Ⅳ.①F830.91
中国版本图书馆CIP数据核字(2020)第029902号

□责任编辑 陈 佶
□封面设计 张克瑶

ETF宝典
——ETF知识全揭秘

理查德·A. 费里
(Richard A. Ferri) 著
张颖滢 沈效玄 译

上海财经大学出版社出版发行
(上海市中山北一路369号 邮编200083)
网 址:http://www.sufep.com
电子邮箱:webmaster@sufep.com
全国新华书店经销
上海华业装璜印刷厂印刷装订
2021年3月第1版 2021年3月第1次印刷

787mm×1092mm 1/16 23.5印张(插页:2) 337千字
印数:0 001—3 000 定价:98.00元

图字:09-2020-200 号

The ETF Book

All You Need to Know About Exchange-Traded Funds

Richard A. Ferri

立足长期，追求卓越，为持有人创造可信赖回报

伴随21世纪新十年的开启，21年行稳致远的鹏华基金迈向大资管时代的崭新征程。历经跨越式发展的“黄金二十年”，公募基金行业始终保持迅猛的发展势头，行业资产总规模超过14万亿元。鹏华基金资产管理规模稳居行业第一梯队，为超6 000万持有人及3 000多家机构投资者提供综合化、专业化、科学化的资产管理服务。

立足客户价值，坚持长期投资，致力于为持有人创造可信赖的投资回报。“受人之托，忠人之事”是资管行业秉持的理念，鹏华基金坚持以客户价值为核心，从客户利益出发，获取长期信任，稳固资管业务长远发展的根基。秉承长期投资、价值投资和稳健投资的理念，鹏华基金投研团队致力于成为“基本面投研专家”，深入研究并发掘具有长期发展潜力的优秀上市公司，分享企业的成长红利，力争以长期稳健、优异的投资业绩回报持有人的信任。依托成熟稳健的投研体系及优秀勤奋的投研团队，鹏华基金管理的公募基金、社保组合及专户组合的长期业绩突出。截至2019年底，鹏华旗下社保基金组合贡献收益累计超过680亿元，坚持创造长期可持续的投资价值。

追求卓越文化，引领开拓创新，致力于打造行业领先的综合资产管理平台。在国家经济步入高质量发展、居民财富管理需求快速增长的新阶段，鹏华基金致力于打造业界一流的综合资产管理平台，具体包括：绩优多元的产品平台，满足不同类型客户进行资产配置的需求；精细科学的销售服务平台，搭建全方位、多层次的客户支持与营销网络；专业系统的运营服务平台，平稳

运行，提升运营保障效率。面对行业日趋激烈的竞争态势，鹏华基金始终紧密围绕客户需求，一以贯之追求卓越，在各项业务领域积极探索创新变革，力争以差异化优势全力争胜。

严守风控、合规先行，坚持责任投资，致力于为持有人信任贡献长期价值。作为国内第一批成立的公募基金公司，鹏华基金一贯重视风险管理及合规文化的建设，多年来未曾涉及风险事件，树立了行业合规领先标杆。在行业文化建设的新要求下，鹏华基金将立足于责任文化的核心价值，坚持客户第一原则，合规先行，诚信固本，专业制胜，稳健行远。

全力提升金融科技多方位赋能的实力，致力于为客户提供科学高效的资管服务。在积极拥抱金融科技的新趋势下，鹏华基金全力打造了具有自主知识产权的技术平台——A 加平台，构建了自主培养、自主开发、自主运营的金融科技团队。通过技术辅助投资，科技赋能业务，科学管理风险，运用数字化、场景化、社交化的创新技术为客户提供便捷的资管服务。借助 Fintech 提升投研决策水平、优化客户资产配置、强化运营和风控建设，鹏华基金不断提升金融科技赋能实力，全方位体现“科学资管”能力，更好地践行“普惠金融”职责。

在金融深化改革开放、“大资管”迎来统一监管的新形势下，站在财富管理转型的时代路口，公募基金行业仍将在新竞争、新挑战下释放无限发展潜力。我们坚信，资产管理之道，不在朝夕之“赢”，而在长远之“兴”。面对资管行业的历史机遇与挑战，鹏华基金将始终秉承“诚信、尊重、合作、卓越、创新”的经营理念，立足责任文化的核心价值，强化建设“合规、诚信、专业、稳健”的行业文化，坚定打造“鹏华事业航船”的目标信念，以现代企业的姿态，朝业内领先的大型综合资产管理机构大步迈进。

鹏华基金管理有限公司总裁
邓召明

序　言

当今最热门的个人理财投资话题无外乎交易所交易基金(Exchange-Traded Fund,ETF)。顽固的被动投资信奉者,偏爱低成本和多样化的ETF投资;交易员和执着于市场时机的人,热衷于日内进行频繁交易,他们希望有越来越多高度专业化的产品推出,以便于执行比以往任何时候都复杂得多的投资策略。即使是采用主动投资策略的管理者也欢呼雀跃,可以用ETF来平衡现金仓位,并憧憬着一个主动管理型ETF广受推崇的未来。此前从未有如此多的投资者像对待ETF那样,以如此广泛的理由接受一种新的金融概念。

从个人投资者的角度来看,ETF现象可能是最具革命性的剧变。多年来,机构投资者与广大股民在投资方面的选择存在鸿沟。跟许多小型投资者一样,我记得读过传奇投资者吉姆·罗杰斯(Jim Rogers)周游世界的故事,他是《投资骑士》和其他重要投资书籍的作者。罗杰斯关注全球性事件,并将这些事件演变成投资理念,常常是做空某些货币、做多各种商品,并把赌注押在某个市场的具体板块,比如日本小企业。他的洞察力让我惊愕不已,但是令我沮丧的是,即便我能像罗杰斯那般聪颖并慧眼识珠,却还是没有能力依此采取行动。当然,我可以购买某只国际证券基金或某只贵金属基金,但我无法确定基金经理是否会按我的意愿来下注。

即便我确实找到了一位基金经理，他能够按照我设想的方式设置投资组合，却无法保证这种仓位设置能一直保持下去。简言之，即使我有了正确的思路，我也没有办法像罗杰斯那样去操作。

ETF 改变了这一切。如今，个人投资者可使用的工具与以往任何时候相比都更多、更完善。高度专业化的精确投资工具，现在已经成为小型投资者工具库的一部分。如果你想押注医药股票或地方银行的运势，就能找到相应的 ETF；假如你想在房地产市场上玩一把，有很多种 ETF 可供选择，可以投资国内房地产，也可以投资国际房地产；如果你想在可能发明治愈癌症药物的公司上押注，或者打算只投资不在索马里做生意的公司，一定会有一只满足条件的 ETF 可供选择；如果你想投资以发明创新闻名的公司，或者是所在行业具有领先地位的公司，又或者是只有很少一部分分析师密切跟踪的公司，都会有一只 ETF 等着你。而所有这些赌注都可以投向任何一个方向，因为 ETF 既可以做多，也可以做空。如今的投资人想做什么几乎没有限制，几乎任何选择都是可能的。

当然，更多的投资选择并不能保证投资收益的提高。有些备受尊重的投资评论员，包括最引人注目的先锋集团（Vanguard）创始人杰克·博格尔（Jack Bogle），抨击许多 ETF 关注的范围狭小，以及一些投资者在获得更多调整投资组合机会的时候，所采取的总体上会推动更频繁交易的行为。事实上，指数化的基本概念是要买入并持有整体市场，而似乎有悖于这一理念的是 ETF 的产品扩张和日内交易。因此，尽管 ETF 受益于指数化运动的良好愿望，但它显然可以被用于与指数化基本理念相悖的目的。博格尔生动地指出了 ETF 的双重可能：他把它比作一把精心制作的猎枪，既可以用于生存，也可以用于谋杀。

ETF 如此迅速地达到了专业化程度，其中的原因很容易理解。在主动管理型基金世界中，每家商店都拥有自己广泛而多样化的大盘股基金，因为其具备表现出色的可能性，使之成为经济上可行的产品。而在被动策略占主导地位的 ETF 领域，每家商店都拥有大盘证券指数基金的理由就不够充分了。一旦市场中已经存在一小部分此类基金，就没有多少理由再创建同类基金了。因此，较晚进入市场的玩家会迅速填补更为专业的领域，以便成为市场中某个新领域的首个参与者。结果便是催生出了一批投资范围更加狭窄的基金，其波动性往往高于广泛分散的基金。事实上，ETF 市场的波动性在过去 10 年里已经出现了整体性上升，近 12 个月波动性最大的是杠杆型、做空市场的品种。

我们可以称之为选择余地的阴暗面。分类越细则波动性就越大。看一看许多个人理财刊物中罗列的季度领先品种和落后品种，投资者就会发现，在 ETF 与开放式基金综合在一起的列表中，ETF 占了不成比例的数量。不幸的是，这些一飞冲天又瞬间坠落的基金正是投资者最不可能成功掌控的基金。我们最近在晨星公司做了大量有关投资者回报的研究工作。简言之，投资者的回报就是将买入和卖出考虑在内，以确定基金实际为持有者赚了多少钱。我们的研究发现，高度专业化的基金会诱惑投资者高买低卖，从而造成投资回报不佳。让投资者获取的回报更大的则是更为广泛而多元化的品种，如传统平衡型共同基金或整体股票市场指数基金。博格尔有关 ETF 可能被滥用的警告不应被忽视，电动工具可以帮助技术娴熟的木匠制作出漂亮的家具，但这也可能会导致业余水平的木工损失一根手指。

那么，个人投资者该怎么做呢？一方面，我们有理由感到欣慰的是，华尔街许多人为的障碍正逐渐减少；另一方面，许多此类障碍提供了有可能被人忽视的宝贵的保护机制。我认为唯一的解决办法是要认识到，ETF 已被广泛接受并刻画出一条审慎的路径。而在探索新的地形时，有个可靠的向导总归会有一定帮助。在这些向导中，几乎无人可以与理查德·A. 费里比肩。理查德是一个只收取费用的投资顾问，他对资产配置、财富保护和指数基金的来龙去脉了如指掌。他是帮助投资者评估和挑选日益增多的 ETF 的合适人选。在本书中，理查德介绍了 ETF 的基本原理、指数创建的细微差别，甚至是基于 ETF 制订财务方案的各种策略。他甚至提出了一种创新型分类和思考这一新工具的方法。简言之，他为大家完成了繁杂的提炼升华和背景调查工作，以便投资者能够在这一激动人心的新世界中获取知识。

我相信投资者一定会从这本书中获益。在快速致富的嘈杂声中，投资者往往会忘记初心，本书的投资组合重点则令人耳目一新。理查德是一位谨慎而深思熟虑的投资者，他显然把读者的最大利益放在首位。无论你是刚刚踏上 ETF 征途的菜鸟，还是久经沙场的老手，理查德正是投资者希望陪伴在侧的那种见多识广的向导。

一路平安！

晨星公司董事总经理

唐·菲利普斯(Don Phillips)

致　谢

本书最终能顺利撰写完成，离不开许多人的大力支持。我由衷地感谢以下所列名单以及我无意中可能遗漏的人所给予的建议、指导和灵感。有些人直接促成了本书的成功出版，有些人则通过他们发表的著作和令我增长见识的私人对话作出了间接贡献。

在这里，我特别感谢晨星公司的唐・菲利普斯，他为本书提供了精彩的序言。我也感谢以下各位的帮助，以首字母排列：标准普尔的大卫・布里泽(David Blitzer)博士，莫特利・富尔(Motley Fool)的罗伯特・布罗坎普(Robert Brokamp)，ETFguide.com 的罗恩・德莱格(Ron DeLegge)，标准普尔的斯里克兰特・达什(Srikrant Dash)，Indexuniverse.com 的马特・胡根(Matt Hougan)，巴克莱全球咨询公司的多德・基茨利(Dodd Kittsley)，先锋集团的罗恩・克里斯克(Ron Krisko)，全球趋势投资公司的汤姆・莱登(Tom Lydon)，克莱默证券公司的克里斯蒂安・马贡(Christian Magoon)，花旗集团全球市场部的布莱恩・梅吉本(Brian Megibbon)，PowerShares 的理查德・兰克(Richard Ranck)，道富环球投资公司的托尼・罗奇(Tony Roache)，投资组合管理公司的斯科特・萨拉斯克(Scott Salaske)，宏观市场公司(Macro Markets)的罗伯特・塔尔(Robert Tull)，indexuniverse.com 的吉姆・维安德(Jim Wiandt)，布拉德・齐格勒(Brad Zigler)，当然还有所有 Bogleheads 的粉丝。

前　言

看天空！……是只鸟！……是架飞机！……不，这是交易所交易基金！

交易所交易基金正在展翅高飞。人们更为熟知的是 ETF 的缩写，每周都会有这种新基金在华尔街交易所发行，并在各个投资者的投资组合中出现。虽然有关 ETF 发行的宣传炒作可能不如“超人”系列这类动作片那般华丽，但这些投资工具的一些发起人所营造的态势，就好像他们的产品可以让你一夜登上富豪榜。有一些 ETF 公司甚至给其基金起了一些听起来具有超能力的名字，比如 PowerShares、WisdomTree、ProFunds 和 XShares 等。

PowerShares 是否真的强大？WisdomTree 是一种明智的投资选择吗？ProFunds 表现得很专业吗？好吧，还有待观察。我们所知道的是，ETF 是投资界的一次重大革命，有可能有助于你获取金融上的成功，而正因为如此，精明的投资者都在尽其所能了解它的一切。这本《ETF 宝典》能让你广泛而深入地知晓这一革命性的投资结构，并为你成为一个更成功的投资者提供所必需的各种工具。

与传统型开放式共同基金相比，ETF 有很多优点，也有一些缺点。其优点包括投资成本较低、交易灵活性较大；缺点包括每笔 ETF 交易的佣金成本以及整理所有行业数据和专业术语等艰巨任务(本书将为你简化工作)。

ETF 是始于 1924 年第一只开放式共同基金产品问世的投资革命中的重要一步。从那时起,共同基金行业已经发生了许多变化,受到了迅速发展的监管环境的密切关注。

ETF 本质上是一个非常简单的概念。它所代表的是投资者可以在证券交易所进行买卖的一篮子证券。然而,透过表象看,ETF 拥有一个更加复杂的运作结构,需要更多的研究才能理解,而这一点使得 ETF 的投资分析和选择要比传统的开放式共同基金更为困难。ETF 能否为你的投资组合带来贡献,取决于你对这类产品的理解程度,以及如何公正客观地评估它的利弊。

我对 ETF 行业的一个批评意见在于,一小部分 ETF 公司毫无根据地声称 ETF 的优越性。我在这里不指名道姓,但是有些公司正在试图向投资者传达这样一个信息:它们的基于复杂投资策略的 ETF,将获取远远超过那些跟踪老牌基准指数的传统指数基金的回报。另外,有些时事通讯撰稿人还敦促读者们卖掉所持有的一切开放式共同基金而只购买 ETF,因为 ETF 能够提供更高的收益。这两项宣称都是毫无依据的。

所谓 ETF 收益高于传统型开放式共同基金的说法是严重夸大。相比开放式基金,ETF 的确可以节省一些成本,但节省的成本并不足以让两者的收益产生显著差异。除非存在成本方面的差别,否则没有任何理由期望一篮子股票在 ETF 结构中能够实现比在传统型开放式共同基金结构中更高的收益。

有些 ETF 公司宣称,它们采用了卓越的指数化技术。这个问题存在很大的争议。有许多不同的方法可以设计 ETF 所跟踪的指数,但是没有哪个卓越策略能够保证持续较高的收益。简单地说,沃比冈湖(Lake Wobegon)式的 ETF 公司是不存在的:“女人都很强壮,男人都很英俊,所有的 ETF 产品都能产生高于平均水平的收益。”

ETF 本身并不是投资品种，它们是一种账户结构。关键在于放置在这个结构里的是什么。多种类型的 ETF 结构都获得了美国证券交易委员会的批准。这些结构是一种运营引擎，被投资公司用来创建和管理许多不同类型的基金。并非是 ETF 结构带来了收益，而是 ETF 内部的投资策略。

ETF 结构背后的要点是其独特的运作模式，以及这种运作过程如何实现更低的总体投资成本，包括更低的税负和更高的交易效率。这些因素可能导致收益的增长，但对这种增长不应过多渲染，而且也不应该是投资者出售开放式基金和购买 ETF 的唯一理由。

ETF 的定义

ETF 是通过经纪公司在证券交易所进行交易的一篮子证券，如同单只股票。ETF 份额可以与同样通过经纪公司进行交易的其他投资者确定。ETF 全天都可以交易，从而比为人所熟知的开放式共同基金更加灵活，因为传统的开放式基金投资者必须等到一天结束后才能直接与共同基金公司进行买卖交易。

只要证券交易所开市，ETF 就可以在整个交易日内进行买卖。投资者用来交易股票的任何方法都可以用于 ETF 的交易。基金份额可以卖空，也可以融资购买。这样，它就成了一种机构投资者和交易员常用的投资工具，因为他们常常需要快速对冲证券仓位。

ETF 与传统型开放式共同基金的一个区别是，ETF 并不一定按照其资产净值（NAV，基金基础证券和所持有现金的综合市场价值）来进行交易。虽然 ETF 份额的供应和需求取决于所跟踪指数中的基础证券的价值，但是其他因素也可能影响 ETF 的市场价格。ETF 份额的市场价格是由其供需关系决定的;价格有时也会偏离基金的基本价值,但是不会偏离太多。ETF有一个机制能够控制价格的偏差,防止折价或溢价水平变得很高或持续时间很长。

ETF价格与其基础价值之间的差异,为一群特殊的投资者创造了潜在的盈利机会。通过允许一小部分被称为授权交易商(Authorized Participant,AP)的大型机构投资者买入或实物赎回ETF份额(使用标的证券而非现金),ETF的市场价格保持在其资产净值附近。当ETF与其标的证券之间出现微小价差时,授权交易商将会进行无风险套利交易。套利交易允许授权交易商用证券来交换大宗ETF份额,或用ETF份额交换证券。套利机制使得ETF份额的市场价格与基金的真实价值保持一致,并给授权交易商带来一笔小额盈利。套利行为发生得很快,并且有效地保证了ETF价格与真实价值趋同。

ETF是按照开放式共同基金来组织的。然而,发行ETF份额的公司已经同美国证券交易委员会达成协议,它们不将其产品作为开放式共同基金甚至共同基金来宣传或推销,只作为交易所交易基金和交易所交易证券来宣传。

根据美国证券交易委员会的规定,共同基金是由一个直接与公众进行交易的共同基金公司来发行和赎回的。ETF的发行商并不直接与公众进行交易,它们只从授权交易商那里完成买入或售出交易。根据规定,ETF的募集说明书和广告材料必须突出地披露这一事实,并声明ETF的个人股东不直接与基金公司买卖份额。当个人股东在证券交易所获得份额时,他们购买的是某个授权交易商所拥有的ETF创建单元的一部分。

听起来很复杂吧?别担心,读过本书以后,你将会精通ETF的运作。事实上,与大量从事金融服务的顾问相比,你对这些独特投资品种的了解很可能会更多。

交易所交易产品

本书各章所讨论的几种投资产品都不是严格定义下的 ETF。但这些投资产品确实表现得像 ETF，交易时也像 ETF，而且通常在投资界就被称作 ETF。在如今的市场上，有许多不同的交易所交易产品。《华尔街日报》在其《理财与投资》栏目列出了“交易所交易投资组合”标题下的所有产品类型。“交易所交易产品”、“交易所交易投资组合”这两个术语更好地描述了本书中所涵盖的内容。

一种定义上不属于基金的投资产品是巴克莱银行推出的一种创新型证券，称为 iPath 交易所交易票据（ETN）。这种独特的投资产品并不是 ETF；相反，ETN 是巴克莱银行的无担保债务，并跟踪某些市场指数的表现。

债务通常意味着要支付利息，但是 ETN 并非如此。这类特殊的证券不支付利息和股息，也没有业绩表现方面的保证。ETN 跟踪市场整体收益，投资者获取的是市场能够产生的总回报减去管理费后的收益。ETN 像 ETF 一样在证券交易所进行交易，但税负与 ETF 不同。这一重要区别我们将在本书第四章中详细论述。

还有其他类型的交易所交易产品在技术上并非 ETF，这些证券品种也在本书中做了介绍。然而，出于实用性目的，只要没有理由将这些交易所交易产品与 ETF 区分开，我们统一称之为 ETF。

ETF 市场的发展

ETF 市场正以极快的速度发展，这种发展很可能还会持续数年。自 2000 年以来，ETF 的发行量每年呈指数级增长。截至 2008 年，在美国市场上交易的ETF超过了700只,投资者资产总额超5 000亿美元,这个数额约为传统开放式共同基金价值的20%。到2010年,美国交易所可交易的ETF可能接近1 000只,资产规模约为1万亿美元。在之后的10年内,ETF的数量和资产水平有可能会与开放式共同基金持平,而这只是保守估计。

ETF有潜力在2020年成为共同基金市场的最大细分板块。作为一名知情投资者,你就应当知道ETF的独特之处、ETF如何运作、新基金的信息来源以及哪些基金可能有助于投资者实现金融目标。这正是《ETF宝典》中所覆盖的内容。

本书内容概述

《ETF宝典》分为四个部分,每个部分包含4～6章。每一章都相当精炼,以便于阅读和理解。本书的末尾有一个ETF资源列表,你可以从中找到有关交易所交易产品的更多信息,以及一张帮助你了解定义的术语表。

第一部分　ETF入门

你只有在了解了ETF的内部运作原理之后,才能体会到拥有ETF的好处。正是这种结构使得它们与众不同。

第一章介绍了ETF从早期出现到当今市场位置的沿革。人们说需求是发明之母,ETF也不例外。了解ETF市场多年来是如何演变和发展的,是理解它可能给你的投资组合带来益处的重要一步。

第二章论述了ETF管理的方方面面,这些运作机制与开放式共同基金存在显著的不同。该章介绍了ETF遵循的基于规则的指数策略、ETF市场价格的计算方式、日间价值的计算方式、授权交易商在ETF份额的创建和赎回中的作用、个人投资者的份额交易以及 ETF 与其他投资证券品种在结算方面的差异。

第三章研究了不同交易所交易投资组合之间的根本性区别。虽然所有基于指数的 ETF 都遵循规则,但并非所有 ETF 都以同一种方式运作。事实上,有些通常被叫作 ETF 的投资品种根本就不是基金。

第四章探讨的是 ETF 相对于传统型开放式共同基金的利弊。人们通常把开放式共同基金称作传统型,因为市场上有近 7 000 只开放式基金。这是投资者熟悉的一种结构。该章还概要论述了 ETF 份额被安排在应税投资账户中时的税收收益。

第五章论述了主动管理型 ETF 的未来。主动管理型 ETF 并不跟踪基于规则的指数;相反,证券品种是由投资组合经理或委员会自行选择的。证券交易委员会如今允许有限形式的主动管理型 ETF,这将会导致新品种的大量发行。

第二部分 ETF 跟踪的指数

大部分 ETF 跟踪证券指数。对指数创建和维护的规则以及方法的研究是 ETF 分析的一个重要组成部分。本书在该部分将市场指数与定制指数进行了区分,并介绍了一种按照 ETF 所跟踪的指数类型来对 ETF 进行分类的新方法。指数策略箱是理解指数创建和基金如何进行投资的一种简单方法。

第六章将 ETF 分为两大类。第一类指数是基准指数,这是复制被广泛认可的股票和债券指数表现的经典做法。基准指数采用被动方式选择证券,并用市值来确定权重。第二类是策略指数。策略指数与基准指数的不同之处在于,指数提供商积极参与证券选择的过程或修正证券加权的方式,抑或两者兼而有之。本章对策略指数与基准指数进行了比较。

第七章介绍了一种新颖而简单的用“井”字指数策略箱查看指数策略

的方式。指数策略箱有两个维度:其中一条轴为证券选择,另一条轴为证券权重。如何为一个指数选择证券以及证券在指数中的权重如何设置,对该指数的风险和收益特征有着深远的影响。

第八章进一步研究了指数策略箱的第一个维度,即证券的选择。指数证券的选择主要基于三个策略:被动策略、筛选策略和定量策略。为指数选择哪些证券显然十分重要;剔除的证券同样很重要。这一章深入介绍了各种证券选择方法及其对业绩表现的影响。

第九章论述的是指数策略箱的第二个维度,即证券权重的设置。证券权重的设置基于三个策略:市值策略、基本面策略和固定策略。指数中各个证券的权重设置方式对于该指数的风险和收益特征有着重大影响。这一章详细讨论了各种方法及其对收益的影响。

第三部分 ETF风格和选择

证券市场可分为许多资产类别和许多全球区域。第三部分将其分为美国股票、国际股票、债券和另类资产等类型。每种类型都附有ETF策略案例。

第十章总结了ETF市场的最大组成部分——美国证券市场。该章涵盖了整体市场基金,成长型和价值型基金,以及基于公司规模的基金。第十章还概述了各种指数供应商采用的风格和规模方法。

第十一章走向全球,把范围扩大到国际证券市场。随着越来越多的国际指数的创建和美国证券交易所构建起全球联盟,全球证券ETF的发行也在不断增长。新兴国家ETF正拓展到世界上曾经很难进入的某些区域。

第十二章介绍了美国和全球行业板块,即ETF证券市场中增长速度最快的领域。行业板块覆盖了全球大部分市场和微观市场。行业板块被切割得越来越小,为ETF投资者提供了开放式基金领域里不存在的细分市场的机会。

第十三章描述了十分有趣的特定证券 ETF 领域。这些独特的基金包括主题投资、行业轮动策略，杠杆式 ETF 以及空头基金。主题投资 ETF 涵盖了众多领域，包括清洁能源、传染病、社会责任和企业动态。杠杆式和空头基金被用来对冲风险，并在一个或另一个方向上进行杠杆式押注。如果想对冲一个流动性很差的股票仓位，这些基金将十分有用。

第十四章讨论的是固定收益 ETF，包括政府债券、公司债券和优先股。几年来，固定收益 ETF 的发展速度缓慢，基金提供商最近推出了几种固定收益 ETF，涉及高收益债券和优先股。

第十五章探讨了日益流行的另类资产 ETF，包括黄金、石油、商品指数和货币。这是一个十分有趣而且常常颇具争议的投资领域，学术研究一致认为，另类投资品种有助于降低投资组合的风险，但是围绕这种资产类别的潜在长期收益问题仍存在争议。

第四部分　用 ETF 进行投资组合管理

第四部分讨论了如何创建 ETF 投资组合，以及从中可以合理预期的收益水平。这一部分探讨了众多策略，包括买入—持有策略、市场择时策略和板块轮动策略。无论你信奉哪种策略，对于任何一种投资组合管理策略的成功来说，至关重要的因素都是要有一个信念，根据该信念制订一个计划，然后实施该计划并坚持下去。

第十六章广泛讨论了各种策略。主要的投资方式为买入—持有型和生命周期投资型被动策略，以及市场择时型和板块轮动型主动策略。特殊策略包括对冲流动性差的股票仓位。

第十七章介绍了在投资组合管理中使用简单而有效的买入—持有策略进行战略性资产配置。这种审慎的 ETF 多样化技术备受成本意识较强的投资者的青睐，他们希望在不需要预测市场的前提下获取市场回报。

资产类别相关性概念和投资组合再平衡问题都在该章做了介绍。

第十八章提供了根据我们的生命周期形成 ETF 混合比例的工具和指导。刚刚进入劳动力市场的人在投资的时候，一般都不同于即将退休的人。生命周期投资法将生命早期的更大权重向进取型资产类别倾斜，在生命后期将重心更多地转向保守型资产类别。

第十九章介绍的是各种主动投资管理策略。该章讨论了许多不同类型的投资组合策略，包括基本面分析和技术分析。主动投资的目标是要实现比市场更高的绝对回报或经风险调整后超出市场的收益。如果一个成功的主动策略的风险远远低于市场风险，那么它不一定要实现超过市场的回报。

第二十章重点介绍了 ETF 在投资组合管理中的特殊用途。这些用途包括对冲投资组合的某个特定风险，比如某个行业集中仓位风险。配对交易涉及在多个市场同时创建多头和空头仓位，以期从经济活动的变化中捕捉获利机会。市场中性策略是在某个行业进行多头和空头仓位投资，并以相反方式投资市场指数。税负互换策略是一种提高税后收益的保守策略。

第二十一章为 ETF 投资者提供了几种节省成本的方法。该章包含了可以降低投资者总体成本的开设账户和交易方面的建议。此外，该章还提供了有关获取专业投资组合管理服务的信息。

结　语

本书是你创建制胜投资组合策略的指南。无论你是刚刚涉足 ETF 投资，还是经验丰富的投资者，它都将带你进入一个更高的理解层次。有了本书的知识，你就拥有了所需的各种工具来创建适合你需求的投资组合。

目　录

第一部分　ETF 入门

第二部分　ETF 跟踪的指数

第三部分　ETF 风格和选择

第四部分　用 ETF 进行投资组合管理

第一部分

ETF入门

第一章　ETF——从进化到革命

交易所交易基金(简称 ETF)在 1993 年还是新生之物,而今已经发展壮大,给基金行业带来了革命。每年新发行的 ETF 数量达到数百只。可供投资的 ETF 数量自 2003 年 12 月的 71 只增长到了 2008 年 12 月的 747 只,翻了 10 倍以上,即便在 2008 年熊市也新发行了 221 只 ETF。我们很难预料 ETF 的增长速度何时将会减慢。由于投资组合管理中使用 ETF 的新方法以及 ETF 产品的创新将会使 ETF 在未来很多年都保持稳健发展,我们有理由相信,在增速放缓之前,ETF 总数有望实现 2～3 倍的扩张。

目前市场上有很多种交易所交易产品,包括交易所交易基金(ETF)、交易所交易票据(ETN)、委托人信托和单位投资信托(UIT)。本书第三章将详细展开讨论这些产品和其他品种。为方便讨论,除特别说明外,本书中 ETF 指代所有交易所交易产品。

研究 ETF 最好是从其诞生开始。本章重点描述了引发 ETF 创立的重大历史事件以及 ETF 市场后续几十年间的发展,带领读者了解 ETF 的前世今生以及未来发展。

ETF 是一个增长型行业

在 1993 年末,市场上仅有一只 ETF,其管理规模为 4.64 亿美元。而

1997 年末，市场上仍仅有两只 ETF，管理规模总计 62 亿美元。之后，ETF 逐渐流行起来，随着越来越多的投资公司进入这个市场，ETF 的发行开始加速。目前，已有超过 25 家公司发行了 ETF，并且不断有新的机构参与这个市场。图 1.1 显示了 ETF 市场的快速增长。此外，有数百只 ETF 正排队等待美国证券交易委员会(SEC)的批准发行。

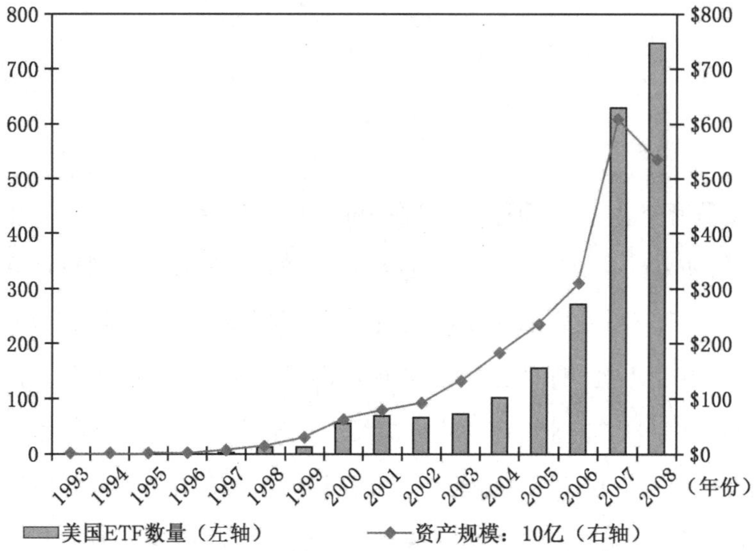

资料来源：美国道富环球投资管理公司。

图 1.1　美国 ETF 市场的增长

ETF 的增长是共同基金行业中的一大传奇。如今超过 50%在美国市场上交易的 ETF 只有不到 3 年的历史，由于数百只 ETF 正排队等待美国证券交易委员会批准，新产品发行将会井喷。老牌的共同基金管理公司，如太平洋投资管理公司(PIMCO)，也正在进入这个市场；一些风投公司创立的新 ETF 公司也希望能够在这个行业中占有一席之地。其中一部分参与者将保持独立发展，而另一些则会因行业竞争激烈而被大型的共同基金吞并。表 1.1 列举了美国市场中主要的 ETF 提供商及其在行业中所处的地位。

表 1.1　　美国主要的 ETF 提供商

管理人	ETF 数量	市场份额
黑石	180	47%
道富	83	28%
先锋	38	9%
PowerShares	119	3%
纽约银行	6	4%
ProShares Advisors	76	5%
Rydex 投资公司	40	1%
智慧树	50	1%
克莱默	34	1%

注：黑石于 2009 年收购了巴克莱全球投资公司。

资料来源：美国道富全球研究，2009 年 2 月。

当 ETF 数量超过市场需求时，必然会有参与者面临失败退出或被兼并的结局。资产管理规模要达到一定的水平才能让基金保持盈利。因 ETF 运营成本较低(见第四章)，其所需的最小管理规模相对其他类型的共同基金要小。2008 年，随着北方信托(Northern Trusts)和 XShares 公司的退出，市面上有 46 只 ETF 相继关闭，而这两家公司的基金资产规模均未超过 4 000 万美元。

共同基金简史

了解 ETF 的演变过程，首先要从了解共同基金行业的历史及其监管法律入手。共同基金已不是一种新型的投资方式。事实上，历史学家认为共同基金的历史与美国历史一样源远流长。第一只共同基金诞生在荷兰，当时美国正在为争取独立与大英帝国进行战争。

何处诞生

除美国独立战争后部分重建资金是通过共同基金从海外募集的以

外,共同基金的产生与美国独立战争并无关联。当时美国只是一个年幼的新兴市场,海外的投机者押注美国最终会取得胜利。这种投资思路与现在美国投资者押注新兴市场国家刚完成的政治体制改革毫无差别。

2004 年,耶鲁大学管理学院的 K. 格特·鲁文霍斯特(K. Geert Rouwenhorst)发表的一篇名为"共同基金起源"(The Origins of Mutual Funds)的论文,记录了共同基金从最初至 20 世纪早期的历史。鲁文霍斯特发现,在 1774 年,一名德国商人兼经纪商邀请公众参与认购名为"Eendragt Maakt Magt"(联合创造力量)的信托投资基金。这只投资基金创建于 1772～1773 年,正值该国发生金融危机之后不久。通常来说,金融危机之后往往伴随着金融创新。我们将在后续看到,20 世纪金融危机将如何在美国引发 ETF 的创新。

"Eendragt Maakt Magt"的诞生为少数投资者提供了一种用有限资金参与风投并通过分散化投资以降低风险的方法。这只信托基金出人意料地透明且得到了良好的管理。构成这只基金的证券来自澳大利亚、丹麦、德国、西班牙、瑞典、俄国以及许多中南美洲殖民种植区。阿姆斯特丹交易所日常交易的 100 多只证券中,大部分曾经是"Eendragt Maakt Magt"基金的成分股。当时,市场上流动性最好的证券的价格、当地不动产交易信息、阿姆斯特丹交易所上市交易的证券分红以及发行新股信息都会在双周刊物上公布于众。

"Eendragt Maakt Magt"基金存在了近 120 年,成为同类基金中寿命最长纪录的保持者。这只基金经历了多次金融危机和政治危机,其中包括由于美国内战而引发的美元资产急剧贬值。1893 年正式退市前,该只基金还经历了多次管理层变迁以及数次名称更改。

"Eendragt Maakt Magt"并不是外国投资者投资新兴国家市场的唯一方式。在 1780～1790 年间,单为投机美国未来信用而诞生的信托投资基金就已经超过 30 只。与法国和西班牙一样,荷兰也是新生美国的主要出资者之一。

基金来到美国

美国的信托投资基金最早诞生于19世纪90年代。波士顿个人资产信托(Boston Personal Property Trust)成立于1893年,是美国股票市场上交易的第一只封闭式基金。这只基金的运作方式与目前的封闭式基金并无二致。该基金在份额发行上有一定时限,待募集结束后封闭,投资者不能从中取出现金,但是可以通过证券交易所和场外交易卖出份额以在需要时获取流动性。

封闭式基金通过出售一定的基金份额募集现金。随后,基金经理根据该基金的投资目标与政策将募集到的现金用于投资。而基金份额在证券交易所挂牌或通过场外市场进行交易。

封闭式基金无需卖出证券以满足投资者的流动性要求,也无需购买证券以应对投资者申购基金份额。由于不受投资者赎回的影响,封闭式基金可以投资流动性较差的证券。例如,一只封闭式基金可以在证券市场欠发达的国家进行证券投资。许多封闭式基金利用杠杆来潜在地推升回报(同时,也提高了管理费用)。在如今的市场上,杠杆投资仍然是封闭式基金的常用手段。

与其他在公开市场上交易的证券一样,封闭式基金份额的价格也随着供需关系的变化而波动。由于市场对基金的需求与对该基金所包含的成分证券的需求不一致,封闭式基金份额的价格可能并不等于其资产净值(NAV)。根据规定,基金公司不能在市场上买卖自己发行的基金,也不能在基金份额价格与其资产净值不一致时进行基金的发行或赎回。(以上这些原因导致了)封闭式基金份额价格的溢价或折价,并成为这种封闭式结构的一个主要缺陷,也阻碍了其在市场上变得更为流行。

开放式基金的诞生

1907年成立于宾夕法尼亚州费城的亚历山大基金是迈向开放式基金过程中的重要一步,它解决了封闭式结构中基金份额价格与资产净值不一致的问题。亚历山大基金每半年发行一次，并允许投资者直接按照基金资产净值取出现金。这是共同基金第一次为旧份额的赎回和新份额的定期发行开放窗口。

1924 年马萨诸塞州投资者信托基金（Massachusetts Investors Trust，MIT）成为美国第一只具有现代开放式结构的共同基金。MIT 允许基金公司依据资产净值持续地发行或赎回份额。每日市场收盘后，开放式共同基金将根据其所持有的股票、债券和现金计算资产净值，并确定合理的基金份额价格。投资者可依据基金资产净值赎回基金份额。同时，基金资产净值也定期发布在报纸上。开放式结构能够让基金公司应投资人的需求发行或赎回份额。开放式基金的新设和赎回每天仅限一次，并根据当日收盘后基金的资产净值进行操作。随着美国道富环球投资管理公司跟随 MIT 在同年发行自己的开放式基金，开放式结构很快成为美国共同基金组织的统一标准。

投资者购买开放式基金需要支付一定的佣金。这些佣金都支付给了基金份额的销售方。20 世纪 20 年代，银行曾是开放式与封闭式基金的最大发行者。银行柜台向储户出售基金份额，有时允许储户全部用贷款来购买基金份额。这种放任自流的贷款行为最终造成大量小投资者的破产，并导致《格拉斯—斯蒂格尔法案》（Glass-Steagall Act）的制定。该法案制定后的近 75 年间，银行被禁止销售股票和共同基金。

在咆哮的 20 世纪 20 年代，共同基金行业发生着持续的创新。1928 年，苏达（Scudder）、史蒂文斯（Stevens）和克拉克（Clark）创立了第一只"免佣基金"。投资者可根据基金净值向基金公司申购或赎回基金份额，且无须支付佣金。同年，市场上还出现了第一只同时包含股票与债券的共同基金——惠灵顿基金。在此之前，市面上仅有股票型基金。

1929 年，美国金融市场上有 19 只开放式基金与近 700 只封闭式基金同台竞争。但在 1929～1932 年股市崩盘后，很多高杠杆运作的封闭式基金被淘汰出局。（这其中的原因是）大萧条初期，封闭式基金出售价格相对其资产净值的大幅折价引发了投资者的不满；而开放式基金投资者却能以基金资产净值赎回份额并获得现金，在20世纪30年代中期股票市场复苏时占得先机。

政府监管机构也开始注意到共同基金与信托行业中的潜在漏洞。美国证券交易委员会建立后，颁布了《1933年证券法》(Securities Act of 1933)以及《1934年证券交易法》(Securities Exchange Act of 1934)。这些法规条例的制定加强了对投资者的保护。发行股票的公司必须定期公布财务报表；共同基金则被要求在证券交易委员会注册，并以基金募集说明书的形式进行披露。几年后，《1940年投资公司法》(Investment Company Act of 1940)制定了新的法规，对信息披露方面提出了更高的要求，并减少了基金发行人与基金投资者之间的利益冲突。

共同基金行业的扩张

接下来的几十年，共同基金行业日新月异。20世纪50年代，约有50只新基金创立。到1954年，金融市场已重回1929年的高点，并且第二次世界大战后新一代投资者的兴趣开始显现。20世纪60年代，随着美林证券(Merrill Lynch)、皮尔斯公司(Pierce)、芬纳和史密斯(Fenner & Smith)等公司在各个街角设立了分支机构，有越来越多的投资者进入这个市场。成百上千只新基金被创立，并带来了数以亿计的资金流入。

1969年的熊市抑制了公众对股票的偏爱，财富的逆转也打击了金融行业发行新基金的热情。随着投资者赎回基金，大量资金迅速流出共同基金。

危机也催生了金融市场的创新，20世纪70年代早期，精明的投资者注意到大多数共同基金的表现并不及股票市场的回报。投资成本成为影响预期收益的重要因素。削减成本的理念对共同基金行业的发展方向产生了巨大影响。

1971年，美国富国银行(Wells Fargo Bank)创设了第一只低成本指数型基金。这种低成本指数化运行的创新概念，成为约翰·博格尔(John Bogle)于1975年创立美国先锋集团的基础。指数型基金以实现股票的市场收益为目标，只收取少量的管理费用。

20 世纪 70 年代也出现了免佣基金。有些基金公司专注于发行免佣基金，而更多的传统基金公司则在原有基金以外推出了其他可供选择的免佣基金。

免佣基金和低成本的指数型基金，以及 1976 年经纪公司取消固定佣金率的行业管制，每年为投资者节省了数十亿美元。投资成本的降低为基金行业之后的转折做出了重要贡献。

繁荣与萧条

20 世纪 80 年代和 90 年代是美国历史上最长的牛市之一。投资股票市场和基金市场成为很多美国人的爱好。许多基金公司的大名家喻户晓，例如富达投资（Fidelity）和美国基金（American Funds）。随着大量资金流入基金行业，一些基金经理也成为公众人物和偶像。

美国网络基金 Munder NetNet 是股市繁荣期的一个典型。这只基金成立于 1995 年，旨在追踪刚起步的互联网行业。它的基金经理既不是分析师也不是专业的理财人员，而是这家公司内部安装设备的技术人员。这名基金经理前一天还在建立工作站，而后一天就管理投资组合。由于那时无人知晓互联网，这只基金业没有得到多大关注。然而，这种情况并没有持续多久，到 2000 年初，Munder NetNet 基金资产管理规模就已经超过 120 亿美元。

就在几乎每家理发店和鞋店的销售人员都自称为科技股专家时，科技股泡沫破灭了。短短几个月内，随着许多高价位科技公司的破产，科技股市值已缩水至峰值时期的零头。Munder 公司解雇了 NetNet 的基金经理，就好像这名基金经理与股市泡沫或崩盘没有任何关系一样。

2000 年的互联网泡沫破灭之后，共同基金行业出现的一系列丑闻让行业名誉扫地。基金经理们可疑的交易模式和其他幕后交易表明，共同基金公司并不总是为了基金持有人的最大利益行事。很明显，基金公司并非像他们自称的那样清白无辜。市场需要的是更大的透明度、更全的信息披露和更高的可靠性，而这些正是 ETF 能够尽其所长之处。

回顾 1987 年股灾

1987 年 10 月 19 日黑色星期一，道琼斯工业平均指数单日下跌超过 20%。这是股市历史上第二大单日跌幅。史上最大单日跌幅发生在 1914 年 12 月 12 日，道琼斯工业平均指数当天下跌了 24%。但 1914 年股市的走势事出有因。当时，由于第一次世界大战的爆发，纽约证券交易所已经连续关停了 6 个月，许多投资者都在等待开盘的那一刻便抛售股票。

与 1914 年股灾不同，1987 年的崩盘似乎是突然爆发于风平浪静之中。在此之前几乎没有任何重大的新闻或事件发生，而华盛顿的政治局势也相对稳定。里根总统正处于任期的第 7 年，除了苏联占领阿富汗外，没有任何重大冲突威胁到世界和平。

对于 1987 年股灾最流行的解释是程序化交易产生的大量卖出指令。程序化交易是指一种由计算机跟踪市场动态，并自动生成买入/卖出指令的系统。这种程序化的交易策略通常在短时间内会执行大量股票和期货的指令。一些经济学家从理论上认为股市崩盘是由程序化交易导致的，而另一些经济学家觉得与此无关。总之，程序化交易策略成为 1987 年股灾的替罪羊，受到市场诟病。

1987 年的黑色星期一之后，市场开始清醒地意识到大型机构投资者并没有充足的流动性以快速对冲头寸。因此，世界各地的交易市场都对交易增加了限制。当股票下跌时，期货和期权市场暂时关闭交易；当股票进一步下跌时，证券交易所也将关闭。

期权和期货市场采取限制措施，因为在危机期间，这两个市场的流动性会很快枯竭并引发股市继续下跌。而关闭以上市场是防止股票进一步被抛售的第一个断路器，如果这还没有起到作用，那么监管机构将直接让证券交易所暂停交易。

暂停交易只是解决危机中流动性不足的一种本能反应，但没有更简单快捷的办法来解决流动性枯竭的问题。市场上需要的是一种交易所交易工具，以便能够简单可靠地对冲股票组合的风险。

封闭式基金可以在证券交易所交易，但是使用封闭式基金来对冲股票价格的快速下跌存在一个问题。由于封闭式基金的市场价格不是基金成分股所对应的基金资产净值，而只是反映了该基金的供求关系，因此，当市场下跌时，封闭式基金的市场价格可能会远低于其资产净值。根据具体基金和市场下跌的突然性，基金的资产净值折价可能高达 30%，并且会持续很长时间。使用封闭式基金来对冲股票仓位的卖家，将在抛售时承受一定的内在损失。

封闭式基金常常出现溢价或折价主要是源于当投资者有买入需求时，基金不能向新投资者发行更多的基金份额，从而产生溢价；当投资者有卖出需求时，基金也不能从投资者手中赎回基金份额，从而产生折价。在这两种情况下，基金公司都不能对自身的基金进行操作。由于封闭式基金的份额数量基本上是固定的，因而也没有办法通过套利来消除基金份额价格与资产净值间的差距。如果有一种机制能够允许交易者在基金和股票之间进行套利，那么封闭式基金的市场价格与基础资产净值将保持一致。

若能进行套利，那么封闭式基金的折价或溢价将不复存在。例如，当封闭式基金份额价格低于其资产净值时，如果允许申购基金，那么投资者可以同时买入基金，并以市场价格卖出所对应的成分股以获得无风险套利收益；反之，如果允许赎回基金，当基金份额的价格高于其资产净值时，投资者可以同时卖出基金份额，并以较低的市场价格买入所对应的成分股以获取无风险套利收益。

如果美国证券交易委员会允许对封闭式基金进行套利交易，就相当于给机构投资者提供了一种对冲投资组合市场风险的重要工具。当封闭式基金份额的价格与其资产净值接近时，机构投资者可以在市场下跌过程中出售份额。然而，封闭式基金并未获得美国证券交易委员会的豁免能进行套利交易。因此，市场上需要一种全新的工具来满足交易员的对冲需求。

第一只 ETF

1987 年的股市崩溃引发了“股票篮子”的想法，即在一次交易中进行一篮子股票买卖。美国证券交易委员会开始审查并改写证券交易法规，从而为这种新型的交易所交易工具扫清了障碍。1990 年，美国证券交易委员会颁布了《投资公司法》(Investment Company Act)(第 17809 号法令)，明确了可以在日内发行或赎回份额，最终为新型共同基金的形成做好了铺垫。

具体来讲，第 17809 号法令赋予了 Leland，O'Brien and Rubinstein (LOR)公司注册一种被称为“超级信托”(SuperTrust)的新型证券的权利。该产品是一种指数型基金，旨在让机构投资者能够在证券交易所的单笔交易中买入或卖出标准普尔 500 指数所包含的一篮子股票。超级信托所特有的结构使其可以如开放式基金一样发行或赎回份额，也可以如封闭式基金一样灵活交易。

“信托超级单位”(SuperUnit)可以如同封闭式基金一样在证券交易所交易。但与封闭式基金不同的是，当信托超级单位相对其资产净值出现折价时，机构投资者可以进行无风险套利。他们可以在公开市场上购入折价的信托超级单位，同时卖出信托超级单位所包含的成分股，然后要求信托超级单位变现所对应的成分股，而这些变现的成分股涵盖了先前出售的股票空头头寸。这种无风险套利交易可以为机构投资者锁定微利。

尽管套利交易听起来是很复杂的工作，但实际上它快速、简单，几乎全自动化运行。整个交易可以在短时间内由计算机运行程序并打电话给交易台完成。这种套利的结果就是彻底消除了交易所交易的信托超级单位与其资产净值之间的任何折价或溢价。

1990 年，LOR 公司提出了发行超级信托证券的申请，直到 1992 年 11 月 5 日美国证券交易委员会才完成审查。对于任何一种新型证券产品来说，美国证券交易委员会冗长的审查都很常见。本书将在后续展开论述这个问题。

第一期超级信托成立于 1992 年 12 月,3 年后到期。按计划将在到期日前发行一期新的超级信托以替代到期的产品。遗憾的是,LOR 公司并没有发行第二期超级信托。尽管超级信托为机构投资者提供了独特的解决方案,但是其弱点在于仅能吸引机构投资者。由于最低投资金额门槛较高、产品复杂程度高以及税收规定不利,个人投资者对超级信托态度冷淡。

哪里有机会,哪里就会有创新。当信托超级单位出现在市场上时,另一个更好的产品已经在孕育之中。美国证券交易所(American Stock Exchange,AMEX)利用第 17809 号法令向美国证券交易委员会申请创建第一批标准普尔存托凭证(Standard & Poor's Depositary Receipt,SPDR)。其官方名称是"SPDR 信托,系列 1",但是更常用的名称是 SPDR 标准普尔 500。1993 年 1 月,SPDR 标准普尔 500 指数基金在美国证券交易所上市交易,并由美国道富环球投资管理公司管理。

由于前述套利机制的存在,SPDR 标准普尔 500 指数基金的市场价格与其跟踪的标准普尔 500 指数成分股价格非常接近。机构投资者总有机会利用 SPDR 标准普尔 500 市值与标准普尔 500 指数成分股价格之间的微小偏离进行套利。当其中一个的价格高于另一个时,可以卖出价高者而买入价低者。套利交易可持续反复进行,直至两者之间的价差所剩无几而无利可套。

SPDR 标准普尔 500 指数基金迅速获得了成功。该基金在第一年就吸引了约 5 亿美元的资产。SPDR 获得成功而信托超级单位遭遇失败的一个原因是,个人投资者有能力购买 SPDR。SPDR 标准普尔 500 指数基金每个单位的交易价格约是标准普尔 500 指数的十分之一。如果标准普尔 500 指数报 1 600 点,那么一个 SPDR 单位的价格约为 160 美元。这是一种每个人都容易理解且简单而完美的定价方式,所有的投资者都能负担得起 SPDR 每个交易单位的价格。

SPDR 还填补了经纪行业的一大空白。在 20 世纪 90 年代中后期,股票经纪商迫切需要一种方式将客户的资产投资于指数型基金，因为当时大量客户将数十亿美元资产转移到了低成本的先锋 500 基金。SPDR 标准普尔 500 指数基金正好为经纪商提供了一种替代方式来应对先锋 500 基金，减缓了客户资产的外流。SPDR 标准普尔 500 仍然是当今市场上最受欢迎的 ETF。

ETF 结构的改进

1996 年，摩根士丹利(Morgan Stanley)联合巴克莱全球投资公司(Barclays Global Investors)在美国证券交易所推出了全球股票基准指数基金(World Equity Benchmark Shares，WEBS)。该基金包含 13 只 ETF 产品，跟踪从澳大利亚至比利时等不同地区的股票市场。

SPDR 和 WEBS 之间的显著区别主要体现在它们的结构上。SPDR 是作为一个单位投资信托(Unit Investment Trust，UIT)来运作的，而 WEBS 则依据《1940 年投资公司法》作为一个投资公司来运作。在 UIT 结构下，SPDR 必须精确地复制它被设计时所跟踪的标准普尔 500 指数。这意味着，SPDR 必须按照适当的权重配置标准普尔 500 指数所包含的所有 500 只股票。而 WEBS 作为一家投资公司运作，基金经理可以灵活地对股票持仓进行调整。

WEBS 所采用的投资公司结构使得基金经理可以根据需要自行改变基金持仓，以便于处理较难跟踪的指数。一些指数由少数权重大的公司股票组成，因此无法在 UIT 规则下复制。此外，海外股票和债券指数中的不少证券缺乏流动性。基金经理可以运行计算机中的优化模型对指数进行采样，而无需购入指数中的所有证券。能在投资公司结构下灵活调整基金持仓，这是 ETF 市场的一项重大创新。

UIT 结构与投资公司结构的另一个区别是公司向基金支付股息的方式。在 UIT 结构下，基金所持股票的现金分红将被留存在一个无息账户中，直至季度末才一次性发给基金持有人。投资公司结构则具有较大灵活性，可以在收到股息后进行再投资。与 UIT 结构类似，虽然投资公司结构下的基金仍在每季末向基金持有人分红，但再投资的特性使得此类基金可以更密切地跟踪指数。

WEBS 促成了 ETF 的另一项重大创新。它们在套利方法上取得了明显突破。这种方法可以减少 WEBS 个人持有者的税负。SPDR 最初并没有向美国证券交易委员会申请使用这些减税手段，但这种情况已经发生了变化。本书将在第四章详细讨论 ETF 的税收优惠。还有一项重要改变在于，WEBS 被允许在销售材料中同时使用“指数基金”和“ETF”两种措辞，而之前美国证券交易委员会是不允许 SPDR 同时使用这两种措辞的。

1997 年美国证券交易委员会批准了钻石基金（代码：DIA）的注册。这是一只由美国道富公司管理，并且跟踪道琼斯工业平均指数的 ETF。虽然 DIA 采用了单位投资信托（UIT）结构，但是它具备 WEBS 的低税负优势。由于道琼斯工业平均指数家喻户晓，DIA 吸引了大量的个人投资者。DIA 跟踪简单、投资便捷，因为几乎所有报纸、广播电台和电视新闻都会提供道琼斯工业平均指数的表现。这使得 DIA 成为市场上第五大 ETF，坐拥近 30 亿美元资产与每天 200 万股的交易量。

1998 年美国道富公司在向美国证券交易委员会申请成立行业 SPDR 时，改变了其原有的 ETF 结构。该公司采用投资公司结构来运作行业 SPDR，以享有税负减免和红利再投资的优势。行业 SPDR 包含了 9 只 ETF，分别跟踪标准普尔 500 指数的 9 个行业，且仅包含标准普尔 500 指数的成分股。所跟踪的 9 个行业为原材料、医疗保健、必需消费品、可选消费品、能源、金融、工业、科技和公共事业（详见本书第十二章）。

20 世纪 90 年代末期，个人投资者中最受欢迎的 ETF 是一只跟踪纳斯达克 100 指数的基金，它最初的代码为 QQQ。该基金于 2007 年更名为 PowerShares QQQ，同时代码变为 QQQQ。这只证券的昵称为 Cubes。由于重仓科技股和通信股，该基金成为 20 世纪 90 年代末信息科技爆炸期间一种理想的投机工具。于是，Cubes 一问世便获得了交易商和公众的追捧。Cubes 也是很多个人投资者购买的第一只 ETF。

2000年科技股泡沫破灭后，Cubes不再受个人投资者的青睐，ETF投资已被公众置之脑后。然而，这并没有阻止ETF的创新。ETF市场发展迅猛，2000～2003年许多新的ETF产品诞生，还有许多新的ETF公司创立。

美国先锋公司的VIPER：美国先锋公司于2001年推出其首只ETF产品，并将其称为先锋指数参与权益凭证（Vanguard Index Participation Equity Receipt，VIPER）。在此之前，所有ETF都是独立的基金。先锋使VIPER成为依附于该公司原有共同基金产品的一个股票类别。这是ETF和开放式基金首次挂钩。

先锋开放式全市场股票指数基金与VIPER的区别在于：其一，VIPER作为ETF可以在股票市场开市后全天进行交易，而其他开放式基金只能在每次收盘后进行交易。其二，交易的结算时间不同，开放式基金是在交易日的次日结算，而VIPER是在交易后的三日内结算。这些区别使先锋公司在会计处理方面遇到了一些挑战，但他们最终还是解决了这个问题。

2002年1月，先锋公司推出了第二只ETF产品——先锋外围市场VIPER。该ETF跟踪的是Wilshire 4500指数收益，Wilshire 4500指数包含了除标准普尔500指数成分股以外的所有股票。

2006年，先锋公司舍弃了VIPER这个称谓，而简单地称其为ETF。2007年初，先锋公司推出固定收益ETF，它属于原有的开放式固定收益指数基金类别。当先锋公司决定推出固定收益ETF时，VIPER这个名称已不再适用，因为VIPER中的E代表的是股票。

目前，还没有其他共同基金在现有指数基金的基础上推出配套的ETF作为一种股票类别，这可能是因为该方法已经被先锋公司申请了专利，任何使用该方法发行产品的公司都必须向先锋公司支付专利使用费。当主动管理型ETF司空见惯时，一些共同基金公司可能会申请使用许可。

多多益善：2000年5月发生了一件有趣的事，逐渐成为ETF市场的一种趋势。巴克莱全球投资公司在一天内发行了 50 种新的 iShares ETF 产品。这些 ETF 产品覆盖了多种美国和全球股票基准指数。

巴克莱推出的多种基金产品标志着 ETF 行业进入了"量优于质"的时代。自那以后,多家基金公司旗下的大量 ETF 产品如洪水般涌入市场。2006 年,Rydex 公司创造了在一天内发行近 100 只 ETF 的新纪录。这种如洪水般涌入市场的发行模式的目的是,尽可能快地推出尽可能多的产品,并任由这些产品自然发展。业内许多人都把这个模式描述为把果冻扔到墙上,然后看一看有多少果冻黏在墙上。截至本书撰写之时,"量优于质"的模式仍然存在,有超过 300 只 ETF 正等待美国证券交易委员会批准上市。

量化基金的崛起:2002 年,芝加哥纽文投资公司(Nuveen Investments)的前营销总监布鲁斯·邦德(Bruce Bond)创立了 PowerShares 公司。他的想法是运用量化指数来作为 ETF 的基准。量化方法旨在寻找出具有良好业绩潜力的证券。这种策略通常使用复杂的方法来分析证券的潜在收益,并对其由高到低进行排序。然后,对排名靠前的证券进行优化,以找到最有可能超越市场的最佳组合。

PowerShares 公司第一只 ETF 所使用的核心引擎被称为 Intellidex 方法。该系统使用了四大类别、共 25 个指标来进行证券选择,如风险因子、动量指标、基本面改善、股票估值等。该方法最初由布鲁斯·邦德开发,随后由罗伯特·塔尔(Robert Tull)等人改进,最后在美国证券交易所运行。这些量化指数由美国证券交易所运营和维护,遵从美国证券交易委员会关于指数提供商与基金管理商必须分离的要求。2008 年,美国证券交易所与纽约证券交易所合并。

布鲁斯·邦德推出量化 ETF 的时机恰到好处。ETF 行业已经准备好迎接一次新的发展,而量化基金恰逢其时。截至 2006 年,PowerShares 基金吸引了超过 10 亿美元的资产,PowerShares 公司的巨大成功促成了景顺集团(Amvescap,PLC)花费数亿美元对其进行收购。

这一不可思议的对 PowerShares 的天价收购事件,使得尚未涉足

ETF 行业的共同基金提供商和资产管理机构停下来重新思考它们的未来。市场早已天翻地覆。ETF 行业的发展速度超出了人们的预料。仍没有迈入 ETF 行业的传统共同基金公司将被市场淘汰。那些具有创新思路的新 ETF 公司将有机会抢占市场份额。

另类 ETF 粉墨登场:商品市场已经存在了几个世纪,同时,商品价格指数可以追溯到几千年前。偶尔会出现连续数年的商品牛市。当这种商品价格飙升情况出现时,将吸引大量投资者的注意。

21 世纪初曾出现过商品大牛市,石油价格在 2008 年夏季一度冲破 150 美元/桶,黄金价格也上涨到每盎司 1 000 美元。商品市场的繁荣立刻吸引了个人和机构投资者的兴趣,并且促使 ETF 公司采取行动,新设了跟踪石油、黄金和白银价格的 ETF。此外,还有一批新创立的 ETF 被用来跟踪各种大宗商品指数,如 S&P GSCI(正式名称为标准普尔高盛商品指数)、道琼斯 AIG 商品指数。

货币型 ETF 的出现是在 2005 年,Rydex 公司推出了名为 CurrencyShares 的 ETF。这种 ETF 是欧元信托产品(代码:FXE),其在欧元兑美元走强时升值,走弱时下跌。Rydex 公司在 2006 年和 2007 年推出了其他货币型 ETF。随后,巴克莱银行也加入了货币型 ETF 的行列,发行 iPath ETN。iPath ETN 是一种可以将普通收益转化为长期资本收益的创新型产品。

图 1.2 显示了自 1993 年 SPDR 诞生至 2008 年每年新发行的 ETF 数量。ETF 发行量的激增始于 2003 年,在 2007 年和 2008 年飙升至惊人的数目。2009 年,有近 400 只 ETF 在美国证券交易委员会申请上市。

我们没有理由认为 ETF 的新增速度会在未来几年内放缓,特别是在主动型 ETF 横空出世的情况下(详见第五章)。晨星公司的报告显示,市场上有超过 6 000 只开放式共同基金,而其中仅有少数几只拥有多样化的股票。如果开放式基金市场暗示了 ETF 的未来前景,那么 ETF 行业后续将会有很多年的快速发展。

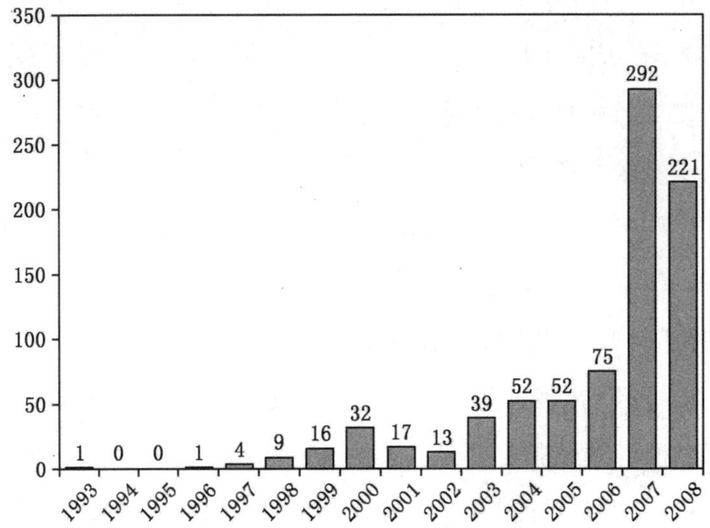

资料来源：Strategic Insight and Investment Company Institute.

图 1.2　每年新发行 ETF 的数量

ETF 的未来

ETF 市场发展如此迅猛，以至于相较于今后的推陈出新，如今的独特创新会相形失色。ETF 的创立者有多少想象力与天赋，新的 ETF 就有多大的成长机会。以下是几类 ETF 的发展方向：

- 对于不了解市场的人来说，如何选择退休基金进行投资是一大难题。生命周期基金为这些人提供了一种简单的投资方式，可以将资金分散到各种资产类别中，并且无需承担管理投资的负担。当投资者逐渐接近退休年龄，伴随着生命周期指数以及后续 ETF 数量的不断增加，投资者可以切换至更为安全的投资组合。

- 廉价的对冲基金 ETF 正在大举进入 ETF 行业。对冲基金是一个热门话题，并且对冲基金的投资机会也在逐渐向个人投资者敞开。学者们运用期货、期权等广泛交易的金融衍生品，模拟了复杂的对冲基金投资策略的回报。ETF 公司可以利用以上这些工具来合成对冲基金策略，为大众提供投资机会。

● 你准备购置或出售住房吗？跟踪住房市场的住房价格 ETF 可能即将面世。目前市场上已经有跟踪住房市场的指数，也存在基于这些指数的可交易的金融衍生品。根据地理位置和住房类型不同，这些指数会有若干类别，例如迈阿密公寓或凤凰城独栋住宅。以这些指数为基准的 ETF 将使你能够对冲未来房价上涨的风险，或者在房地产增长放缓的情况下保护房产净值不受下跌影响。

● 你担心大学学费上涨吗？也许未来会有新推出的 ETF 能够让你对冲大学学费上涨的风险，并锁定大学入学费用。想象一下：生活用品 ETF 可以对冲食品价格上升的风险，而药品 ETF 可以对未来药品价格走向下注，还有社会医疗保障 ETF 可以对冲医疗保障福利的削减，航空 ETF 可以对冲未来机票价格的上涨。

上述想法中有些可能看上去遥不可及，但它们可以被实现。一只 ETF 的创立只需要满足以下 4 个条件：

1. 有一个能跟踪的指数。

2. ETF 的成分证券具有流动性和可交易性。

3. 成功通过美国证券交易委员会的审查。

4. 有市场参与者。

这 4 个条件中最费时的是美国证券交易委员会的审查。很多时候，现行的法规需要进行一定的修改才可以适应创新型 ETF 产品，而这可能会耗费好几个月的时间。表 1.2 显示了 3 种 ETF 结构在美国证券交易委员会审查的耗费时间。美国证券交易委员会历时 28 个月才通过对 SPDR 的审查。然而，在市场监管者研究了这一概念并审核通过 SPDR 后，后续采用 UIT 结构的其他 ETF 获得批准并上市的过程则相对快很多。一旦美国证券交易委员会了解了这些东西，整个流程便容易得多。表 1.2 还列出了 3 种 ETF 结构通过美国证券交易委员会审查时的其他详细信息。

表 1.2　　美国证券交易委员会审核新 ETF 结构的时间

产　品	代　码	结　构	申请年份	审核用时（单位：月）
SPDR 标准普尔 500	SPY	单位投资信托	1990	28
Country Baskets (WEBS)*	有多个	《1940 年投资公司法》	1994	19
钻石基金	DIA	单位投资信托	1997	6
纳斯达克－100 跟踪股票**	QQQQ	单位投资信托	1998	6
巴克莱 iShares	有多个	《1940 年投资公司法》	1999	12
先锋 ETF	有多个	《1940 年投资公司法》	2000	6
streetTRACKS Gold	GLD	《1933 年证券法》	2003	18
iShares GSCI 大宗商品	GSG	《1933 年证券法》	2005	13

* 目前为 iShares。

** 目前为 PowerShares QQQ。

资料来源：美国证券交易委员会。

为什么政府需要花费如此长的时间来审查一只基金呢？原因是美国证券交易委员会负有确保公众投资者利益不受不道德投资行为侵害的责任。这也是为什么新发行的证券必须按照一定的标准运作，并且要达到一定信息披露水平的原因。市场监管机构需要花费时间彻底地了解新的金融产品。此外，美国证券交易委员会还需要向与之相关的其他政府部门提供信息。

主动管理型 ETF 的未来：ETF 产品中下一个爆点可能是主动管理型 ETF。主动管理型 ETF 并不需要跟踪某个指数；相反，它是由基金经理选择证券并进行投资。有几家公司已经在 ETF 市场上发行了采取主动管理策略的产品，我们预测会有更多的公司将挤进这个赛道。

大多数共同基金公司实行主动管理方式，这种方式覆盖了市场上 90％的开放式基金。开放式基金公司花费了多年的时间和数百万美元来劝说人们不要投资指数型基金，因此，对于多数采取主动型投资策略的基金公司来说，发行跟踪指数的 ETF 产品的行为显得离经叛道。然而，发行主动管理型 ETF 则不存在这样的问题。

虽然基金行业迫切希望推出主动管理型 ETF,但是美国证券交易委员会在批准一种真正的主动管理型 ETF 结构方面进展缓慢。市场监管机构对这些新产品会如何处理持仓披露和产品定价等关键问题方面仍存在一些疑问。根据现行法律,ETF 经理必须每天向公众披露基金所持有的证券及其权重。传统的主动型开放式基金通常是数周或数月定期公布一次基金持仓情况。使用 ETF 结构来进行主动型投资可能会对主动管理型 ETF 造成巨大的不利影响,因为基金经理的交易策略将完全暴露于市场竞争对手,并有可能被其他市场参与者利用。

尽管如此,一些公司已经推出了主动管理型 ETF,而且会实时地向市场披露基金持仓情况。这些公司声称,基金的这种透明性并不会损害该基金投资者的利益。尽管一些公司持续向美国证券交易委员会申请发行每日披露持仓的主动管理型 ETF,但关于主动管理型 ETF 在持仓披露上豁免的裁定仍在进行。本书第五章将提供有关处于萌芽期的主动管理型 ETF 市场的更多信息。

小 结

ETF 是一种革命性的投资产品,似风暴一般席卷了华尔街及普罗大众。因其既有股票的属性又兼具开放式基金的特征,ETF 投资者可以在证券交易所购买到专业化管理的投资组合的一定份额。每只 ETF 根据其所跟踪的指数不同而采取不同的管理方式。与股票一样,ETF 允许投资者在交易所开市期间随时买卖 ETF 份额。与开放式基金一样,ETF 在专业化管理的账户中提供广泛而多样化的投资组合。

尽管在过去几年中 ETF 数量爆发式增长,但 ETF 市场仍然在持续演进。每年 ETF 市场的广度和深度都在拓展。目前,已有超过 700 只 ETF 在美国市场上交易,总资产超过 5 000 亿美元。若保持目前的发行速度,用不了多久,美国市场上将有超过 1 000 只 ETF。ETF 市场是一个激动人心的行业,并且它的演进才刚刚开始。

第二章　ETF 的基本要点

ETF 可以在证券交易所开市的时候像公司股票一样进行买卖。与股票不同，ETF 的流通份额每天都会发生变化，这是因为 ETF 公司在不断地新发或赎回份额。ETF 公司持续发行或赎回份额的能力，使得 ETF 份额的市场价格与其持有的基础证券价值趋于一致。一种套利机制确保了投资者为 ETF 份额所支付的价格接近 ETF 成分证券的资产净值(NAV)。

本章将介绍 ETF 背后的运作和管理过程，以及使 ETF 市场有效运行的重要市场参与者。本章内容还涵盖了 ETF 份额的发行与赎回流程，ETF 份额在交易所的交易过程，以及 ETF 行业所使用的产品标识符号。本章包含了大量有用信息。

运行如基金，交易似股票

假设你已经决定购买标准普尔 500 指数基金。市场上有许多基金跟踪标准普尔 500 指数的收益，包括开放式共同基金和 ETF。你已将选项范围缩小至两种产品：一种为开放式基金，先锋 500(代码：VFIAX)；另一种为 ETF，iShares 标准普尔 500 ETF(IVV)。这两只基金有哪些相同点和不同点呢？

传统的开放式基金和追踪同一指数的 ETF 的相似之处多于不同之

处。两只基金都发行代表基金所有权的份额；两只基金都持有标准普尔 500 指数的一篮子股票；投资者买入 VFIAX 和 IVV 的手续费用均为 0.09％；两者都可以在证券交易所任意一个开放日进行买卖。而且，就持有的实际目的来看，两只基金的期望收益是相同的。那么，它们有什么区别呢？

第一个最重要的区别是投资者如何获取基金份额。VFIAX 是开放式基金，基金份额的买卖是直接在管理该基金的公司进行。IVV 则是在证券交易所进行交易，由一些投资者买入，另外一些投资者卖出。IVV 的个人投资者并不直接从基金公司买入 ETF 或向基金公司卖出 ETF。

当你买入开放式基金 VFIAX 的份额时，资金将直接由你或你的经纪公司打入基金公司。先锋公司对投资其公司旗下的基金并不收取佣金，但当你通过经纪公司买入基金份额时，经纪公司会收取一定的佣金。无论以上哪种方式，共同基金公司都是在收到现金之后发行新的开放式基金份额，并且这种操作是在每个交易日的收盘后进行。

如果你直接从先锋公司买入 VFIAX 基金份额，所获得的这些份额将存放在先锋公司开设的你名下的账户中。你将定期收到先锋公司的基金报告和税务信息。如果你是通过经纪公司购买 VFIAX，那么你买入的份额也同样存放在先锋公司，不过是存放在经纪公司的综合账户中。你也将定期收到基金月度报告和年度税务信息，只不过这些是由经纪公司发送，而不是先锋公司。

ETF 份额的购入通常是通过经纪公司在证券交易所进行。你买入的 ETF 份额是其他投资组合中已经存在的部分。基金公司并不会因为你的买入而发行新的份额。这就如同买入个股，你买入的股票是已经存在于公开市场上的。只有授权交易商这类特殊机构投资者才被允许和共同基金公司直接进行 ETF 交易。我们将在下文讨论授权交易商的重要性。

ETF 的这种交易所交易机制对 ETF 的市场营销产生了一个重大影响。尽管很多 ETF 产品在法律上是以开放式共同基金注册的，但 ETF 公司已经与美国证券交易委员会达成一致，不会在广告等对外推广中将自己的ETF产品宣传为共同基金。美国证券交易委员会断定，由于ETF投资者并不直接和基金公司做交易，因此ETF产品也不应该在任何宣传材料中被称为共同基金。因此，从这项法规的字面上理解，可以有共同基金，也可以有ETF，但是两个名称不能同时出现在同一句话中。本书中，我并未如此严格地执行以上规定。

若个人投资者不能从基金公司购买份额，那么他们买入的份额从何而来呢？授权交易商可以直接和基金公司进行交易，这意味着ETF持有者最终都是从一个更大的区块（又被称为创设单位）中获得其份额，而这些份额归授权交易商所有。本质上，ETF个人投资者间接持有了基金份额，这些份额都是第三方所拥有的大份额中的一小部分。这个独特之处非常重要，它不仅提高了ETF的运行效率，也降低了ETF的管理成本。本章稍后将提供更详细的关于“创设单位”的信息。

开放式基金与ETF的第二个重要区别在于，这两者份额的定价方式。开放式基金根据每个交易日收盘后的资产净值进行估价；相反，ETF份额在股票市场开市的全天都在持续地进行定价，且ETF份额的市场价格很少与其日内价值相同。这里所指的日内价值相当于资产净值。

基金资产净值的主要决定因素是其所持证券的当前市场价格。一只基金可能同时持有现金、其他资产和负债。从基金的总资产中减去负债，得到总的净资产，之后除以发行在外的份额总数，从而得到每股净资产。计算开放式基金或ETF每股净资产的过程完全一样，公式如下：

$$\frac{\text{基金资产总额}}{\text{发行在外的份额总数}}=\text{每一份额的净资产(NAV)}$$

先锋公司在每日下午市场收盘后计算其旗下每只开放式基金的净资产总值，然后除以每只基金发行在外的份额总数，以获得每只基金的每股净资产。先锋公司于每天东部时间下午5点公布资产净值。资产净值是所有开放式基金投资者在当日买入或者赎回份额时的每股价格。开放式基金在每日收盘前并没有日内资产净值计算，也没有日内份额交易。

由于股票在一天中以不同的价格持续进行交易，因而ETF的日内持续定价与开放式基金的盘后定价有很大的不同。ETF 投资者当天在证券交易所从其他投资者手中购入 ETF，所支付的价格即出售 ETF 份额时的市场价格。所有 ETF 的资产净值仍然每天收盘后只计算一次，但所有 ETF 的日内估价每 15 秒更新一次。交易 ETF 的交易所负责提供日内估值，并向公众提供这一信息。

ETF 的日内估值是投资者和授权交易商交易 ETF 份额的价格依据。日内估值并不是一个绝对精准的数值，因为 ETF 成分股交易的定价可能存在滞后，或持有的成分股当天未发生交易；投资于海外证券的 ETF 的日内估值通常不是其资产净值的真实反映，比如在美国的大多数交易时间段，海外市场正处于休市。

因日内价值只是资产净值的估算值，所以通常 ETF 的交易价格相对于 ETF 的日内价值有一定的溢价或折价，如下面的公式所示。目前有几种理论用于解释 ETF 交易的溢价或折价现象。可能相对于当日的日内估价，ETF 的交易价格能够更好地反映基金的资产净值；也有可能是因为 ETF 所持标的证券的流动性问题，其交易价格相对于其资产净值存在一定的溢价或折价。在这两种情况下，尽管在大多数时间 ETF 交易价格接近其日内价值，但 ETF 份额的定价仍是独立于其日内价值。ETF 市场价格折价/溢价公式为：

$$\frac{\text{市场价格}-\text{日内价值}}{\text{日内价值}}=\text{折价或溢价（折价}<0\text{，溢价}>0\text{）}$$

例如：

$$\frac{112.11-111.00}{111.00}=1.0\%\text{（溢价）}$$

开放式基金与 ETF 的第三个重要区别是其交易结算期。开放式基金实行 1 天结算，而 ETF 的结算时间为 3 天。

当你从先锋公司购买或出售 VFIAX 的开放式份额时，你的账户将在下一个工作日完成结算。如果你是买入份额，那么次日需要把足额资金存放在先锋公司，否则将出现逾期拖欠行为。当你卖出开放式份额时，则次日就可以拿到这笔资金。

购买 ETF 有 3 天的结算期。如果星期一你从经纪商那里购买了 IVV 的份额，那么你必须在周四前将资金存入经纪商的账户。因此，相比买入开放式基金，你将有额外两天时间来支付 ETF 份额的费用。当然，若你卖出 ETF 份额时，也需要延迟两天时间才能收回现金。

之所以提到 ETF 和开放式基金结算时间存在差异，是因为有些人在同一天出售 ETF 份额并购入开放式基金时会陷入困境。结算时间的差异可能导致账户有两天时间出现欠款。经纪公司对投资者延迟付款的行为并不友好，并且大多数经纪商会对延期两天支付收取利息。如果你的经纪账户发生了这种情况，很可能你会收到经纪公司发送的严正通知，并告知你的账户将在一定时间内禁止交易。对禁止交易的账户必须存入充足的可动用现金，否则经纪商将拒绝执行你的证券买入指令。

开放式基金与 ETF 的第四个区别有些微不足道，但却能在与他人交谈的过程中显示出你的博闻强识。这个区别是两种基金的代码所包含字母数量的差异。一只证券的代码并不仅仅是一个简单的市场标识符，它还标识了基金的类型以及基金定价的场所。

你可以从代码 VFIAX 这 5 个字母推断出先锋 500 指数基金是一只传统的开放式基金。开放式基金的代码总是由 5 个字母组成（不包含数字），且总是以字母 X 结尾。基金代码由 5 个字母组成且最后一个字母是 X，意味着该基金的报价会刊登在报纸的共同基金版面上。

你可以根据代码推断出 iShares 标准普尔 500（IVV）是一种交易所交易的 ETF，因为 ETF 的代码通常有 3 个字母。若证券有 1 个、2 个或者 3 个字母标识符，表示该证券在纽约证券交易所（NYSE）或美国证券交易所（AMEX）进行交易。在极少数情况下，你会看到一只带有 4 个字母的 ETF，例如 QQQQ 代表 PowerShares QQQ。4 个字母代表了该证券在纳斯达克交易所（NASDAQ）柜台进行交易。ETF 的定价可以在报纸的股票版面上找到，也可以在交易所交易组合的某一部分中找到。ETF 的代码一般不会含有 5 个字母并以字母 X 结尾。

以下是开放式基金与 ETF 之间的 4 个主要区别：

1. 买入或卖出开放式基金份额的唯一对手方是基金公司；而个人 ETF 份额则是在交易所与其他投资者进行买卖的，这些份额都是授权交易商拥有的 ETF 创设单位的一部分。

2. 开放式基金在每个交易日按其资产净值只计算一次定价，所有的买家和卖家都会收到资产净值价格；而 ETF 在交易所开市期间每 15 秒钟估算一次日内价值，该日内价值并不是 ETF 份额的交易价格，ETF 的交易价格取决于市场供需关系以及交易的时间点。

3. 开放式基金的结算时间是交易后的下一个工作日，而 ETF 的结算时间为交易后的 3 个工作日。出售 ETF 并购买开放式基金时要小心，因为你可能会因两者结算时间差异而遇到资金不足的问题。

4. 开放式基金的市场代码通常为 5 个字母并以 X 结尾；而 ETF 的市场标识往往是 3 个字母，在少数情况下为 4 个字母，不同的字母数量表明其归属不同的交易场所。

封闭式基金的问题

第一章介绍了共同基金投资的简要历史，提到了封闭式基金（closed-end fund，CEF）作为市场风险对冲工具所存在的问题。CEF 和 ETF 都在证券交易所进行交易，并且两者的交易价格都独立于基金所持有的成分证券。CEF 与 ETF 不同的地方在于，它的交易价格常常与构成基金的成分证券和现金的日内价值保持较大幅度的价差。

由于基金公司受限不得改变市场上基金份额，CEF 价格相对其资产净值存在广泛的溢价或折价。CEF 的份额在发行上市的第一天就已确定，此后，投资者手中持有的份额就固定不变了。只有在 CEF 获得美国证券交易委员会批准和份额持有者表决通过后才有权变更份额，而且可能要花费很长时间并且成本高昂。

由于 CEF 已发行在外的份额不变，而份额的市场价格由其供需决定，所以很多时候这些份额的价格会大幅偏离标的证券及现金的价值。听起来很奇怪的是，CEF 的溢价或折价可能会持续多年，因为在此期间没有办法使 CEF 的市场价格向其资产净值靠拢。

如果允许修改证券法，那么 CEF 价格与其资产净值间的偏差问题可以轻易解决。若立法修改允许基金经理增加或减少基金份额，那么大幅溢价或折价现象将立即消失。在这种情形下，基金经理只需要在发生溢价时发行更多 CEF 份额，在发生折价时赎回 CEF 份额即可。例如，当 CEF 份额出现溢价出售时，基金经理可以创造更多的 CEF 份额并将其向市场卖出。出售这些新 CEF 份额的收益将回流至基金，用来购买基金的成分证券。卖出新的 CEF 份额并买入 CEF 的成分证券，将促使两者的价格趋于一致。这种套利交易可以持续重复进行，直至 CEF 份额价格与其资产净值足够接近，套利操作无利可图。

为什么美国证券交易委员会不允许基金经理进行套利交易来消除 CEF 的折价与溢价呢？我们可以回想一下本书第一章中提到的美国证券交易委员会的职责是保护大众投资者的利益。美国证券交易委员会担心的是封闭式基金公司可能会滥用发行与赎回份额的特权，操纵基金价格为公司谋取私利。因为通过扩大或缩小折价和溢价来控制 CEF 的市场价格，对基金公司来说是非常有利可图的。

在过去的十年间发生了许多共同基金丑闻之后，事实证明美国证券交易委员会的担心是合理的。曾有多家声誉良好的公司及其管理人员卷入了一系列证券违规事件。多个共同基金的高管被禁止进入行业，并处以大额罚款，甚至入狱。

ETF 的解围

ETF 避免了封闭式基金固有的持续溢价和折价的难题，因为 ETF 的先驱者们曾向美国证券交易委员会请愿，要求允许 ETF 经理可以根据市场需要在日内发行或赎回份额。为了避免内部交易，将由独立的第三方机构发起套利交易并监督新发行的 ETF 份额的流向。第三方还可决定何时发行新的 ETF 份额，以及何时赎回现有的 ETF 份额。

ETF 发行与赎回过程中的独立第三方被称为授权交易商(AP)。授权交易商包括知名做市商(market maker)，例如高盛(Goldman Sachs)、美邦(Smith Barney)、美林证券，以及华尔街以外极少有人听说过的市场专业公司。在 ETF 发行和赎回的过程中引入专业公司与做市商，将套利交易的利润从基金公司转移到了授权交易商。由于每只 ETF 均有多个授权交易商覆盖，交易商之间的商业竞争将通过确保交易高度透明和套利收益在合理范围之内，使得套利交易行为不会被滥用。

政府部门对市场的各个层级进行监督，包括通过存管信托结算公司(Depository Trust Clearing Corporation，DTC)对每只股票和 ETF 的日常交易进行监控。DTC 是美国政府记录证券交易的代理机构，会记录所有交易所交易的证券信息，而 ETF 的转让信息也会被记录在内。

ETF 份额发行与赎回

当一家投资公司发行一只新 ETF 时，其有别于其他共同基金的发行和赎回过程便开始了。首先，这家投资公司必须记录该基金的投资目标，并提交一份详细文件给美国证券交易委员会审批。该文件的法定信息包含基金费用、目标、风险、标识以及责任。这些信息最终会在基金的募集说明书和附加信息声明中使用。最重要的是，它还披露了基金投资者将承担的投资管理费用和基金行政成本。

ETF 都跟踪证券指数，唯一例外的是刚出现不久的主动管理型 ETF(见第五章)。大多数 ETF 公司是从外部指数供应商处获得授权，如标准普尔、弗兰克·罗素公司(Frank Russell & Company)、道琼斯和摩根士丹利资本国际公司。除了这些大牌公司外，还有数十家较小的指数提供商发布并跟踪一些特殊的指数。一个指数可以只包含一样物品，例如一盎司黄金的价格或者一桶石油的价格。

一个可用作市场基准的指数有着明确的程序来确定其成分以及各个

成分的权重。指数的管理方法必须具有一致性，指数的价格必须实时发布。指数提供商通过向发行 ETF 的公司收取指数使用许可费来获利。许可费是 ETF 运行费用的一部分，但是实际支付的许可费是不公开的。这些费用通常基于 ETF 所包含资产的一定比例来收取。例如，标准普尔公司可能对标准普尔 500 指数的许可权收取 0.02%的费用，而某个特殊品种，如 Intellidex 可能会收取 0.08%的许可费。

ETF 公司降低成本的一个方法是自己发布指数，这样就可以把原本支付给第三方的指数许可费节省下来。不过，美国证券交易委员会要求自主开发指数的 ETF 公司必须聘用外部管理公司来管理 ETF，这就又增加了成本。智慧树投资公司编制了旗下股息和收益指数，以供公司 ETF 进行跟踪。为了遵守美国证券交易委员会的规定，该公司聘请了纽约银行来管理公司旗下的 ETF。

证券借贷是许多大型投资公司从 ETF 上赚取收入的一种途径。例如美国道富、美国先锋集团和巴克莱全球投资公司都代表投资者持有数额巨大的股票。这些股票可以在 ETF 的发行过程中借给授权交易商，在股票借出过程中，投资公司可以获得借贷期间所产生的少量利息费用。

托管银行在 ETF 管理中扮演了一个不太显眼但很重要的角色。托管银行为基金实际持有证券，是负责处理每只证券买入和卖出交易的实际主体。当基金公司完成证券交易后，托管银行将对证券的类型与数量进行双重检查，以保证交易正确。托管银行通常根据基金管理的资产规模而收取少量费用。

授权交易商在 ETF 份额发行与赎回过程中最为重要，也通常被称为做市商或专家。一只基金会与多家独立的授权交易商签署授权协议。

当发行新的 ETF 份额时，这些中间商会买入或借入数量合适的一篮子基金成分股，并用这一篮子股票与 ETF 经理交换新的 ETF 份额。这些提交给授权交易商用于交换 ETF 份额的证券和现金的资产净值必须等于基金前一日收盘时公布的资产净值。由于前一日收盘时的资产净值是一个已知数，这可以防止基金公司可能在份额的发行过程中间接获利，从而打消了美国证券交易委员会对潜在滥用行为的担忧。

交易商通过托管银行将一篮子股票与现金提交给 ETF 公司，并收到一个 ETF 发行单元。该发行单元是一大块 ETF 份额，通常数量多达 5 万股。ETF 发行单元所含份额的实际数量因其本身而异。一些发行单元所包含的份额数量最低只有 2 万股。

当托管银行向授权交易商交付一个 ETF 发行单位后，授权交易商有多种选择。它可以将该单元存放在公司账户中，或者同其他授权交易商进行交易，抑或是将该单元拆分为 ETF 份额。这些份额可以在公开市场上由公众投资者买卖。图 2.1 描述了 ETF 份额从基金公司通过授权交易商转入交易所，并最终到达个人投资者手中的发行过程。

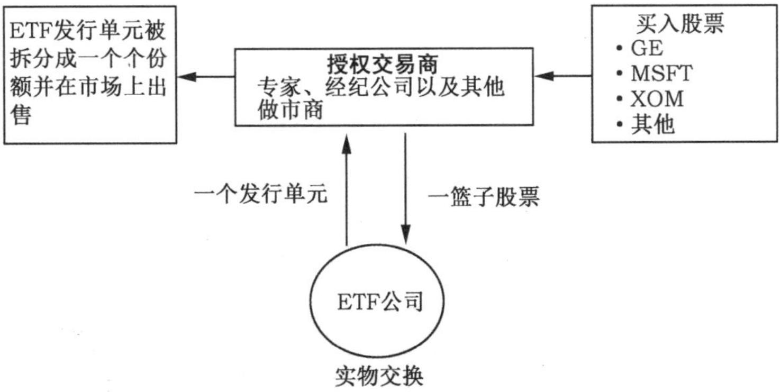

图 2.1　ETF 份额发行过程

当授权交易商赎回一个发行单元时，会发生反向流程。授权交易商从公开市场上买入适当数量的 ETF 份额并组成一个发行单元，然后将其提交给基金公司。作为回报，基金公司交还给授权交易商与该发行单元的资产净值等价的一篮子股票和现金。图 2.2 描述了基金份额从个人投资者手中转移至交易所，然后通过授权交易商最终到达基金公司的赎回过程。

ETF 公司在每次发行或赎回一个单元时，都会向授权交易商收取少量费用，每个发行单元费用大约在 1 000 美元。与一个发行单元通常高达

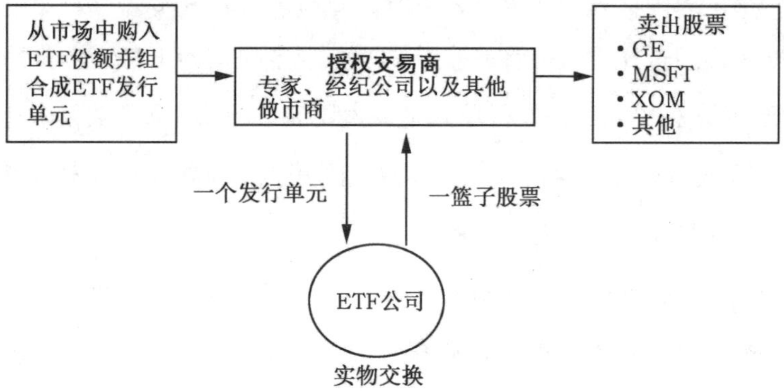

图 2.2　ETF 份额赎回过程

数百万美元的价值相比，这部分费用显得微不足道。

每日投资组合构成文件：授权交易商在用一篮子证券换取 ETF 发行单元时，如何知晓哪些证券该被包含在这一篮子证券中呢？每晚市场收盘后基金的资产净值即可获得，ETF 公司会发布一份“投资组合构成文件”（Portfolio Composition File，PCF）。PCF 详细列出了授权交易商用于交换 ETF 发行单元的证券篮子中所需的成分证券和现金的确切名称和数量。现金也是清单中必要的一部分，因为它通常代表了投资组合中尚未支付的成分证券的累计股利，或者部分缺乏流动性、无法在市场上买入的证券的价值。

及时准确地发布 PCF 对于 ETF 市场顺利有序地运行至关重要。ETF 管理人员负责确保 PCF 被发送至（美国）全国证券清算公司（National Securities Clearing Corporation，简称 NSCC）。随后，NSCC 将在第二天开盘前进行处理并分发给所有授权交易商。

当 ETF 指数的成分发生变化时，基金公司将通知所有的授权交易商。授权交易商负责对其持有的 ETF 发行单元所对应的证券成分进行相应更改。当标准普尔公司替换标准普尔 500 指数中的一只成分股时，持有标准普尔存托凭证（跟踪标准普尔 500 指数）发行单元的授权交易商将接到相应的通知。授权交易商通过托管银行向基金公司交付新增加至标准普尔 500 指数中的证券，相应地，托管银行也会把从标准普尔 500 指数中剔除的证券交还给授权交易商。这种互换操作使得所有的发行单元与 ETF 的最新状态保持一致。

当第一次研究 ETF 份额的发行、赎回和管理过程时，你可能会觉得复杂而无从下手。不过，这个过程实际上是一个非常有效的套利机制。授权交易商只要轻轻敲打几下键盘并呼叫交易台，就能够在开市期间发行或赎回 ETF 发行单元。交易的其余部分都是相当自动化的。ETF 份额的发行与赎回必须高效、及时，因为这是授权交易商通过套利交易获取收益的唯一途径。对于使用最先进套利方法的授权交易商来说，大量小额有利可图的操作可以累积巨额的回报。这个过程有利于个人投资者，因为它使 ETF 的价格接近其资产净值。

ETF 发行与赎回套利：ETF 的授权交易商是一个封闭组群。只有他们有权和基金公司交易、创建或赎回 ETF 份额。每只 ETF 都被分配给了足够多的授权交易商，以确保市场竞争充分，以及份额价格与资产净值之间价差微小。只要 ETF 的交易价格存在溢价或折价，授权交易商就可以从中获利。

如果 ETF 份额相对其日内价格出现溢价，授权交易商将买入构成该基金的成分证券，并根据 PCF 清单补足一定的现金，将这一篮子证券和现金交换成一个 ETF 发行单元。随后，授权交易商会以高于合成一篮子证券和现金成本的市场价格出售这个发行单元。这样便产生了无风险套利。以上的套利交易将会持续重复进行，直至授权交易商不再有获利空间。此时，ETF 的市场价格和其资产净值处在可接受的范围内。

如果 ETF 份额相对其日内价值出现折价，授权交易商将卖空构成该基金的成分证券，并在市场上购买 ETF 份额。一旦授权交易商买入足额的 ETF 份额组成一个发行单元，或用他们的账户中已存在的发行单元进行交易，这个发行单元就能交换回一篮子证券和现金。这些换回的证券包含授权交易商之前已经卖空的证券标的，这样授权交易商便赚取了无风险收益，而且这样的套利交易可以反复进行直至获利空间不复存在。

表 2.1 列出了几种投资工具的对比情况。

表 2.1　　几种投资工具的对比

	ETF	普通股票	开放式基金	封闭式基金
日内交易	是	是	否	是
投资组合透明度	是	是	否	否
税负优势	是	是	有可能	有可能
分散化投资	是	否	是	是
低成本	是	有可能	有可能	否
专业化管理	是	否	是	是
满仓投资	是	是	否	否

这种套利交易规则是 ETF 与封闭式基金的根本区别。封闭式基金与 ETF 非常相似——它在证券交易所出售代表一篮子证券的基金份额，并且该份额可以像股票一样进行交易，但由于法律上并未允许封闭式基金在设立完成后基金份额能与证券进行交换，因而该基金份额的价格常常大幅偏离其资产净值。

与传统的开放式基金不同，ETF 个人投资者与基金本身没有任何关联。只有授权交易商才能在证券交易所发售 ETF 份额。因此，个人投资者持有的 ETF 份额实际上是记录在其他投资者的账簿上。这是没有风险的，因为授权交易商的份额也记录在基金公司的账簿上。

作为个人投资者，所有的 ETF 交易都必须通过经纪公司完成。买入 ETF 份额时，你需要联系经纪公司在证券交易所进行购买。任何通过经纪公司进行的经纪交易均需要支付佣金。大多数 ETF 份额在美国证券交易所交易，但是越来越多的 ETF 也逐渐在纽约证券交易所和纳斯达克交易所交易。在美国证券交易所和纽约证券交易所交易的 ETF 的标识有 3 个字母，而在纳斯达克交易所交易的 ETF 的标识有 4 个字母。表 2.1 总结了 ETF、普通股票、开放式基金和封闭式基金几种类别之间的基本差异。

ETF 份额的定价和组成部分

报纸上刊登的 ETF 价格是前一个交易日的收盘价格，反映的是前一个交易日最后一笔交易成交的价格。这个价格并没有告诉我们该笔交易是买入还是卖出。

和股票一样，ETF 总是有两个价格：卖出报价和买入报价。你所获取的价格取决于是买入交易还是卖出交易。买卖交易价差即卖出报价与买入报价间的差异。微小的几美分交易价差意味着 ETF 的交易价格接近其日内价值，这种情况通常出现在交易最为活跃的前 50 只 ETF 中。当市场存在不确定性或基础成分证券流动性较差时，ETF 的买卖价差可能会变大。当海外市场收盘后，投资海外市场股票的 ETF 的买卖价差相比投资美国市场股票的 ETF 的买卖价差更大。

或许你会对证券交易所提供的几种不同 ETF 的报价和数据感兴趣。通过示例能够更好地说明如何从交易所获取信息。表 2.2 列出了 SPDR 标准普尔 500 交易份额的所有数据及相应的代码。别担心自己无法完全读懂这些指标，因为其中的大多数指标仅与授权交易商、托管银行、基金经理和其他参与 ETF 的运作方有关。

表 2.2　　SPDR 标准普尔 500

SPDR 标准普尔 500 构成	更新频率	代码	单位
ETF 市场价格	连续	SPY	每股
日内参考价值	15 秒	SXV	每股
资产净值	前一天	SXV. NV	每股
流通份额	前一天	SXV. SO	全部份额
每股累计分红	前一天	SXV. DV	每股
估计现金构成	前一天	SXV. EU	每一发行单元
总现金量构成	前一天	SXV. TC	每一发行单元
指数值	连续	SPX	该指数

下面所列的内容将帮助你整理出交易所提供的所有 ETF 的价格和

数据：

1. ETF 市场价格。即投资者在交易所买卖个人 ETF 份额的价格。市场价格是一个双边报价：买入报价和卖出报价。买入报价（买方出价）是交易购入方按照最低成交量 100 股买入的价格，卖出报价（卖方出价）是交易卖出方按照最低成交量 100 股卖出的价格。买入报价与卖出报价之间的差异叫作买卖价差。

某些 ETF 的买卖价差可能会持续高于其他一些 ETF 的价差。这是因为构成 ETF 的成分证券不同。ETF 的买卖价差是该 ETF 成分证券买卖价差的综合反映。标准普尔 500 指数 ETF 的买卖价差只有几美分，因为构成标准普尔 500 指数的成分股的流动性很好且交易频繁。相反，投资新兴市场股票的 ETF 买卖价差较大，这是出于时差原因，新兴市场在美国证券交易所开市期间关闭，并且这些成分股票的高价差也反映出做市商面临额外的风险。

授权交易商不会错过任何能够获取无风险回报的机会。只要 ETF 的买卖价差超过合理范围，授权交易商就会介入进行套利交易。因此，ETF 的平均买卖价差通常接近于某一时刻该 ETF 能达到的最低价差。当市场发生波动时，个别成分证券的买卖价差可能会扩大，这会导致 ETF 的买卖价差也相应扩大。买卖价差的偏离蕴藏了套利交易的机会。证券交易所会跟踪 ETF 的买卖价差，并通过交易所和基金公司的网站向公众免费发布这些信息。本书附录 B 提供了跟踪 ETF 买卖价差的网站列表。

2. 日内参考价值（Intraday Indicative Value，IIV）。即每只 ETF 发布的可供参考的价值，与其他 ETF 市场信息可同时使用。ETF 的日内参考价值通常在交易所开市期间每 15 秒更新和发布一次，其计算是根据最近一次 ETF 发行或赎回过程中用于交换一个 ETF 发行单元的一篮子股票价值与预估现金总额之和，除以该 ETF 发行单元中的份额。日内参考价值可以通过任何一家市场报价服务商向公众发布。

日内参考价值的设计旨在让投资者了解到 ETF 所对应的一篮子成分证券价值与 ETF 日内价值之间的关系。日内参考价值在本书中也被称为日内价值，在 ETF 募集说明书和市场宣传材料中也被称为隐含交易价值（Underlying Trading Value）或最优投资组合参考价值（Indicative Optimized Portfolio Value）。

3. 资产净值（Net Asset Value，NAV）。该数据是在前一个交易日收盘后计算得出，并与其他开放式共同基金采取相同的计算方式。该指标是将 ETF 的总资产减去总负债得到总净资产，再除以已发行在外的总份额，从而得到每股净资产。官方发布的资产净值数据通常以每股价值来表示。大多数基金以美国东部时间下午 4 点的证券收盘价作为依据，并在每个交易日官方计算一次。

4. 发行在外的份额（单位：1 000 股）。该数值是在前一个交易日收盘时已发行在外的 ETF 份额，可以用来计算资产净值。由于 ETF 在交易日内持续不断地发行和赎回，所以许多 ETF 发行在外的份额每天都在变化。

5. 每股累计分红（扣除费用后）。即每个 ETF 份额截至前一个交易日收盘时的累计分红。ETF 的成分股可在每个季度内的任意一天支付股息，而 ETF 每个季度只支付一次股息。这些累计股息被包含在 ETF 份额价格和日内参考价值中，等待被支付。

6. 估计现金量（按当日每个发行单元计）。此数值是授权交易商在给定日期发行或赎回 ETF 份额时，每一个 ETF 发行单元大致所需的现金量。

7. 总现金量需求（按每个发行单元计）。该数值是前一个交易日 ETF 发行或赎回过程中每个发行单元所需的现金总量，以确保该交易按资产净值进行。总现金量需求确保了现有 ETF 份额的价值在发行与赎回操作中不会被稀释。

8. 指数值。即 ETF 所跟踪的股票、债券、商品或其他基准指数的数值。以 SPY 基金为例，它跟踪的是标准普尔 500 指数，该指数不包含分红再投资。

尽管 ETF 有很多价格指标、名称缩写和术语，但投资者只需关心买卖报价和日内参考价值。根据你所购买或出售的 ETF 类型，如果买卖价差处于历史平均水平，并且日内参考价值接近你的交易价格，那么这笔交易大概率是公平的。

个人投资者和 ETF 交易

ETF 份额的买卖可以通过简单的市场指令来完成，也可以有条件地使用限价指令、止损指令或其他用于普通股票的许多不同类型的指令。ETF 份额还可以通过保证金来买入或卖空。术语表对条件指令做了详细解释。

与普通股票卖空时必须高于当前价格一定水平的规定不同，ETF 份额卖空时不受此规定限制。卖空操作是指投资者借入股票并在交易所出售，希望在未来股票价格下跌时以更低的价格购回。

美国证券交易委员会制定了普通股票卖空规则，以防止投资者的卖空交易活动导致股票价格下跌。该项规定并不适用于 ETF，因为卖空者并不能操纵 ETF 的价格。如前所述，ETF 的价格是由一篮子基础证券决定的，当 ETF 价格偏离基础证券价值时，授权交易商会介入并通过套利交易抬升 ETF 份额的价格。

小　结

ETF 份额可以像股票一样在交易所开市时进行买卖。由于可以不断增发新份额或赎回旧份额，ETF 已发行在外的份额数量可能会发生变化。授权交易商会密切跟踪 ETF 价格与其成分证券价格的走势，寻求无风险套利回报。这种 ETF 的套利机制消除了封闭式共同基金中常见的持续性溢价或折价，并确保了投资者为 ETF 份额支付的价格接近其日内参考价值。

ETF 的运营涉及许多参与者，有时候会令人困惑。然而，在所有这些参与者、过程、术语、标识和价格中，个人投资者只需关注两件事，即 ETF 的买卖报价和日内参考价值。依据你准备买入或卖出的 ETF 的类型，如果买卖价差在几美分之内，那么这笔交易可能就是公平的。

第三章　交易所交易产品的类别

ETF像股票一样在证券交易所进行交易。然而，我们却不能在《华尔街日报》的股票板块找到ETF的报价。ETF的报价被列在《华尔街日报》的《理财与投资》板块下的子板块中，并被贴切地标为“交易所交易投资组合”。“交易所交易产品”（Exchange-Traded Product）这一术语被许多研究机构所采用，并且它可以与“交易所交易投资组合”（Exchange-Traded Portfolio）相互替换。

这两个术语是有来由的，因为很多交易所交易证券看起来像是ETF，也被大多数人认为是ETF，但它们实际上并不是ETF，而是ETF的替代品。

每种交易所交易产品既有类似之处又不尽相同。所有类型的交易所交易产品都在证券交易所进行交易。大多数产品会跟踪某个指数、某种货币或是某种商品的走势。每种产品都通过相应的套利机制，使得该产品份额的市场交易价格同其日内参考价值保持一致。

各个交易所交易产品的不同之处在于其运作模式和所遵守的法规。每个新设的交易所交易投资组合在公之于众之前，都必须获得美国证券交易委员会的批准。根据该产品在美国证券交易委员会的注册内容，不同的政府法规将对该产品的运作方式和报告内容做出不同的规定。目前，有专门的法规规定持有证券的方式，股利累计和分红的方式，以及分红涉及的税负。

指数型ETF需要紧密跟踪某个指数的表现,有很多种方法可以达到这一目标。第一种方法是完全复制该指数的成分股。第二种方法是由基金经理使用复杂的抽样策略,即从指数成分股中挑选证券以反映该指数的基本特征,从而密切地跟踪该指数的业绩。第三种方法是持续跟踪该指数的衍生产品,如期货,以代替持有单种证券。

本章会介绍5种交易所交易产品的结构及其不同的运作方式。通过理解它们之间的相似与不同之处,你将对此类产品的投资得心应手。

不断扩展的交易所交易产品

本章会讨论交易所交易投资组合的3种主要结构类型及其分支结构。这些结构间的差异可大可小。结构间的不同决定了每种交易所交易产品如何运作、缴税,由谁来监管,向谁上报财务信息,以及这些差异对产品业绩可能造成的影响。

有3种主要的基金结构通常被称为ETF。然而,其中只有一种结构是根据共同基金发行和管理的相关法规形成的。其他类型的ETF结构是依据股票与债券发行和管理的相关法规而产生的。一些商品基金则是依据商品交易法规及相关税务规定而产生的。

《1940年投资公司法》规定了包含共同基金在内的投资公司的运作方式。依据该法组织的ETF,从技术上来说是创设了一只共同基金。为避免混淆,美国证券交易委员会要求基于《1940年投资公司法》发行的ETF必须被称为ETF而不是开放式基金。

除此以外的其他交易所交易投资组合都不是基金。依据《1933年证券法》,它们被注册为信托或票据,该法也规定了股票和债券的发行。在《1933年证券法》下建立的交易所交易投资组合可以像基金一样管理,并像ETF一样交易,但是两者报告和监管的方式存在很大不同。当投资组合集中持仓一只或少数几只证券,无法满足投资公司分散化投资的规定时,通常会采用《1993年证券法》中交易所交易投资组合的结构。

图 3.1 是交易所交易投资组合类型的介绍。该流程有助于投资者在阅读后面章节时，观测各种交易所交易结构在市场中的位置。

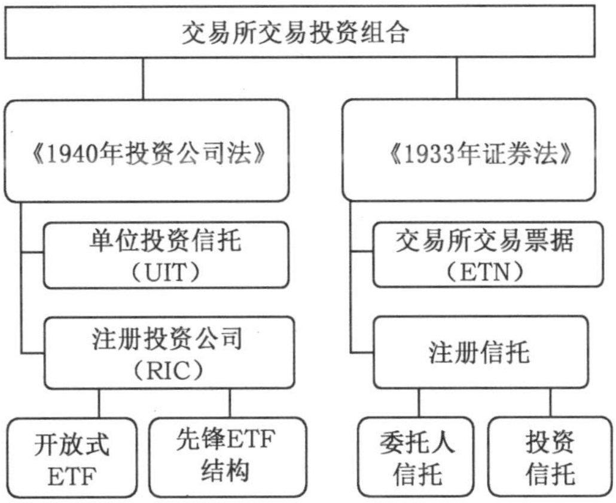

资料来源：Portfolio Solutions，LLC.

图 3.1 交易所交易投资组合类型

为什么需要这么多种交易所交易投资组合呢？了解投资产品池相关的投资监管法规的简短历史，将帮助我们从恰当的视角解释现有的各种交易所交易投资组合。每种投资组合结构的创建都有其特殊目的。一旦根据新的结构发行了证券，该结构所对应的法规将持续发挥作用，直到以该结构发行的所有证券存续期结束。

政府颁布的证券法

第一只共同基金是于 1924 年由马萨诸塞州投资信托公司（Massachusetts Investment Trust Company）创建的。个人投资者接受了专业化管理的投资组合这一新概念。在 20 世纪 20 年代末，又有 16 只基金被创立。这些基金大多数是由大银行创立的，这些银行可向投资者放贷以购买其发行的基金。

20 世纪 20 年代，银行创立的基金以一种极为激进的方式运作。银行将钱借给只投入一点点本金的基金投资者。高达 10 倍的杠杆投资非常普遍。在这段繁荣的岁月，大量过剩资金流入股票信托，为银行开展股票承销业务提供了便利。但参与的公司既无盈利业绩，也毫无信用可言。最差的垃圾公司都能作为投资标的进入银行发行的基金中。当一家具有盈利能力且信用良好的公司发行股票和债券时，这些证券则会流入银行的私人账户中。

1929 年 10 月 24 日，美国股市历史上最惨烈的一次熊市开始了。银行立刻要求那些利用高杠杆的基金投资者归还贷款。很多投资者无力偿还贷款，因此，银行开始向市场抛售股票以降低共同基金的杠杆水平。这造成了股市的进一步下跌，引发了更多贷款的催缴以及更多的违约，也导致了市场进一步抛售。这种市场恶性循环式下跌持续了约 3 年。

银行系统在 1932 年遭受了巨大的打击。许多声誉良好的大银行永久地关闭了。大量个人投资者变得一无所有，特别是那些对银行抱有信仰的人。随着银行的关闭，即便是那些没有投资共同基金的人也受到牵连。而那时政府对银行存款还没有背书。这次金融危机之后便进入了人们所熟知的“大萧条”时期。

《1933 年证券法》：国会开始采取措施并出台了一系列法律，其中包括《1933 年证券法》、《1933 年银行法》（第二部《格拉斯—斯蒂格尔法案》）和《1934 年证券交易法》。《1933 年证券法》规范了公司首次发行股票的过程（也叫作一级市场）。根据该法案，所有进入一级市场的证券都必须通过政府审查，并且保证投资者具有知情权（根据《格拉斯—斯蒂格尔法案》的规定）。《格拉斯—斯蒂格尔法案》将银行分为商业银行和投资银行。商业银行不能参与股票与债券的发行业务，投资银行不能经营抵押贷款和其他信贷业务。《1934 年证券交易法》规范了股票发行后如何在证券交易所交易（也叫作二级市场）。该法案还规定了股票可以在二级市场进行交易的公司必须定期发布财务报表以及其他必要的报告。

《1940 年投资公司法》：1929 年股市大崩盘后，投资者对金融系统心灰意冷。美国国会通过了《1940 年投资公司法》，旨在帮助投资者重拾对股票市场的信心，并保护投资者免受过往共同基金不道德行为的侵害。该法律为所有已注册的投资信托和投资公司的运作制定了严格的标准。

这部又被称为"40 法"的法律确立了基金公司必须遵循的定期报告制度，明确了最低投资分散化要求，制定了广告标准，并且赋予了美国证券交易委员会监管的权力。

《1940 年投资公司法》特地提到了投资公司和证券交易所之间的利益冲突。该法律通过要求每个投资公司依法披露重要细节和经营活动情况，并公开其财务状况信息，来保护投资者的利益。然而，"40 法"对基金经理的投资方式并没有作严格的规定，而美国证券交易委员会负责对基金如何投资进行判断。

根据"40 法"组织的 ETF

根据《1940 年投资公司法》(以下简称"40 法")创建的 ETF 可以分为两种类型：单位投资信托(UIT)和注册投资公司(RIC)。这两种基金都不直接缴税，相反，它们可以将资本利得、股票分红、利息收益的税负都转嫁给个人投资者。这两种基金产品在结构上有差异，当然，这些差异存在于结构的细枝末节之中。

"40 法"下的单位投资信托：基于 UIT 结构的 ETF 有几个关键特征。首先，UIT 是被动式管理。被动式管理意味着基金经理对哪些证券可以或者不可以进入 UIT 没有自主决定权。基金经理必须严格按照所跟踪的指数成分进行精确复制。

SPDR 标准普尔 500 信托(代码：SPY)是 UIT 结构的基金。该基金的经理必须持有该基金所跟踪的标准普尔 500 指数中的所有成分股。基金经理不能剔除标准普尔 500 指数中的股票，或是增加标准普尔 500 指数以外的股票。

UIT 结构也限制了成分证券的权重。权重超过或等于 5%的证券总和不得超过基金总市值的 25%；持有任意一家公司发行的具有表决权的证券不得超过该证券总额的 10%。基金持仓的行业集中度或持股集中度不得超过基金总市值的 50%。对于标准普尔 500 等分散化的指数而言，证券权重的限制并不是问题。但对于某些行业板块或国家基金来说，证券权重限制会造成问题，因为在行业板块或国家基金中，一两家公司就能支配整个指数。

UIT结构的另一个限制是基金成分股的累计分红。UIT基金经理不得将所持股票的现金分红进行再投资以买入更多成分股。这笔现金分红必须一直存放在无利息的托管账户中，直到按季度支付给基金份额持有人。在股票牛市中，不能将分红进行再投资而只能以现金形式保存会损害UIT的投资回报。这种现象被称为“现金拖累”。而指数是默认分红自动进行再投资的。由于UIT不进行分红再投资，这部分分红现金会在股市上涨时拖累基金业绩。当然，熊市中这部分以现金形式存在的分红会降低基金的亏损。现金拖累是UIT不能精确跟踪指数的原因之一。

相关法规也给了UIT基金经理一定的灵活性，只要是为了更好地复制指数收益，他们就能够在UIT中做出符合实际的投资组合管理决策。这种灵活性包括购买和出售的时间安排，以及向赎回发行单元的授权交易商分配税务批次。受托人监督策略的执行可以确保基金运作符合规定。

有4种流行的ETF为UIT结构：

1. SPDR标准普尔500信托(代码：SPY)。

2. SPDR标准普尔400中型股票信托(代码：MDV)。

3. 钻石信托，该基金跟踪道琼斯工业平均指数(代码：DTA)。

4. PowerShares QQQ(又称为Cubes)，该基金跟踪纳斯达克100指数(代码：QQQQ)。

“40法”监管的投资公司：大部分交易所交易的投资组合是以RIC形式组织起来的。由于限制较少，RIC与UIT相比有许多优势，但也有一些劣势。

RIC结构最重要的特点在于，基金经理可以根据需求调整基金的持仓，以符合投资目标。基金经理不必买入一个指数中的所有成分股，而是可以对较难复制的指数成分进行抽样，然后优化投资组合，从而使投资组合更接近其跟踪的指数走势。此外，基金经理还可以在ETF组合中买入所跟踪指数未包含的成分证券。这些证券可以是股票、债券、期货、期权及其他衍生品。

巴克莱债券市场综合指数(Barclays Aggregate Bond Market Index)包含了数千种债券。这些债券中有很多是没有流动性的,无法买入。在RIC结构下,基金经理可以有选择地从债券市场中挑出具有流动性且可交易的债券标的,并创建一个反映市场特征的改良投资组合。只要挑选得当,该投资组合就能以最小误差跟踪巴克莱债券市场综合指数。

RIC结构还允许将分红进行再投资。在持有的成分证券支付股息后,基金经理可以用这些现金买入更多的证券,并且这些分红可以按季度支付给投资者。分红再投资消除了UIT结构中出现的"现金拖累"现象。

以投资公司形式注册的ETF公司也可以开展证券借贷业务。该业务产生的部分收入有助于ETF公司抵销费用,这些费用可能导致ETF业绩落后于指数表现(因为指数是没有任何费用的)。证券借贷已成为一些大基金公司盈利丰厚的业务,如先锋公司、道富和巴克莱全球投资公司。

以RIC结构注册的ETF还可以非分散化投资基金形式存在。这种基金允许基金经理将高达50%的头寸投资于单一仓位,也可以将25%的头寸持有任意某个证券,但买入的股份不得超过该公司具有表决权股份总额的10%。

RIC结构下的基金经理可以灵活自主地选择成分证券,但也存在一定缺陷。基金经理通过挑选股票来更好地跟踪指数,但却无法保证他们的方法一定能成功。你可能认为自己购买的是跟踪指数的基金,但基金经理的一个微小决策就可能导致该基金同所跟踪的指数产生较大差异。近年来,一些RIC结构的ETF与指数之间出现了跟踪误差的现象。

RIC的监管工作由一个理事会负责,其中的理事由授权交易商根据其持有的ETF发行单元份额投票选出(见第二章)。个人投资者根据其持有的份额也拥有相应的投票权。

先锋ETF是独特的RIC。之前被称为VIPER的先锋ETF并不是独立基金，而是先锋开放式共同基金的一种单独的份额类别。

先锋公司希望为短期投资者和市场择机者提供一种具有吸引力的股票购买方式，同时又能帮助其开放式基金的长期投资者。与先锋开放式基金不同，ETF 可以在交易所以市价连续进行交易。

先锋公司在其向美国证券交易委员会提交的申请中表示，短期投资者对开放式基金的申购和赎回请求加速了基金资本利得的实现，增加了基金成本，并且影响了基金经理实现其收益目标的能力。若让一种 ETF 的份额在二级市场上进行买卖，交易不会涉及开放式基金的持有者。这样做的结果便是 ETF 的投资者不会扰乱开放式基金的投资组合管理，也不会增加基金成本。

先锋公司将这种结构申请了专利，其他开放式共同基金公司可以从先锋公司获得该结构的许可（截至本书撰写之时，还没有其他公司这样做）。先锋 ETF 也将标的证券支付的股息进行再投资，从而使得基金更紧密地跟踪指数收益。

一些批评者质疑先锋 ETF 的税收效率。美国国税局（Internal Revenue Service）要求将其他份额持有者的交易所产生的资本利得分配给共同基金所有份额类别，甚至包括先锋 ETF。这一规定意味着先锋 ETF 的税收效率将可能不如独立的 ETF，比如巴克莱发行的 iShares。但是，ETF 实际上可能会提高先锋开放式基金和 ETF 的税收效率，因为它让基金经理在选择是将证券出售还是提交给授权交易商进行交易时有更大的灵活性。第四章将介绍 ETF 结构的税收优惠。

“40 法”中基金份额持有人的报告

根据《1940 年投资公司法》，美国证券交易委员会负责监管开放式基金和 ETF。美国证券交易委员会要求在投资者购买基金份额后，基金公司定期向投资者发送特定信息。开放式共同基金份额的投资者需收到募集说明书；由于 ETF 是在证券交易所挂牌交易，因此投资者无需收到基金募集说明书。发行 ETF 的基金公司向美国证券交易委员会承诺，出售

ETF 的经纪商和交易商会向投资者提供描述该基金的产品说明书。虽然产品说明书中包含了如基金管理费、投资目标、在二级市场购买 ETF 的交易机制等重要信息，但这些说明并不是为了替代基金募集说明书。

产品说明书采用浅显易懂的语言对 ETF 份额的重要特征进行了描述。部分内容解释了 ETF 份额是二级市场交易的指数型证券，投资者不直接向基金公司买入或卖出基金份额。说明书还提到 ETF 份额不可以单独赎回，并且投资者在二级市场上出售份额的所得可能会低于 ETF 份额资产净值。此外，说明书也解释了投资者如何购买和赎回 ETF 发行单元。

经纪商与交易商也会向 ETF 持有人提供 ETF 的年报与半年报。年报应该在基金公司财年结束后 60 天内提供，而半年报则是在基金公司半个财年结束后 60 天内提供。这些报告包含了更新过的财务信息、基金持仓列表以及其他信息。

《1933 年证券法》下的交易所交易投资组合

由于《1940 年投资公司法》的限制，一些准备发行高度集中的非分散化产品的投资公司无法满足对投资公司或单位投资信托的规定。在这种情况下，这些公司根据《1933 年证券法》登记成为注册信托，因为《1933 年证券法》第 415 条允许根据需要，持续发行或赎回信托单元。

根据该法发行的交易所交易投资组合也必须遵循《1934 年证券交易法》的规定。《1934 年证券交易法》规定了证券发行后如何在二级市场（证券交易所）进行交易，并确保投资者能够定期收到财务报表和其他必要的报告。

依据《1933 年证券法》成立的投资信托不应与按照《1940 年投资公司法》成立的单位投资信托相混淆。这两种实体是独立的，分别在不同的政府监管法规下运作。

投资信托：依据《1933 年证券法》成立的投资信托可以持有股票、债券、硬资产（如黄金、白银等）或衍生品（如商品期货）。这种信托并不允许个人投资者享有投票权或赎回实物证券。许多投资信托都与商品挂钩。安硕标准普尔GSCI商品指数信托(代码:GSG)跟踪标准普尔GSCI超额回报指数的表现。目前,该指数跟踪了24种不同的商品,其中能源类商品权重最高。在2008年,标准普尔GSCI在能源市场上的集中度超过70%。GSG投资于跟踪标准普尔GSCI的交易所交易期货合约。这些期货合约是一种被称为CERF的长期期权。除了一些现金以外,CERF是GSG投资组合中的唯一成分。

StreetTRACKS黄金信托(代码:GLD)是一只投资信托。世界黄金信托服务有限责任公司(World Gold Trust Services,LLC)是该信托的发起人,纽约银行是该信托的受托人。美国道富全球市场(State Street Global Markets)是该信托的营销代理商。GLD的投资目标是反映金条费后价格的走势,并直接持有金条(而不是衍生品)。该信托时不时地会发行一篮子StreetTRACKS黄金信托份额用于吸收黄金,或是在赎回一篮子份额时交出黄金。这一篮子数量相当于10万股GLD。

GLD的份额在证券交易所进行交易,并且以"篮子"为单位的GLD可以由授权交易商进行发行与赎回。授权交易商遵循篮子的发行和赎回程序,以及黄金交收和以上流程中所涉及的有关现金需求。授权交易商的套利交易可以使GLD份额的市场价格与其对应的黄金日内价值保持一致。

交易所交易委托人信托:交易所交易委托人信托是依据《1933年证券法》建立的非管理型投资池。委托人信托不是共同基金,但是它们可以像开放式基金一样分散投资于股票或债券。

如《1940年投资公司法》下的ETF一样,委托人信托在证券交易所进行交易。不过与ETF不同的是,委托人信托的投资者拥有公司的投票权。这就使得委托人信托的份额持有人享有ETF份额持有人所没有的公司管理话语权。委托人信托的份额持有人可以参与公司董事会选举,对公司希望修改的议题进行投票,并在公司年度会议上将议题提交表决。

委托人信托收到股票分红后将直接付给信托投资者,而《1940年投资公司法》下的 ETF 则需要等到季度末才能支付分红。

委托人信托份额的赎回也很特殊。当个人投资者赎回委托人信托份额时，可以要求以 100 股为单位获得股票实物。对于金额较大的个人投资者来说，以实物形式获得股票具有税收优势。当收到这些成分股后，投资者可以根据这些股票的原始成本和自身的税收情况，选择出售或者继续持有。

控股公司存托凭证（Holding Company Depositary Receipts，HOLDR）是美林证券发行的专利产品。该产品是交易所交易委托人信托的一个很好的例子。每只 HOLDR 只覆盖了市场上的某个细分行业，如生物科技（代码：BBH）、宽带业务（代码：BDH）。每只 HOLDR 通常仅投资于数量有限的股票，这一结构使得投资者持有每一单位产品所对应的成分股。投资者拥有股票投票权，并在这些股票分红时收取股息。但直接拥有成分股也存在缺点，投资者将被每只成分股的季报、年报和代理声明书等大量信息淹没。

如前所述，HOLDR 的持有人可以在非应税交易中将信托份额从成分股中分离，从而有效处置税负安排。实际上，信托持有者可以将其持有的信托单元中的权益转换为独立的由个股构成的投资组合，这个投资组合中的个股可以单独出售以递延或减少税收影响。

委托人信托结构的一个缺点是不能改变成分证券。新的证券不能被添加，而旧的证券也不能被剔除。随着时间的推移，一些公司规模扩大，另一些公司被收购或破产，信托投资组合持仓分散程度会降低。因此，这些信托将不可避免地变得越来越缺乏多样化。例如，互联网 HOLDR（代码：HHH）中超过 50％的仓位投资于 Yahoo！和 eBay，而不包含 Google，因为 Google 是在该信托成立后才首次公开发行股票。

交易所交易票据：哪种交易所交易证券既不是 ETF 又不是信托呢？交易所交易票据（ETN）就是这样的产品。与其他的交易所交易投资组合不同，ETN 并不是投资者感兴趣的证券的集合。ETN 只是银行发行的一种直接债权。它既不支付利息，也不提供本金保障。银行仅承诺将按照所跟踪指数或其他基准收益，在扣除年费后向投资者支付回报。

简单来讲，就是银行发行一张票据，并承诺在票据到期日按照所跟踪指数的收益减去管理费后，向票据持有者支付收益。银行可以使用现金投资指数，也可以不使用，而且这对投资者来说无关紧要。投资者关心的只是票据的收益，也就是指数回报扣除管理费后的收益。只要银行具备偿付能力，投资者就可以获得银行承诺的收益。

ETN 确实同其他的交易所交易投资组合有一些共同点：都在证券交易所交易，收益都是与市场基准回报挂钩，可以像股票一样卖空。

ETN 投资者不会像其他交易所交易证券投资者那样定期收到收益或分红。ETN 投资者也没有投票权，并且没有从指数中获得成分股分红或其他分配收益的权利。当卖出票据时，ETN 投资者只能收到现金，他们无权换取任何指数成分股。

2006 年巴克莱银行发行了第一批名为 iPath 的 ETN。iPath 的目的是创建一种结合债券和 ETF 的证券。ETN 将跟踪指数的风险完全转移到巴克莱银行，而并非像指数型基金那样购买指数化资产。ETN 是依据《1933 年证券法》注册的，因为它们是银行发行的证券，既不是投资公司结构，也不是 UIT 结构。

因为 iPath 票据独特的结构，它的交易价格接近其日内价值。iPath 产品的持有者有 3 种赎回票据的方式：第一，持有该票据至到期日（30 年）；第二，在二级市场上进行交易；第三，使用 ETN 特有的每周赎回功能，类似于 ETF 的发行和赎回过程（不是每天）。每周四，iPath 产品的持有者都可以直接在巴克莱银行进行赎回交易。唯一需要注意的是，iPath 票据最小的赎回量是 50 000 份，假设每份价格在 50 美元左右，这就相当于 250 万美元的赎回交易。这种赎回功能可以使票据的价格更紧密地跟踪指数。如果票据价格偏离指数表现，机构投资者会在该周购买 iPath 对冲其仓位，并在周四将其交付给巴克莱银行换回现金。这种赎回功能为做市商创造了套利机会，并使得 ETN 的市场价格同其日内参考价值保持一致。

观察人士认为,ETN 最终可能比其他交易所交易投资组合更具有税收效率。这是因为投资者在出售或赎回后确认自己的资本利得或损失之前,ETN 不支付利息、分红和资本利得。美国国税局对 ETN 的政策仍不明确。第四章将讨论相关的信息。

影响 ETN 价格的一个因素是发行人的信用评级。基准指数没有变化,但是 ETN 的价格可能因发行人信用评级的下降而下跌。iPath 是由巴克莱银行发行的高等级债权票据的结构化产品。巴克莱银行是一家拥有超过 10 亿美元资产、具有 300 年历史的银行,标准普尔给予该银行投资级的信用评级。这为 iPath 提供了可靠的背书,但巴克莱银行也可能会像 2008 年的雷曼兄弟那样遭遇财务危机,出现无法偿付 ETN 的可能性。

除了税务处理和法定注册方面的差别,ETN 和 ETF 之间的区别还在于,它们分别具有信用风险与指数跟踪误差风险。ETF 投资者在基金公司倒闭的情况下不承担信用风险,他们总能对其持有份额所对应的成分股资产享有权利。而 iPath 投资者则可能无法获得银行所承诺的收益。ETF 存在指数跟踪误差风险,即 ETF 的收益可能同其跟踪的指数收益不同。ETN 则没有这类风险。除非银行违约,否则发行 ETN 的银行将向投资者支付用指数回报扣除管理费后的投资收益。

交易所交易投资组合汇总

交易所交易投资组合之间的差异可能会令人困惑。表 3.1 将各种交易所交易投资组合的重要特征放在一起进行了比较。

表 3.1　　交易所交易投资组合比较

特　征	委托人信托	投资信托	ETN	UIT	RIC 开放式 ETF	RIC 先锋 ETF
SEC 遵循的法案	1933	1933	1933	1940	1940	1940
分红再投资	否	否	表注 1	否	是	是
投资分红	是	是	否	是	是	是

续表

特　征	委托人信托	投资信托	ETN	UIT	RIC 开放式 ETF	RIC 先锋 ETF
实物赎回期权	是	否	否	否	否	否
跟踪误差	NA[2]	是	否	是	是	是
发行人信用风险	否	否	是	否	否	否
管理者自主权	NA[3]	是	否	表注 4	是	是
允许仓位集中	是	是	是	否	否	否
传统基金份额类别	否	否	否	否	否	是

注：1. ETN 投资者获取扣除管理费后的指数收益，这意味着分红再投资。

2. 很多委托人信托并不跟踪任何指数（例如 HOLDR）。

3. 委托人信托在初始选股后成分维持不变。

4. UIT 必须持有所跟踪指数的所有成分证券。

资料来源：Portfolio Solutions，LLC.

小　结

大多数金融期刊、投资顾问、经纪商和普通投资者将所有交易所交易投资组合归在一起统称为 ETF。这种做法很方便，但却非常不准确。美国证券交易委员会批准了许多种交易所交易产品结构。每种都有不同的运作方式、监管法规、费用和税收规定。

交易所交易产品为投资者提供了多种选择。其中最为人所熟知的是依据《1940 年投资公司法》设立的交易所交易基金，即 ETF。非 ETF 类型的交易所交易投资组合包括交易所交易委托人信托、投资信托以及交易所交易票据（ETN）。

每一种交易所交易产品结构能否发挥其优势，很大程度上取决于每个投资者的具体情况。

没有哪一种投资产品可以在所有情形下都表现最佳。你必须结合自身的实际情况，确定哪种类型的交易所交易产品可以在风险和成本降至最低的基础上提供最大的灵活性和潜在收益。鉴于市场快速创新的步伐，投资提供商将会发明更多令人兴奋的新型交易所交易结构。

第四章　ETF 的优劣

近一个世纪以来，传统的共同基金曾在建立证券投资组合方面具备许多优势。共同基金为投资者提供了广泛的分散化投资、专业化管理、相对低成本以及日常流动性。

交易所交易基金(ETF)将共同基金投资的优势提升到了一个新的层次。与传统开放式基金相比，ETF 具有更低的管理成本、更灵活的交易、更高的透明度以及更高的应税账户税收效率。当然 ETF 也有一些缺点，包括交易成本和产品学习的复杂性。知晓这些情况的投资者一致认为，ETF 的优势在很大程度上掩盖了其劣势。

在本章中，我们将回顾 ETF 的优点和缺点，包括每种 ETF 结构在税收上固有的独特优势。读完本章后，你将对 ETF 相对于传统开放式基金的优势和劣势有清晰的认识，从而可以判断它们是否符合你的投资计划。

ETF 的优势

与传统的开放式基金相比，ETF 具有几大优势。其中最突出的 4 项优势为：交易灵活、管理成本低、运营透明度高以及税收优惠。

交易灵活

传统的开放式共同基金份额在每天市场收盘后只交易一次。所有的交易都是通过发行基金份额的共同基金公司进行的。投资者必须等到日终收盘公布基金资产净值后，才知道自己当天买入或卖出的基金份额的具体价格。对大多数长期投资者来说，每天交易一次是很合适的，但是有的投资者则需要更大的灵活性。

ETF在交易所开市当天都可以进行交易，并且ETF份额在正常交易时段内的报价也是持续的。ETF份额价格主要是依据其成分证券的日内价格变化，因而ETF的价格全天都处于变动之中。ETF投资者可以及时知道他们买入或卖出的份额的价格。

ETF份额的即时交易使得投资组合的日内管理变得轻而易举，在股票、债券和商品等各种资产类别之间转移资金很容易。投资者一个小时内便可以有效地将资金分配至想要的资产上，也可以在下一个小时改变他们的资产配置。虽然我不建议这么做，但这种投资操作是完全可行的。

改变传统开放式基金的资产配置更具有挑战性，并且可能耗费数天的时间。美国东部时间下午2点通常是开放式基金交易的截止时间。这意味着日终时你还不知道当天基金的资产净值。因此，当你出售一只开放式基金份额时，无法确切地知晓卖出的价格，也不知道你购买另一只开放式基金的价格。

ETF的交易灵活性还允许投资者进行即时交易，并能以多种方式下单。ETF支持所有可用于股票的下单方式，包括限价指令和止损指令。ETF也可以通过经纪商融资买入。每家经纪公司都提供了ETF下单类型和保证金交易指南。

ETF投资者也可以进行卖空交易。做空者需要从经纪公司借入证券，同时在市场上卖出。投资者做空是希望该证券价格下跌之后可以以较低的价格回购。

投资组合的建立和风险管理

投资者可能希望快速建立某种特定的投资组合，如特定的板块、风格、行业、国家，但却不具备该领域的专业知识。由于可供选择的板块、风格、行业和国家类别多种多样，投资者可以利用 ETF 便捷地建立特定细分市场的投资组合，例如，第一信托 ISE 水资源指数基金（美国证券交易所代码：FWT）。投资者可能认为由于干旱地区人口不断增长并且全球清洁水源短缺，与水资源相关的证券将有不错的潜在收益。FWT 跟踪 ISE 水资源指数，该指数由目前 36 家最大的主营自来水和污水处理公司的市值加权构成。

与购买 ETF 相反，投资者对某个行业存在集中度高的风险，由于受限或税收问题，无法做到风险分散化。在这种情形下，投资者可以做空该行业的 ETF，或者买入做空某个行业的 ETF（见第十三章）。

例如，投资者可能拥有大量半导体产业的受限股。在这种情况下，投资者可能想要卖空标准普尔 SPDR 半导体产业指数（代码：XSD），这样就可以在经济低迷时缩小在该行业的风险敞口。XSD 是由半导体产业公司组成的一个等权指数，它可以在纽约证券交易所、美国证券交易所、纳斯达克国家市场和纳斯达克小型资本市场挂牌交易。

更低的成本

无论结构如何，基金在运行过程中都会产生运营成本。这些成本包括但不限于投资组合管理费用、托管费用、市场营销费用和发行费用。从历史上看，运营成本对于预测收益非常重要。通常来说，基金的运营成本越低，预期收益就越高。

与开放式共同基金相比，ETF 的运营成本有所降低。其中的原因在于与客户服务相关的成本已经转嫁到了经纪公司，而经纪公司在客户账户中持有交易所交易证券。基金公司无需配备呼叫中心处理成千上万的个人投资者的服务请求，ETF 的管理成本便会下降。

ETF 在月度报表、通知和转账方面的成本较低。传统的开放式基金必须定期向个人投资者邮寄财务报表和报告等材料，而 ETF 却无需如此。ETF 发起人仅向发行单元的直接所有者——授权交易商——提供这些材料。个人投资者通过经纪公司买卖 ETF 份额，由经纪公司向投资者提供服务，而不是 ETF 公司。

经纪公司负责发布月度报告、年度税务报告、季度报告以及 1099 报告。由于不用为成千上万的个人客户提供服务，也不用记录其投资信息，ETF 公司可以降低管理成本，并且至少一部分减少的基金成本将转化为个人投资者的收益。

ETF 低成本的最好例子是先锋集团的产品。先锋 ETF 是一种独特的并已申请专利的产品，它是先锋开放式基金的一种份额类别。表 4.1 比较了投资者将 25 000 美元投资于两种类别后每年节省的管理成本。

表 4.1　　先锋开放式基金与 ETF 的对比

先锋美国整体股票市场指数基金	传统基金类别（VTSMX）	ETF 类别（VTI）	VTI 类别，25 000 美元 10 年节省的费用
管理费率	0.19%	0.07%	0.12%
25 000 美元本金，扣除管理费，按 8%的年化收益，10 年后收益总额	53 031 美元	53 624 美元	593 美元

资料来源：美国先锋集团。

ETF 的另一项成本优势是没有份额赎回费用。ETF 投资者不必像开放式基金投资者那样在赎回份额时交纳短期赎回费用。例如，如果持有先锋 REIT 开放式基金（代码：VGSIX）期限不满一年，将收取 1%的份额赎回费用。先锋 REIT ETF（代码：VNQ）与 REIT 是完全相同的投资组合，却没有份额赎回费用。

更低的经纪公司成本

许多投资者通过经纪公司持有包括共同基金在内的投资资产。经纪商可以分为两类：一类是折扣经纪公司，例如嘉信理财（Charles Schwab）、美国交易控股（Ameritrade）和富达；另一类是全能服务经纪公司，例如美林证券、美邦和 AG 爱德华兹（AG Edwards）。

折扣经纪公司向购买共同基金的客户收取少量的佣金，或是向客户推荐每年给经纪商支付费用（称为 12B-1 费）的基金。例如，嘉信理财向购买免佣金的先锋美国整体股票市场指数基金(代码:VTSMX)的客户收取非常低的佣金。但是,现在投资者可以买入具有同样投资组合的先锋ETF(代码:VTI),并向嘉信理财支付更低的佣金。由于折扣经纪公司之间激烈的价格竞争,买卖 ETF 的佣金可能会大大低于买卖同样数量的共同基金的佣金。

ETF 出现后,最大的赢家其实是享受经纪公司全方位服务的客户们。在 ETF 出现之前,全能服务经纪公司的客户几乎没有机会接触到像先锋基金这样低成本的共同基金。经纪公司仅仅能谈论或出售高成本的共同基金,从而获取更多的佣金和费用。很多全能服务经纪公司会将自己旗下发行的基金置于低成本基金之上,美国证券交易委员会一直在试图阻止这种做法。

ETF 的革命迫使全能服务经纪公司重新思考它们的共同基金策略。由于 ETF 在证券交易所交易,个人投资者现在可以通过全能服务经纪公司的经纪账户购买 ETF 并且向经纪商支付一次性佣金。这一交易佣金通常大大低于开放式共同基金 4%～8%的销售费用。

ETF 更低的交易佣金和费用为全能服务纪公司的客户带来了巨大好处,但减少了经纪公司的收入。一些经纪公司采取了应对措施,即鼓励客户通过一个每年成本高达 2%的“费用包管”计划来买卖 ETF。除非是频繁进行交易的投资者,否则,这种“费用包管”计划通常性价比较低。

更低的税负

与开放式共同基金份额的持有人相比,ETF 份额的持有人通常享有较低的年度纳税额。这种税收优惠是第三章所述的授权交易商套利机制的附带效应。接下去的几段内容将解释 ETF 和其他交易所交易投资组合所具有的特定税收优势。

如第二章所述,授权交易商是唯一可以和基金公司直接进行交易的投资者。授权交易商用事先确定的证券投资组合向基金公司交换一个 ETF 发行单元。在基金经理收到授权交易商提交给基金公司的一篮子证券后，授权交易商根据提交至基金公司时证券的市场价格，确定每种证券的持有成本。

图 4.1 显示了基金经理如何为新进入基金的股票确定持有成本。图 4.1 中的 ETF 是标准普尔 500 SPDR，股票是微软公司(代码：MSFT)。当授权交易商将 MSFT 作为一篮子股票的一部分来交换一个 ETF 发行单元时，MSFT 将以当时的市价作为持有成本被记录在基金账簿中。

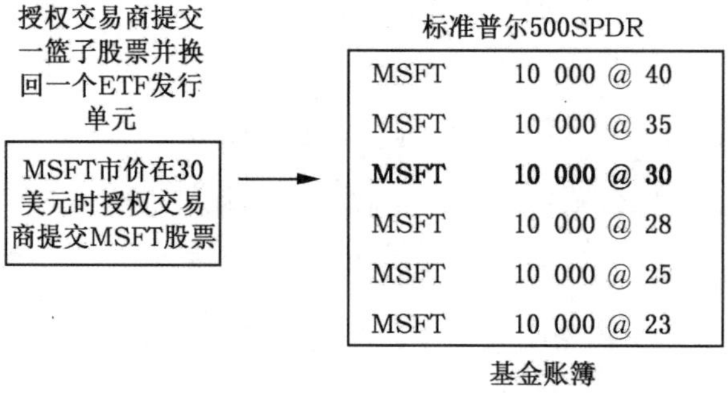

资料来源：Portfolio Solutions，LLC.

图 4.1　建立 ETF 的股票持有成本记录

图 4.1 的例子中，当授权交易商提交一篮子股票时，MSFT 的交易价格是每股 30 美元。这些新的 MSFT 股票会被添加到基金公司已有的 MSFT 股票池中，但出于税收原因会进行单独核算。基金经理将这些股票以每股 30 元的价格记录在基金账簿中。每次股票被加入 ETF 中时，都会单独根据当时的交易成本记入基金账簿中。

当赎回一个发行单元时，授权交易商将收到与当时基金资产净值相当的成分股。然而，授权交易商收到的记录在基金账簿上的股票的持有成本与提交至基金公司的股票的持有成本不同。ETF 经理可以选择不同的股票，其持有成本可能低于授权交易商原先提交的股票的成本。

如图 4.2 所示，基金账簿中有不同税收批次的 MSFT 股票。基金经理可以选择把 23 美元税收批次一栏的 MSFT 股票交给授权交易商。该基金经理并没有取出上次授权交易商提交的税收批次为 30 美元的 MS-FT 股票。因为当赎回 ETF 份额时，把持有成本低的股票交给授权交易商，ETF 中未实现的资本利得将会被消除。

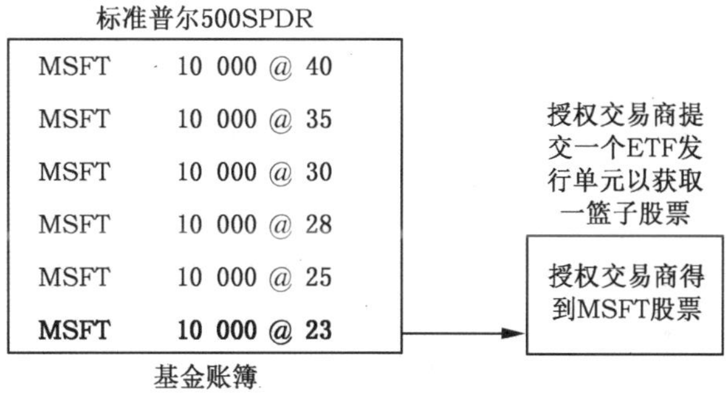

资料来源：Portfolio Solutions，LLC.

图 4.2　消除 ETF 里的低成本股票记录

表 4.2　派发的资本利得占资产净值的比例

年　份	标准普尔 500 SPDR	先锋 500 指数基金
1994	0.00%	0.47%
1995	0.02%	0.23%
1996	0.16%	0.36%
1997	0.00%	0.66%
1998	0.00%	0.37%
1999	0.00%	0.74%

资料来源：Bloomberg，Morningstar Principia.

表 4.2 说明了 ETF 相对于传统开放式共同基金的税收优势。20 世纪 90 年代，大盘股收益显著上升，标准普尔 500 SPDR ETF 只需把少量的资本利得发放给投资者，而先锋 500 开放式指数基金却必须每年把资本利得分配给投资者。

授权交易商赎回 ETF 发行单元为 ETF 持有人的应税账户创造了显著的税收优惠。这使得基金公司无需将资本利得发放给投资者，因此消除了基金持有人的缴税义务。ETF 赎回过程中对于税收批次的选择是合法的，并且这种操作每天都在进行。

我们只需研究 2006 年的情况就能清楚了解 ETF 的税收优势。当年股票市场上涨了约15%，但很少有美国股票ETF支付资本利得，而那些支付资本利得的都是小型基金且支付金额很小。ETF发行与赎回过程可以在账面上抹去大多数未实现的资本利得。

在账面上抹去资本利得并不是每次都能完美实现。ETF也会偶尔被迫卖出所持有的股票，实现资本利得并进行分配，因为这些股票所对应的公司有的被私有化，而有的被收购。但先锋ETF是一个例外。先锋基金以税收优势著称，但先锋ETF是该公司旗下开放式基金的一个类别，而不是一个独立的ETF投资工具。因此，先锋基金的所有类别在税收方面都得到同样的对待。开放式基金投资者和ETF投资者都要承担相同的税负。由于开放式基金类别占了90%以上的资产份额，因此先锋ETF产品的税收优势最终可能不如独立存在的ETF产品，特别是如小盘股指数等风格指数基金。

ETF的分红

ETF要将分红和利息收益分配给投资者，这些收益将按照收入类别采用不同税率进行纳税。大多数公司股票分红按照优惠税率纳税，而债券和货币的利息收益则按投资者的一般所得税税率纳税。

2003年，联邦所得税对股票分红收入的税率降至15%。只要你在股票除息日前持有该股票超过60天，就有资格在分红时享受优惠税率。未来符合条件的股票的分红税率可能会高于15%，但是仍不会超过一般所得税税率。

有意思的是，与股票不同，ETF分红的税率并不是由持有ETF份额的时间长短决定的。你应参照的ETF分红税率由特定税务批次的一篮子股票进入基金的时间决定，也就是授权交易商将其交给基金公司换取发行单元的日期。一旦这些股票在ETF中的存续时间超过60天，该批股票就可以享受优惠税率。

ETF的存续时间长短对其分红税率会产生较大影响，而这些分红本应按照更高的普通所得税税率纳税。这与购买股票不同，你可以在11月买入一只按季度分红的股票 ETF，到 12 月分红时依旧可以享受优惠税率。但是，对于很多在年底新成立的 ETF 而言，其持有证券的时间都很短，因此较高比例的分红无法满足股票最低持有期 60 天的规定。于是，这些 ETF 的分红将执行较高的所得税税率。

投资者最终都要缴纳资本利得税，但这仅仅发生在投资者卖出 ETF 份额实现收益之后。如果投资者卖出 ETF 出现亏损，则可以将这些亏损从其他的资本利得应税额中扣除，并且普通所得的扣除上限为 3 000 美元（详见第二十一章的税收优惠提示）。ETF 发行和赎回过程所带来的税收效率提高，以及投资者可以选择何时实现盈亏的自主权，使得其相比传统的开放式共同基金更具税收优势。

ETN 的税收优势

有人可能想开发一种更好的交易所交易产品，该产品能完全实现指数的总收益，而无需因为分配资本利得、利息或分红而交税；投资者在持有期间无需承担任何税负直至卖出所持份额，并且在卖出时所获得的资本利得可以享受长期资本利得税率。

巴克莱银行在 2006 年就发明了一种更好的交易所交易产品，即交易所交易票据（ETN）。ETN 是 ETF 的孪生姐妹，但是与 ETF 在几个方面存在差异：ETN 在到期日前不分配任何资本利得、分红或利息。相反，巴克莱银行向投资者承诺，该产品的回报是用指数收益扣除年度费用（参见第三章中的完整说明）。之所以作出承诺，是因为 ETN 是巴克莱银行的直接负债，而不是投资于股票、债券或者商品的投资组合。

根据巴克莱银行的建议，投资者应当把账户中持有的 ETN 视为预付合同。这意味着出售和购买之间的任何差额都将被归类为资本利得，并且在出售之前无需交税。由于在税负方面的巨大优势，ETN 这种独特的投资标的在未来可能会非常受欢迎。

下面是两个关于 ETN 的注意事项：

1. 截至本书撰写之日，美国国税局尚未对 ETN 的税收待遇方面作出最终的规定,未来美国国税局也可能会对 ETN 采用更苛刻的税收规定。

2. ETN 是发行人的直接债务。在 ETN 发行者破产时,ETN 的持有者与其他债权人作为同一顺位对发行人享有权利,但并不保证能够获得清偿。例如,2008 年末雷曼兄弟公司破产时,其 ETN 的持有者只收回了原始投资额的一小部分。

ETF 的劣势

ETF 给一些投资者所带来的好处,往往对其他投资者来说是不利的。交易成本就是个例子,由于交易成本取决于交易地点,交易 ETF 的成本可能远远超过其在管理费和税收方面节省下来的。交易的灵活性也是一把双刃剑:全天不受限制的交易,对那些活跃的投资者和交易者来说是个优点,但是这种灵活性也可能诱使一些投资者过度交易并提高投资组合的换手率,从而增加成本并减少收益。

交易成本

对于已经在经纪公司进行资产托管的投资者来说,ETF 可以降低交易成本。但是,对于那些直接通过基金公司投资免佣基金且无需支付佣金的投资者来说,交易成本反而会上升。投资者不能向基金公司直接买卖 ETF,因此必须开立经纪账户,支付佣金后购买 ETF 份额。

如果你计划进行一次性大额投资,那么支付一笔佣金并购买 ETF 是明智的。但是这对于小额 ETF 投资就不合乎情理了。例如:假设每笔交易佣金为 8 美元,一次性将 1 000 美元投资于安硕标准普尔 500 指数基金,那么交易成本将占总资金的 0.8%。虽然先锋 500 指数基金的费率相对更高,但是对于个人进行小额投资来说可能更合算。

事实上,ETF 的投资成本可能比许多投资者预期的更高。投资者每次交易 ETF 都要向经纪商支付佣金。因此,对于频繁进行小额交易的投资者来说,ETF 可能就不是一种好的投资工具。在这种情况下,投资免佣基金是一种更好的选择。

ETF 的低成本通常被宣传为重要的优势之一。但是，如果你像大多数人一样定投，那么你在交易佣金上花费的可能会超过 ETF 在管理费和税收方面节省的成本。

高买低卖

ETF 有两个价格，一个是买入报价，另一个是卖出报价。投资者必须注意买入份额所需支付的价格（买入报价）和份额可以出售的价格（卖出报价）之间的价差。此外，投资者在准备执行交易时，了解 ETF 的日内价值也很有帮助。

某些时候，ETF 的买卖价差可能很高，并且市场价格可能和日内价值间存在偏差。这时不是进行交易的好时机。在买入前，你需要知道 ETF 当前的市场价格和日内价值。第二十一章提供了有助于减少 ETF 买卖价差、管理费和交易佣金的小技巧。

管理费的上升

并非所有的 ETF 都是低成本的。潜在的投资者如果对某种 ETF 产品感兴趣，应该深入了解其管理费率。他们可能会发现自己选择的 ETF 产品的管理成本比传统市场指数基金的更高。

据晨星公司的统计，所有在 2005 年之前发行的 ETF 的平均管理费率为 0.4%。自 2005 年起，新发 ETF 的管理费率已跃升至 0.6%以上，而且一些新的交易所交易产品收取的管理费率超过了 1.0%。这相对于传统指数基金的平均费率已经相当高昂，后者的费率约为 0.2%。

部分费用的增长归因于 ETF 公司市场营销费用的增加。由于 ETF 市场的快速发展，基金公司面对激烈的竞争不得不加大市场营销的投入，而这部分成本将体现在管理费上，并最终由投资者承担。

另一个造成管理费增加的因素是指数授权费。指数许可在投资行业是一项大生意。传统的市场指数提供商可能在早期低估了它们所提供的指数产品。现在它们正在通过改进产品线和提高费用来收取更多的许可费。此外,新型的量化指数提供商将指数授权费推升至更高的水平,这也使得 ETF 的管理费上升。

跟踪误差

ETF 经理应该保持基金投资业绩与该基金所跟踪指数的收益相一致。这项任务并不像听起来那么简单。导致 ETF 收益偏离指数收益的原因有很多种,这种跟踪误差可能会给投资者造成损失。

指数不持有现金,而 ETF 却持有一定的现金,因此会出现一定程度的跟踪误差。基金经理通常会在基金中持有一定的现金来支付运营费用和管理费。此外,股息分配的时机也很难确定,因为股票分红日期和实际支付日期可能不同,但指数提供商却默认股息在公司除息那一天就可以进行再投资。特别是对于单位投资信托(UIT)结构的 ETF,根据法律规定不能将分红再投资于更多证券,必须持有现金至向投资者分配股息。由于上述现金引起的困难,ETF 不可能完全精确地跟踪指数。

根据《1940 年投资公司法》作为投资公司而发行的 ETF,可以由基金经理自主决定让基金持仓与所跟踪指数成分证券有所偏离。一些指数包含了不具备流动性导致基金经理无法购买的证券。在这种情况下,基金经理将从指数成分证券中挑选出流动性较好的标的来修改投资组合。其目标是建立一个与指数相似的投资组合,以期该组合收益与指数收益相同。尽管如此,基金经理们发现,当所构建的投资组合与指数成分不同时,两者的收益往往也会发生偏离。根据美国证券交易委员会对于分散化投资的规定,基金经理不能完全复制主要由一两只证券构成的指数。

为了创建一个更加分散化的投资组合,避免持仓集中问题,一些 ETF 公司对指数成分证券采用了平均加权的方法(见第九章)。平均加权法解决了仓位集中的问题,但是也带来了其他麻烦,包括更高的证券换手率和更高的交易成本。

复杂性和结算日期

投资交易所交易产品的一大缺陷在于其复杂性。大多数投资者并不十分了解传统开放式共同基金的运行机制，所以，我们也不能寄希望于他们能够轻松理解ETF、交易所交易票据、单位投资信托和委托人信托之间的差异。

另一个容易引起投资者困惑的是结算日期。结算日期是投资者在购买份额时手上有现金完成支付或是在卖出份额时收到现金的日期。ETF的结算日期是交易完成后的第3天，而传统开放式基金则是在次日结算。

如果你不熟悉结算程序，这种结算日期上的差异可能会造成麻烦并给你带来损失。例如，如果你在同一天先出售ETF份额并尝试购买开放式共同基金，那么你将发现经纪商不允许执行这样的交易。这是因为两种产品在结算时间上存在两天的差异，如果执行这笔交易，你的账户将在几天时间内处于欠款状态，最好的情况是你需支付欠款利息，而最坏的情况为买入操作将不会被执行。

业绩宣传

相对于传统开放式基金，ETF的预期收益既不是优势也不是劣势。一些ETF公司正试图通过宣扬ETF产品表现比市场基准指数更好，从而将其与传统的市场指数基金区分开来。

一家ETF公司的产品能够超过任何其他类似产品或市场基准指数的可能性基本不存在。所有基金公司都是从同一个金融市场来挑选成分证券，所有基金都需承担传统的市场风险，并获得所持有的成分证券的回报。当投资组合中的成分证券出现价格波动时，ETF和开放式基金的份额价值也会随之发生上涨和下跌。因此，如果ETF和开放式基金的管理费率和投资目标完全一致，那么它们的预期收益也应该是一样的。

ETF 特征指南

表 4.3 总结了 ETF 相对于传统开放式共同基金的优势。ETF 提供了更灵活的交易、更低的运营成本、更高的透明度和更优的税收效率。尽管近几年 ETF 的管理费率有所提高，但整体费率还是相对较低的。ETF 必须每日公布持仓，这使得它们比传统的共同基金更透明，因为传统基金每年只需披露两次持仓状况。这种高透明度降低了基金经理及基金发起公司营私舞弊的可能性。最后一点，ETF 可以全天进行交易，这对活跃交易者来说很方便。

表 4.3　　ETF 与传统开放式基金的主要不同

ETF	传统开放式基金
日内连续定价和交易	每日收盘后定价和交易
投资者之间在交易所进行交易	投资者在市场收盘后和基金公司进行交易
投资者份额买卖不影响其他份额持有人的税负	投资者份额赎回可能影响其他份额持有人的税负
份额发行与赎回过程会降低份额持有人的税负	由于持有人可赎回，基金经理无法降低基金持有人的税负
可以像股票一样进行交易，可执行限价指令、止损指令、卖空	可以执行限价指令，无法卖空；交易在收盘后以资产净值执行
可以融资融券	不可以融资融券
中低水平的管理费率	根据产品的不同，可能有很高的管理费率
通过经纪商进行交易	可以通过经纪商或直接和基金公司交易
经纪商收取交易佣金	如果同基金公司直接交易可免佣金，但通过经纪商进行交易需要向其支付佣金

资料来源：Portfolio Solutions，LLC.

税负是众多个人投资者要重点考虑的因素之一。ETF 的运作结构保证了其在税负方面比传统开放式基金更具优势。套利交易机制可以让基金经理减少投资组合中持仓成本低的股票，从而提高了基金的税收效率。

小　结

虽然ETF有很多优点，但它并不一定适合所有的投资者。ETF比传统的共同基金复杂得多，很多投资者并不真正了解它。此外，ETF可全天交易的灵活性可能会让一些投资者由于过度交易而导致投资业绩不佳。ETF的交易需要支付佣金，投资者交易越频繁，则投资组合的持有成本也越高。

投资者应理性地购买ETF，不能因期望ETF比传统开放式基金有更高的收益而选择ETF。尽管ETF在运营成本和税负等方面优于传统开放式基金，但只要在所跟踪的指数和投资目标等方面按计划执行，预期回报率是相同的。

无论你是否投资包括ETF在内的交易所交易投资组合，这些产品都可以丰富你的投资工具箱。你对这些投资工具的优缺点了解得越多，就越能够熟练地运用它们。

第五章　主动管理型 ETF

近 20 年的时间里，所有交易所交易基金（ETF）都在复制为人所熟知的市场基准指数。2003 年，PowerShares 发行了第一批基于量化指标的主动管理型 ETF。然而，对于 ETF 提供商来说，不跟踪指数的主动管理型 ETF 可能将成为新晋骄子。在主动管理型 ETF 下，基金经理自主选择基金成分证券，而不是跟踪某个基于规则的指数。其理念是通过灵活地主动管理，使得基金表现超越市场基准指数。

主动管理型 ETF 在美国证券交易委员会注册为投资公司，而且其份额在证券交易所上市交易。个人投资者可在一天内以不同价格在二级市场上交易 ETF 份额。主动管理型 ETF 的问题在于，需要在不公开基金经理当前操作的情况下公布每日持仓明细和份额的日内价值。

主动管理型 ETF 与使用积极策略跟踪指数的 ETF 有区别（详见第二部分）。主动管理型 ETF 的管理者可以直接选择成分证券，而无需跟踪任何指数。

最先注册的主动管理型 ETF

2007 年 2 月，贝尔斯登（Bear Stearns）提交了完整的募集说明材料，申请发行了第一只主动管理型 ETF。根据募集说明书内容，该 ETF 是一只货币市场基金，并持有各种短期固定收益投资工具，如国债、市政债券、银行债券、抵押贷款支持证券。贝尔斯登“当前收益基金”采用主动管理策略，并试图获得超越货币市场平均收益水平的投资回报。该基金虽然已经成功发行，但不幸的是，该基金和它的发行商贝尔斯登都没能在 2008 年的金融危机中存活下来。

2007 年 5 月初，美国先锋集团申请发行了第二只主动管理型 ETF，并将其作为先锋集团旗下主动管理型先锋通胀保值证券基金（代码：VIPSX）的一种类别。这只通胀保值 ETF 若能获得批准发行，将和安硕巴克莱 TIPS 债券 ETF（代码：TIP）同台竞争。这两只 ETF 的构成基本相似，部分原因在于两者的成分都来自同一个有不到 25 个标的的证券池。

巴克莱 TIPS 指数包含了证券池中的所有证券，并且按照市值加权。主动管理型先锋基金很可能比巴克莱 TIPS 指数更好，因为该基金所持证券的到期日分布更均匀。财政部在发行新的 TIPS 证券时并不会考虑 ETF 投资者的投资目标，因此从投资者的角度来看，巴克莱 TIPS 指数的成分毫无规律和理由。

2007 年 6 月，先锋集团申请发行了 3 只主动管理型 ETF。这 3 只基金将分别作为先锋现有短期国债基金、中期国债基金和长期国债基金的一种类别。每个 ETF 发行或赎回单元由开放式基金中 40%～50%的国债组成。由于美国国债市场规模大、流动性强，先锋并不认为引入 ETF 会对市场产生任何实质性影响，这意味着专找市场空子的魔鬼交易员也不会占到什么便宜。

2008 年，PowerShares 首次发行了不跟踪任何指数的主动管理型 ETF。基金经理仍然需要同对其他的 ETF 一样每天披露基金持仓情况，并且在可交易的股票数量等方面受到一些限制。

PowerShares 基金作为主动型基金与其他跟踪指数的 ETF 的区别就在于“一天”。基金经理在第一天作出买入或卖出股票的决策，然后在第二天公布。而指数型 ETF 则是指数提供商在前一日公布指数成分的调整，ETF 经理在第二天根据指数成分的调整调仓。

太平洋投资管理公司和其他主动管理型基金公司正在申请发行多个产品。随着越来越多的传统基金公司进入这一市场，未来几年我们可能会看到更多主动管理型 ETF 产品上市。

不同于主动管理型开放式基金

美国证券交易委员会并没有批准像开放式基金所采用的非透明性 ETF 结构。目前市场上每只主动管理型 ETF 都必须每日公布持仓，而主动管理型开放式共同基金的持仓可能几周或几个月才定期公布一次。监管机构对 ETF 公司如何处理对投资者公平、适当的信息披露与基金份额定价等重要问题保持关注。

美国证券交易委员会对于目前市场上每日公布持仓的主动管理型 ETF 并没有提出异议。这些基金规模较小，因此目前流动性也不成问题。但是，如果主动管理型 ETF 规模增大，公布持仓可能会对 ETF 持有者造成不利影响，因为基金经理的买入与卖出可能需要花费几天时间，其他的市场参与者就可以每天获取持仓信息并加以利用。

在美国证券交易委员会允许某种新的无需公布持仓的主动管理型 ETF 之前，官方必须确保，这种对《投资公司法》的修改和豁免符合公共利益并且与保护投资者的目的相一致。截至本书撰写之日，美国证券交易委员会尚未批准一种非透明的主动管理型 ETF 结构。但是，ETF 是一个快速发展的行业，当你阅读这段话时，美国证券交易委员会可能已经批准了某种完美的主动管理型 ETF。

主动管理型 ETF 的优势

不少公司一直极力推崇主动管理型 ETF，它们试图以产品创新者身份一举成名，并最终向基金公司授权使用它们的方法，这将会让这些公司获利不菲。但是目前主动管理型 ETF 为个人投资者带来好处却鲜有报道。以下是主动管理型 ETF 给个人投资者带来的 5 种好处：

1. 主动管理型 ETF 目前最大的优点是，其收益有机会超过其他指数型 ETF 所跟踪的指数。但考虑到大多数主动管理型开放式基金表现不及指数型 ETF，因而也并没有足够的理由支撑这一论点。尽管如此，“希望高于理智”就是主动管理型 ETF 向公众营销的方式。从这个角度来看，主动管理型 ETF 的提供商一定能成功募集到大量的资金。

2. 主动管理型 ETF 的最大获益者是那些主动型基金的投资者。主动管理型 ETF 将比相应的开放式基金收取更低的佣金，因为 ETF 的运行方式让基金公司免去许多客户服务环节，并降低基金管理服务成本（见第四章）。

3. 如果一家基金公司发行了一只主动管理型 ETF，该 ETF 密切跟踪主动管理型开放式基金的业绩，则频繁交易开放式基金的投资者可能会选择购买 ETF，因为 ETF 没有规定最短的持有时间（目前大多数开放式基金最短持有时间为 30 天）。

4. 与指数型 ETF 一样，主动管理型 ETF 可以通过份额发行或赎回过程提高税收效率，而在这方面将优于传统的主动型开放式基金（见第四章）。这可能成为主动管理型 ETF 的最大卖点。

5. 交易的灵活性是另一个关键的优点。与指数型 ETF 类似，主动管理型 ETF 也允许交易者全天交易，包括使用融券卖空或融资买入等交易手段。

主动管理型 ETF 的劣势

发行主动管理型 ETF 的基金公司可能从这些产品中获利颇多，但个人投资者会受益吗？基金经理将不得不面临因每日公布持仓所带来的各种问题，并且这些问题可能在市场波动大的交易日被进一步放大。以下是需要关注的两个问题：

1. 主动管理型 ETF 的发行公司被要求每日公布基金的持仓情况，以便于主动管理型 ETF 能够正常运作。授权交易商者每天都需要一份基金构成说明书，根据说明书所列成分来构造一篮子证券提交给基金公司以交换发行单元。

公布持仓情况对于大型基金或持有低流动性证券的基金可能会是一个问题。对于开放式基金,活跃的基金经理会竭尽所能隐藏持仓、掩饰交易,以防止被竞争对手利用。完全公布持仓会妨碍基金经理实施投资策略,因为其他的投资者能够了解基金经理的投资意图并提前采取行动,从而破坏了潜在的获利机会,并加剧 ETF 持有者的亏损。

此外,投资者可以免费看到优秀的基金经理精心研究的成果。普通投资者可以在不购买 ETF 份额的前提下每天获取公开发布的基金持仓信息。在投资管理行业,主动管理能力是稀缺的且很有价值。如果基金经理具备优秀的管理能力,那么不久以后投资者就会利用这些免费信息进行操作,从而降低基金的投资收益。

最后,主动管理型 ETF 的基金经理可能不愿意调整组合,因为他们担心市场中的竞争者或其他交易员会利用其投资策略提前进行交易,而这种不调仓的行为可能会损害 ETF 份额持有人的利益。所有这些问题都可能降低主动管理型 ETF 的竞争优势,并减弱投资者对主动管理型 ETF 的投资意愿,转而投资透明性更低的开放式共同基金。

2. 在市场波动大的交易日里,主动管理型 ETF 份额价格相对于资产净值会出现较大的溢价或折价。在指数型 ETF 的运行过程中,授权交易商可以通过发行或赎回份额来降低套利的可能性,从而使 ETF 份额价格与资产净值趋于一致。只要指数型 ETF 出现明显的价格差异,就会立刻吸引套利交易将这种差异消除。但是对于主动管理型 ETF,授权交易商可能难以对 ETF 价格进行同样有效的控制,如果不能确切知道主动管理型 ETF 的成分证券,就很难在套利交易中对冲仓位,这可能导致 ETF 份额价格与资产净值之间存在偏离。

大幅价格差异很可能出现在市场收盘之前的最后一笔交易中。在这一时间点,ETF 成分证券的交易将使得最后一笔成交价远离基金的日内价值。媒体将会抓住这种价差大做文章,从而引发公众的责难。2007 年 3 月由于市场大幅波动,新兴市场 ETF 就曾发生过类似情形。那次糟糕的新闻报道主要是由于媒体对 ETF 缺乏了解而引起的。

小 结

交易所交易证券的下一次革命将是主动管理型 ETF。只要美国证券交易委员会批准无需每日公布持仓的真正主动管理型 ETF，就会引发一轮新 ETF 产品的浪潮，并将冲击达万亿美元的传统主动型开放式基金市场。

对基金经理来说，运作主动管理型 ETF 的难度呈几何级增长。其中一个主要问题在于，如何披露每日 ETF 的持仓情况。这就像一群人在玩扑克，只有你是牌面朝上的，牌桌上的其他玩家都可以利用这一点出牌。

主动管理型 ETF 仍面临很多挑战。即使不考虑 ETF 必须遵守每日公布持仓情况的规定，基金经理要战胜市场基准指数也是一件很难的事。大多数业内人士认为，若市场上对主动管理型 ETF 的需求足够大，美国证券交易委员会将会以某种方式允许主动管理型 ETF 不必每日披露持仓情况。

第二部分

ETF跟踪的指数

第六章　基准指数和策略指数

大多数交易所交易基金试图跟踪指数的表现。因此，了解如何构建指数并进行维护将是 ETF 投资分析的重要组成部分。只要了解指数提供商如何选择成分证券并对这些证券赋予权重，那么投资者就能深入了解 ETF 是怎样管理的，并能够更好地做出审慎的投资决策。

ETF 公司很容易找到大量的指数提供商。全球有几十万种证券在交易，这些证券可以以无数种方式进行排列组合并加权，从而创建出不同的指数。对每种指数的编制方法进行详细研究是几乎不可能完成的任务，因为每天都有很多新指数问世。但我们可以根据指数的基本构造方法来对指数进行排序和分类。接下来的几章内容将介绍一些基本的指数分析工具，投资者可以利用这些工具获取有意义的信息并挑选指数型 ETF。

基本的指数类型有两种：基准指数与策略指数。基准指数是一种测量工具，其核心功能是用来测量整体金融市场或者某个市场的价值。而策略指数是另一种投资市场的方法。

基准指数基金和策略指数基金是两种完全不同的投资品种。前者赚取的是市场收益扣除费用后的回报，而后者赚取的则是投资组合的收益扣除管理费用后的回报。基准指数基金和策略指数基金在市场上同台竞争，投资者各有所好。

本书第二部分将探讨指数构造的方法。本章我们将分别讨论基准指数和策略指数，并详细描述这两种指数的优缺点。第七章介绍了一种创新的指数分类方法，即指数策略箱。这可以帮助投资者简单而快速地了解各种不同的指数是如何构造和维护的。第七章和第八章对指数策略箱中的方法会展开说明。

基准指数的定义

测量市场回报的方法始于 19 世纪末，当时查尔斯·道(Charles Dow)公布了 12 只股票价格的综合指数。查尔斯·道一开始只是简单地将这 12 只股票的收盘价进行加总后得到指标。这种计算方法仅仅是反映了股票价格而不是公司的价值。一家小型公司的股价可能是 100 美元，而一家大型公司的股价可能只有 10 美元，简单加总股价意味着这家小型公司在道琼斯工业平均指数中的权重将是大公司的 10 倍。虽然这种方法看起来很不严谨，但直到今天仍在用这种方法计算道琼斯工业平均指数。

20 世纪中叶，基准指数开始使用市值加权的方法进行计算。这是公司市值计算方法的一次重要改良。市值加权指数用每只股票的价格乘以其发行的总股本得出。这种方法除了可以显示股票价格变动外，还是一种测量市场总价值或者某部分价值的标尺。市值加权指数目前是衡量全球股票市值的标准方法。

跟踪金融市场总体表现的基准指数都采用市值加权。这样做的目的是为了反映标的证券的市值。基准指数都是被动指数，这意味着它需要尽可能准确地反映市场情况。基准指数并非将市场中所有个股都包括在内，只要定期从市场上挑选的证券样本足够大就足以反映市场情况。基准指数总是以市值为基础进行加权，这表明了指数中的每一种证券的权重都是相对于指数中其他证券的价值进行加权的。简而言之，基准指数的成分股是被动市值加权的。

基准指数在许多方面都是一个重要的金融指标。它是全球公认的价值评估标准，包括像美联储这样的机构在进行经济分析时也将其作为重要的参考指标。所有的商学院和学术机构也都在研究中使用基准指数。实际上,所有的资产配置决策都是基于基准指数数据,无论是个人投资者使用的简单方法,还是机构投资者使用的复杂模型,他们都是根据基准指数作出投资决策的。此外,我们衡量基金经理主动管理业绩时也使用基准指数。最重要的一点在于,过去30多年来,基准指数已经成为指数投资管理中占主导地位的跟踪标的。

策略指数的定义

策略指数与基准指数截然不同。策略指数不是用来测量金融市场总体或者某个部分的价值的。我们将在下面讨论其作用。策略指数采用了另一种证券选择方法或加权方法,或者两者兼而有之。

通常来说,策略指数提供商并不是为了经济研究、学术探索或资产配置而提供指数数据。他们的主要目的是创建和维护指数商业产品。这些指数提供商从被授权使用的投资公司那儿收取授权费。这些指数的被授权方主要包括ETF在内的各种投资管理公司。策略指数在新兴的ETF行业中占据了越来越大的市场份额。

优良基准指数的特征

基准指数是衡量所有投资策略表现的基础。早在20世纪90年代初,注册金融分析师(CFA)协会就提出了创建基准指数的指导方针。该协会在全球拥有超过8万名投资分析师,他们通过制定最高水平的道德准则、职业教育和专业标准来引领全球投资行业。

基准指数指导方针颁布的目的是为了确保基准指数在构建和维护过程中具有相关性、清晰性、完整性和一致性。根据注册金融分析师协会准则,优良的基准指数应该具备以下特征:

简单而客观的选择标准。指数应该有一套简明的规则来管理指数中的债券、股票或者其他金融品种。投资者应该能够预见和认同指数中成分证券构成的变化。

全面性。指数应该包括所有市场参与者在正常市场条件下实际可购买的全部品种。无论是现有的还是新发行的证券都应该有及时的报价，以便于保证指数的精准。

可复制性。市场参与者应该能够复制某个指数的总体回报。从长期看，指数必须能够反映跟踪该指数的被动投资者的真实收益，因此，投资者应能够随时获取指数成分和历史回报的数据。此外，指数对投资经理和发起人都是公平的，它既可以用来衡量基金经理的管理能力，也可作为业绩比较基准用于支付绩效费用或奖励管理者。

稳定性。指数不应该频繁地调整成分，所有的调整都应该通俗易懂且可预测性高。指数不能随意在某一天调整成分债券或者成分股。相反，指数的成分证券应该定期调整以准确反映市场结构。指数的主要优点是能提供一个被动投资的业绩基准。因此，投资者不应为了紧跟指数而被迫进行大量交易。

相关性。指数应该与投资者相关。至少，指数应该能跟踪投资者感兴趣的市场和细分市场。

易投资性。无论是总体市场指数还是细分市场指数都不应有巨大的进入壁垒。这条准则尤其适用于国际指数，因为部分国家会对外国投资者参与投资其债券或股票市场设置障碍。

费用已知。在正常的投资过程中，常见的费用包括预扣税、保管费和交易佣金等。对于总体市场指数投资和细分市场指数投资，投资者都应充分了解这些附加费用，以确保这部分费用不至于过高。如果费用不可预知或者存在不一致，指数就很难准确测量市场表现。

注册金融分析师协会的指导方针很重要，但这并不是我们必须遵守的规则。只要稍微观察一下便可以发现，很多策略指数提供商已经偏离了上述指导方针。我并不是暗示或建议那些遵循策略指数的 ETF 都是不好的投资标的，而那些跟踪基准指数的 ETF 也未必都是最佳选择。事实上，有不少跟踪策略指数的基金表现优异，也有不少基准策略指数走势不尽如人意。

本书的目的就是要告诉读者不同指数的构造方法，以及这些差异将如何影响你的投资组合表现。如果想成为一名资深的 ETF 投资者，你应该深入研究指数的构造方法，这样才能对感兴趣的 ETF 作出明智的投资决策。

详解基准指数

基准指数是为了尽可能准确地测量特定市场总体或者局部的价值。基准指数通常都是一篮子稳定的股票、债券、商品或者其他资产，这些指数的总体水平、风险和回报被当作全球市场的标准衡量指标。基准指数代表了所有投资者在市场上实际可选择的投资机会的权重加总。投资者可以按照指数提供商之前确认的规则，随时复制每一个指数。

基准指数的成分证券通常都是被动选择并且按市值加权的。指数提供商通常会广泛选择成分证券，并尽量少调整它们。一些指数提供商会选择公开市场上所有可用的证券，而有些指数仅使用其中的一部分。

许多受欢迎的基准指数并没有持有市场上的所有证券，但是挑选的证券样本足够大，因而能够作为基准指数。指数提供商采取各种优化的抽样方法，以尽可能密切地跟踪总体市场的表现。比如，标准普尔 500 指数并不包括所有大盘股，但由于它包含了足够多的证券，因而该指数的风险和收益特征非常接近大盘股总体的表现。

基准指数的成分证券是跨不同交易市场的。比如，标准普尔、摩根士丹利资本国际、弗兰克·罗素公司和道琼斯—威尔希尔(DJ Wilshire)的股票指数都包括不同交易所的证券。这些指数都是由纽约证券交易所和纳斯达克交易所上市的股票构成。虽然每个交易所都有衡量主要在其场内进行交易的证券的指数，但这些策略指数并非是为了测量市场总体的价值。所以，与交易所相关的指数并不是好的基准指数。

基准指数都是市值加权指数。每个股票在市值加权指数中的权重是由其市值相对该指数总市值的比例而定的。这种加权方法是默认市值大的公司对指数的影响会明显大于小公司。

指数市值加权的方法有很多,包括总市值、自由流通市值、流动性市值和受限市值。总市值和自由流通市值的差异在于,前者包括公司发行在外的所有股份,而后者仅包括个人投资者可以购买的股份。自由流通股是股东可以随时卖出的股份,例如,按总市值加权的美国大盘股指数包括微软公司所有发行在外的股份;而按自由流通市值加权的美国大盘股指数则不包括微软公司高层个人持有的受限股份的市值。由于剔除了不能自由交易的股份,自由流通指数反映了投资者可以在公开市场上购买的所有证券。

流动性指数是一个相对较新的概念。该指数采用定期交易的数量而不是自由流通市值来决定权重。流动性指数的兴起是由新兴市场推动的,因为在新兴市场中有些发行在外的股份数量可观,但流动性却很差。

指数中某个或者多个成分证券比例过大时,就会使用受限市值的方法。在这种情况下,比例过大的成分证券的权重被限制在5%或者10%,而其余部分平均分配到其他证券上。受限市值指数可以确保指数不受单只证券的过度影响。

风格和行业基准指数

市场总体指数包括众多成分证券,而风格和行业指数则将这些广泛的证券划分为不同的部分。权益基准指数通常被分为风格、行业和类型指数。例如,风格指数包括大盘股和小盘股指数,价值股和成长股指数;行业指数包括技术股指数、能源股指数、房地产股指数和医疗保健股指数等;债券基准指数可分为公司债指数、抵押贷款债券指数、国债指数以及一长串其他指数。

股票风格、行业、债券的不同类型都是市场基准指数的组成部分。它们汇总在一起就构成市场总体指数。这样的指数体系是一种层级结构。

举例来说，罗素 1000 成长指数和罗素 1000 价值指数构成了罗素 1000 指数。罗素 1000 指数加上罗素 2000 指数就是罗素 3000 指数。不同类型的债券指数合并也可以得到债券基准指数。比如，巴克莱债券总指数就是由巴克莱投资级公司债指数、抵押贷款债券指数、国债指数和其他投资级美国固定收益类指数合并而成的基准指数。

市场总体基准指数是各个部分的加总，这也是基准指数和策略指数的一个重要区别。你可以在本章以及指数策略箱中进一步了解它们之间的差异。

基准指数的使用

基准指数有很多用处。下面是基准指数最常见的 4 种用处：

1. 经济政策和学术研究的基础。
2. 资产配置决策的基础。
3. 衡量某种活跃投资策略有效性的基准。
4. 指数基金管理的基准。

经济学家和学术机构用基准指数来衡量和比较全球公开交易证券的价值和业绩表现。对经济学家来说，股票、债券、大宗商品和衍生品市场是未来商业活动的晴雨表。行业板块指数是投资者情绪的脉搏，以此为线索可以推断未来住房和零售等各经济部门的前景。美联储在多个经济指标中使用基准指数来预测经济表现，例如美国经济先行指数，这一指标对于预测美国经济走势至关重要。

可靠的基准指数数据可以追溯到几十年前。投资者和研究人员通过研究长期市场数据和不同市场之间的历史相关性，从而作出资产配置决策。另外，许多投资者将基准指数的当前估值与历史估值水平进行比较，并调整自己的投资组合，以此来降低风险并提高收益。

基准指数代表了主动管理投资策略的最大可投资范围。市场基准指数反映了投资者可以购买的所有证券的数量和市值。因此，基准指数是所有投资者在公开市场上购买全市场证券的投资机会。

一些细分市场的主动管理型基金也把风格和行业指数作为投资的基准。例如，美国大盘股指数就是衡量主动管理的大盘价值型基金业绩的准绳。通常，主动管理的基金经理都会提前披露基金选股的范围，并将基准指数作为衡量其业绩表现的基础。

基准指数也是主要的指数基金跟踪的标的。从全球范围看，投资于基准指数的资金要远远多于任何策略指数，在 ETF 行业也同样如此。有意思的是，跟踪策略指数的 ETF 数量远多于跟踪基准指数的 ETF 数量。在美国证券交易委员会注册的策略指数 ETF 的数量约为基准指数 ETF 数量的两倍。

详解策略指数

如今新发行的 ETF 绝大部分是跟踪策略指数而不是基准指数。与主动管理型基金经理一样，策略指数基金经理的业绩通常也是跟基准指数进行比较。策略指数不是衡量市场价值的指标，也不是学术研究或资产配置研究的基础，更不是衡量基金经理主动管理能力的基准。绝大多数策略指数设计的目的就是创造一种主动管理型产品，并且其表现以基准指数为衡量标准。

当你读到本书的第二部分和第三部分时，有些策略指数将会令你印象深刻。其中一些构思精妙、令人惊叹，有些极具启发性、让人茅塞顿开，而有些则是为了娱乐大众、博取关注而已。关于策略指数的绝大部分研究是由指数提供商自己开展的，这些指数提供商往往与它们的客户之间存在利益关系。除指数提供商外，基本没有人对策略指数进行研究。

策略指数中有一种被标注为“基本面指数”的受到市场的格外关注。这种方法的要点在于其根据公司基本面数据来进行加权，而非按公司的市值进行加权。这个想法类似于价值投资策略，有其亮点。因为从长期来看，价值股的表现优于成长股(详见第九章)。但是，未来这种优势不一定会持续。大多数关于基本面指数的实证研究是由推崇该策略的指数提供商完成的。而学术机构由于缺乏推行该策略的经济动力,会发表负面或者中性的研究结果。投资者必须自己决定这一策略是否符合投资需求。

基本面指数提供商希望我们将它们的指数作为基准指数,但这种情况不太可能发生。和大多数策略指数一样,基本面指数仅仅能作为投资产品的基础。经济学家不会使用基本面加权指数代替市值指数;美联储不会将这种指数纳入预测经济的先行指标体系中;投资顾问不会把基本面指数作为主动管理策略的业绩基准;同样,投资者也不会把基本面指数运用于资产配置模型当中。

基本面指数是一种可行的价值股投资策略。从这个角度看,该策略为 ETF 投资者提供了另一种价值投资的选择,投资者买入的是一只价值型基金而不是基准指数。以上就是所有关于基本面指数的内容。

对于指数的不同看法

美国证券交易委员会并没有规定指数的定义,也没有规定指数的构成。在本书作者看来,美国证券交易委员会将指数视为一篮子证券,这些证券都是根据事前公布的基准方法进行选择、加权和管理的。因此,传统观点下所谓的指数是对市场中一篮子证券进行市值加权的被动方法已不再成立。

基准指数提供商将它们的指数产品视为价值衡量工具。这些指数产品是比较不同市场表现和国家财富水平的标尺,也是评判包括策略指数在内的不同投资方法成败的准绳。基准指数具有庞大的历史数据,因此经济学家、分析师和学生都对其进行研究和揣摩。此外,金融机构在进行投资组合管理时也将其作为资产配置决策的基础。

策略指数提供商并不认同指数被划分成基准指数和策略指数。它们更愿意将指数定义为基于规则的投资策略,这些策略可以被打包塞入投资产品中,至于指数是如何构建的并不重要。这些公司的目标是想把投资者原本投入基准指数基金的资金吸引到策略指数基金中。扩大指数的概念会让投资者感到困惑,但这样做对策略指数基金管理公司有利。

一些基准指数提供商同时也是策略指数提供商。基准指数往往是它们指数组合中的旗舰产品,也是让它们功成名就的基石;策略指数则主要是为了获取授权费。

策略指数行业的竞争已经变得白热化。指数提供商既包括提供数千种基准指数的大型公司,也有仅提供少量策略指数的小型公司。策略指数供应巨头之一是标准普尔公司,但非常有意思的是,它同时也是基准指数——标准普尔指数的提供商。公司的分析师和产品供应商会共同合作,一起构建策略指数来模拟各种投资策略。标准普尔公司通过开发和维护数百种策略指数来收取费用,所服务的客户包括几家共同基金和ETF公司。

小　结

基准指数的基本功能是衡量金融市场总体和局部的价格及表现。其成分证券往往都是被动选择的,以更好地反映市场的状况。每只成分证券的权重是根据其市值占指数中所有成分证券总市值的比例来确定的。基准指数是学术研究、经济分析、资产配置决策的基础,也是主动管理策略的标尺,同时还是指数基金的比较基准。

现在,策略指数基金已在新发行的ETF中占据了主导地位。对于策略指数,指数提供商会在证券选择、证券权重等方面作出一个或多个主观决策。策略指数提供商的目的是为了创造一种跟踪特定证券而非总体市场表现的投资路径,所以,策略指数ETF呈现出一种不同于基准指数ETF的风险和回报特征。

我们生活在一个不断变化的投资世界之中,新思想不断挑战旧规则。ETF的遍布就是这种变化背后的一个主要推动力。投资者正在从这些变化中受益。投资基准指数ETF还是策略指数ETF,是投资者自己的选择。只要有可靠的方法来评估筛选，并充分了解，多一种选择总不是坏事。基准指数 ETF 和策略指数 ETF 无所谓谁更好更差；它们各有优劣。不论你选择其中哪一种，或者二者皆选，这都取决于你对指数构造策略的评估，每一种指数都能帮助你实现财务目标。

第七章　指数构造策略箱

19 世纪，为了测量金融市场交易证券的价格变动，金融指数应运而生。第一个指数只对几只股票价格做了简单的平均计算，没有考虑公司的价值。

20 世纪，随着数据收集方法的改进，指数包括了更多的证券。更多成分证券的加入提升了指数作为市场指标的可靠性。此外，成分证券的权重是根据其市值占指数中所有证券总市值的比例确定的。市值加权指数很快成为一个重要的基准工具，经济学家、研究人员、投资经理和投资顾问都在使用。

到了 21 世纪，金融指数的定义已经远远超越了传统的基准指数概念。如今，指数实际上是基于事先确定的规则而挑选出证券并进行加权的一篮子证券组合。指数构造方法已经从简单而优雅逐渐变得复杂又繁琐。一旦指数在形式上变得简单并值得一试，指数化投资的市场就将成长为一个过度拥挤、模糊混沌的市场。

美国证券交易委员会对指数的解释非常宽泛，将指数定义为根据事先公布的规则来选择证券、赋予权重和定期维护的公开市场可交易证券的组合。至于构建指数的原因及其作为投资产品的可行性并未提及。这种观点使得指数基金分析颇为困难。

对于大量已投放至交易所交易基金市场的指数基金产品而言，传统的共同基金分类方法已不再适用。我们需要的是一种简单的分类方法，这样投资者就可以很容易地区分不同的策略。

指数遵循的规则

作为ETF投资基准的一个必要条件是，指数必须遵循事先公布的规则来构建和维护。指数提供商必须严格遵守这些规则，才能获得投资者的信任。如果指数提供商未遵守自己定下的规则，或者频繁地调整规则，那么就会有失去投资者信任的风险。

指数构建和维护规则通常都会在指数提供商的网站上公布，也会出现在基金公司向美国证券交易委员会提交的申请材料中。另外，使用指数作为投资决策基础的基金公司也会在官方网站上对指数的构建和维护规则作出详细的解释。这些规则必须写得通俗易懂且细致入微，就连新手投资者也能够了解每个指数运作的知识。

遗憾的是，现实和理想常常脱节，共同基金和ETF行业也一样。按照常理，基金公司和指数公司应该尽可能详细地描述它们的产品是如何运作的。但遗憾的是，许多关于指数构造的解释令人费解，也不够充分，甚至在很多情况下存在缺失。这就使得指数研究很困难，投资者不得不深度挖掘ETF跟踪的指数的基本信息。

一些基金公司对于其基于指数的产品，实际上并没有提供有关如何选择成分证券和赋予权重的有效信息。这些公司只是照例宣称它们的指数编制方法属于专利，不能对外公开。然而，它们向顾客提供的市场营销材料中却展示了虚假的业绩，宣扬投资业绩表现出色。

ETF是一项了不起的创新。ETF的发展降低了投资成本，提高了交易的灵活性，并减轻了税负。令人遗憾的是，一些ETF公司的信息披露水平和营销技巧并没有随着其产品的发展而有相应的提高。

指数构造策略箱

指数构造策略一般可分为两种:一种是成分证券选择方法,另一种是证券加权方法。所有的指数提供商所采用的编制方法非常类似,因此我们可以创建一个基础的宽泛分类和组织体系。如何选择证券是指数构造的第一步。如何确定指数中所选证券的权重是指数构造的第二步。成分证券选择方法和权重确定方法就成为指数构造策略箱的两个维度。

指数构造策略箱可以让成分选择方法和权重确定方法易于识别。指数中所选成分和权重分配决定了该指数相对于总体市场的趋势变化。利用指数构造策略箱和相关表格信息,投资者可以极大地节省投资组合分析和选择 ETF 所需的时间。

本书将在本章和下两章介绍指数构造策略箱。本章将通过描述三种广泛使用的成分证券选择方法和三种证券加权方法,对指数编制过程进行说明。第八章将结合实例讨论成分证券选择方法的更多细节。第九章将介绍更多关于成分证券加权方法的信息和实例。

指数构造策略箱简介

20 世纪 90 年代,晨星公司推出了后来广为人知的晨星基金风格图,以帮助基金投资者识别共同基金的投资风格。该风格图将股票型基金和固定收益型基金分成九宫格。股票型基金风格图的两条轴分别代表共同基金的规模和类型,3 种规模和 3 种类型将这两个维度分成了九宫格。固定收益型基金风格图将债券型基金按照平均到期时间和平均信用评级也分成九宫格(详见第十章和第十四章,有更多关于晨星风格图的信息)。

指数构造策略箱采用类似的九宫图方法。9 个区块代表不同的指数构造策略。不过,这些所提供的信息和晨星的风格图完全不同。指数构造策略箱将指数的构造方法进行了分类,而不是按照指数的投资风格进行分类。

纵轴是 3 种常见的证券选择方法:被动、筛选和定量。横轴是 3 种常见的成分证券权重确定的方法:市值加权、基本面加权和固定权重。图 7.1 列明了指数构造九宫格。

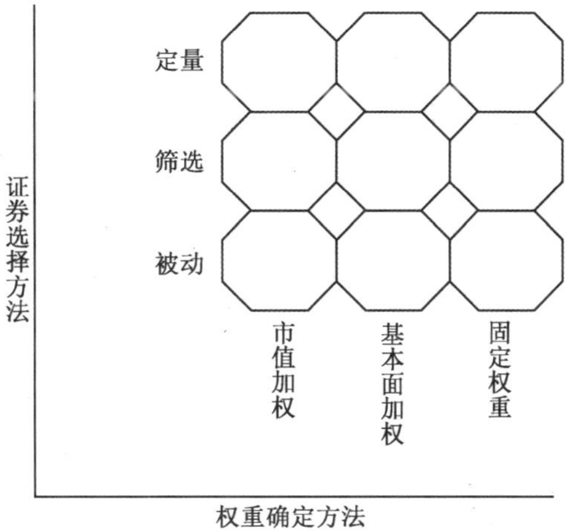

资料来源:Portfolio Solutions,LLC.

图 7.1　指数构造策略箱

指数构造策略箱可以帮助投资者了解指数构造的方式,以及如何根据已发布的规则管理投资。指数在构造图中的位置为投资者提供了一个线索,投资者可以了解跟踪这些指数的 ETF 在市场周期不同阶段的表现。

当你使用指数构造策略箱时,假定你已经决定了某种特定风格。现在,你只需要按照该风格寻找到相应的指数,然后根据指数编制方法选择 ETF。

举例来说:一旦你决定购买一只美国大盘价值 ETF,它的跟踪标的就是美国大盘价值指数,接下去就是在 www.etfguide.com 上筛选 ETF 数据库,分析可用的各种指数,并挑出你要查找的类型。你可以选择低成本的基准指数基金,此类基金被动地跟踪指数的成分证券,并根据证券市值进行加权;或者你也可以选择策略指数基金,该类基金通过更加复杂的选股流程或不同的市值加权方法来获取更高收益。

指数构造策略箱一个吸引人的地方在于，它可以适用于任何资产类别。不论是股票、固定收益证券，还是大宗商品，都可以使用该方法。

此外，基准指数中的每一种指数类别都可以归为构造图中的某一块。例如，罗素 3000 指数是采用被动选股和按市值加权的基准指数。因此，它适合于九宫图左下角被动选择/市值加权的策略框。而罗素 1000 指数是罗素 3000 指数的一个子集，也采用被动选股和按市值加权。所以，罗素 1000 指数也落在相同的策略框中。尽管这种方法总有例外，但一旦你掌握了基础知识，分类过程就相对直观了。

证券选择轴：指数构造策略箱的纵轴反映的是指数提供商使用的证券选择方法。这里的类别代表的是从金融市场中选择成分证券的规则。3 种选股方法分别为被动、筛选和定量。以下内容是对这 3 种选股方法的介绍，第八章我们会详细地解释每种方法。

第一类是被动选择证券（如图 7.2 所示）。被动选择的目的是复制市场总体或者某一部分的表现。虽然指数提供商的初衷是让被动指数呈现出市场全貌，但大多数指数提供商创建的指数并不持有所有在市场上交易的证券。被动指数所持的成分证券已经足够多，因此其风险和收益特征与整体市场类似。另外，许多 ETF 也不全部持有所跟踪指数的全部成分证券，尽管基金经理的目标是尽可能密切跟踪指数走势。

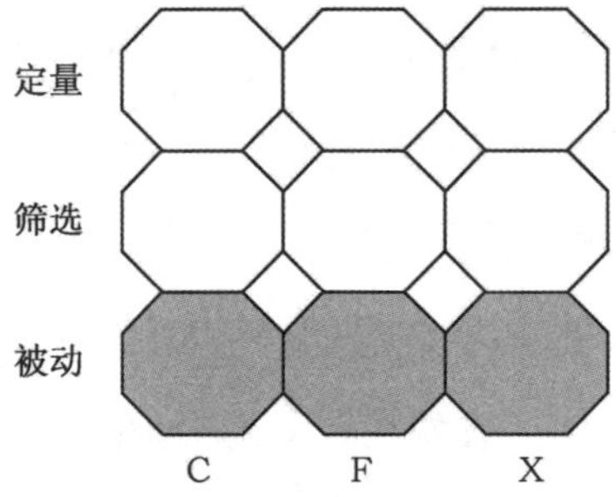

资料来源：Portfolio Solutions，LLC.

图 7.2　被动选择证券

一般来说，成为被动指数成分证券所需条件并不多，其中通常包括最低流通股数量、最低每日成交量和最低市值等。被动指数的这些限制条件并不会对指数表现产生实质性影响。

指数提供商和基金管理公司使用不同的被动选择方法，包括全样本法，抽样法，优化法，买入—持有策略，以及加入期权、期货或掉期等衍生品的方法等。所有这些成分证券的选择方法的前提是投资组合的表现应该尽可能跟随证券市场总体价格的变动而变化，不论该指数采用的是何种方法。

第二种方法是筛选（如图 7.3 所示）。筛选证券可以从指数中剔除不需要的部分。筛选法是从一个完整的证券池开始，然后过滤掉那些不符合特定标准的证券。筛选法比被动法对证券的要求高得多，其中包括基本面因素、社会因素、交易偏好等诸多因素。筛选的目的是剔除不满足要求的证券，这样指数中只留下了那些具备所需特征的证券。

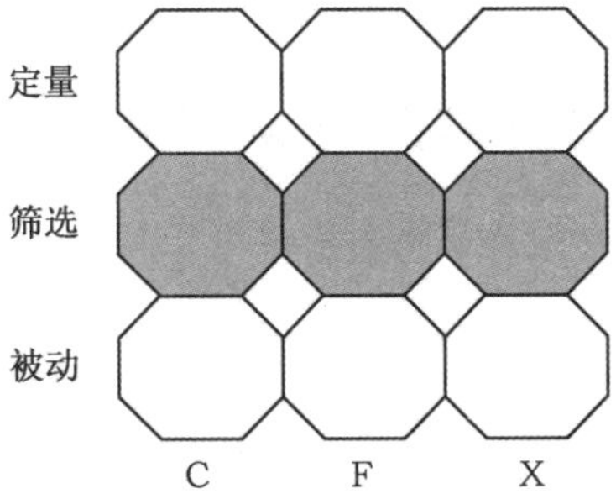

资料来源：Portfolio Solutions，LLC.

图 7.3　筛选证券

分红筛选就是一种常见的基本面筛选方法。分红指数第一步将没有按季支付股息的股票过滤掉，第二步筛选是确保股票至少已经支付了 3 年股息，第三步筛选是确保剩下的股票在过去 5 年没有削减分红。剩余的一篮子证券便是符合指数提供商特定要求的股票池。筛选法下的指数换手率通常比较低。

社会因素也可以用作筛选准则。社会责任指数把那些对社会有害的行业或者不符合公序良俗的公司主体排除在外。那些被剔除在外的公司通常集中在烟草、酒和博彩等行业。按社会因素筛选之后，指数中剩下的就是一篮子所谓的承担社会责任的公司主体。

第三类选择证券的方法是定量法（如图7.4所示）。定量（或量化）指数是遵循复杂的数学公式并通过先进的计算机模型得出的。这类模型通常被称为“黑箱”，因为外人无法得知模型是如何运作的。

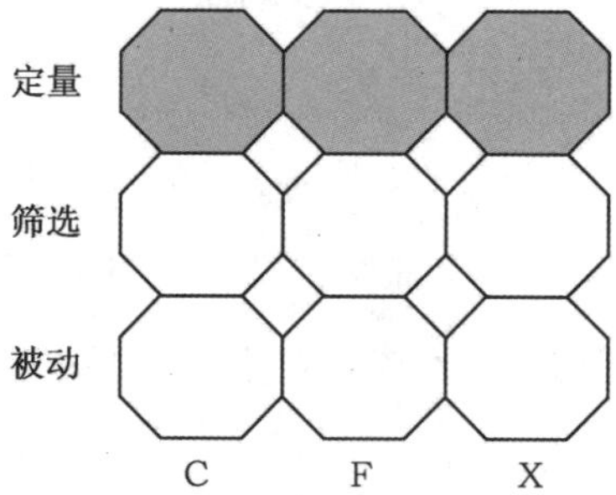

资料来源：Portfolio Solutions，LLC.

图7.4　定量选择证券

定量指数提供商通过计算机程序在证券数据和价格中甄别出它们认为可预测的信息。这个想法是将可能强于市场的证券和弱于市场的证券区分开来。股票根据定量模型的评分分为五个分位点。排在前五分之一的证券再优化组成理想的投资池，最终形成一个能跑赢市场的指数。定量指数中成分证券的换手率通常很高。

绝大部分定量选股模型的详细信息没有向公众披露，投资者可获知部分仅仅是冰山一角。指数提供商和基金管理公司担心如果公众得知模型的具体方法，那么这种定量方法则不再有效。竞争者会窃取它们的想法，交易员会在指数变动之前进行交易。不过无论如何，某些信息的外泄都是不可避免的，所以指数提供商会不定期地重新评估它们的方法，并对模型进行调整，以期保持领先地位。

证券权重轴：一旦为指数挑选证券，就需要在指数中给这些证券赋予权重。指数构造策略箱中的横轴将权重确定方法分为3类：市值加权、基本面加权和固定权重。权重确定方法很重要，因为使用不同的加权方法，给定的一篮子证券的基本特征会发生较大差异。下面总结了这 3 种加权方式，第九章将作详细介绍。市值加权方法是构建基准指数的传统方法（如图 7.5 所示），基准指数的证券权重是根据每种证券相对于指数中所有证券市值的比例分配的。

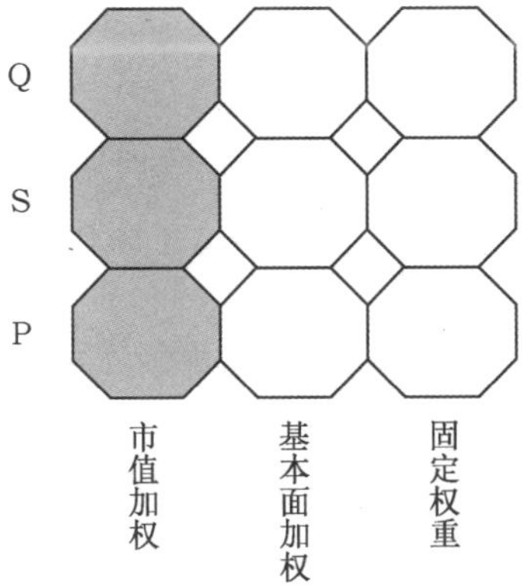

资料来源：Portfolio Solutions，LLC.

图 7.5　市值加权指数

指数提供商采用 4 种基本的市值加权方法：总市值加权、自由流通市值加权、流动性加权和受限（或上限）市值加权。总市值和自由流通市值的差别在于，前者包括公司所有发行在外的股票市值，而后者仅包括可以在二级市场交易的股票市值。

与总市值加权或者自由流通市值加权不同，流动性加权是根据在市场上交易的股票实际价值决定的。虽然有些股票自由流通的数量很多，但对基金管理公司和授权交易商而言，实际交易部分的市场价值才是最重要的指标。而流动性加权是管理新兴市场 ETF 的一种极为有效的方法，尤其对于那种成交不活跃的品种。

受限（或上限）市值加权简单来讲也是采用市值加权法，不过每种证券都不允许超过该指数的某个特定的百分比，比如 5%或者 10%。受限市值加权方法是为了让 ETF 符合美国证券交易委员会对于投资分散化的严格规定。

第二类权重确定方法是基本面加权(如图7.6所示)。基本面加权指数利用一个或者一组除市值以外的基本面因子来确定成分证券权重。常用的基本面数据包括财务因子,如分红收益率、利润率、预期利润,或者其他因子,如股票价格、价格趋势和社会责任的定性排名等。一个单因子加权的例子是股票的分红收益率,分红收益率越高,则该股票在指数中的权重就越大。多因子加权是指,指数中股票的权重是基于多个基本面变量的组合来确定的。由于基本面因素随时间而变化,基本面指数会定期进行再调整,以使得指数走势能紧跟当前的市场状况。

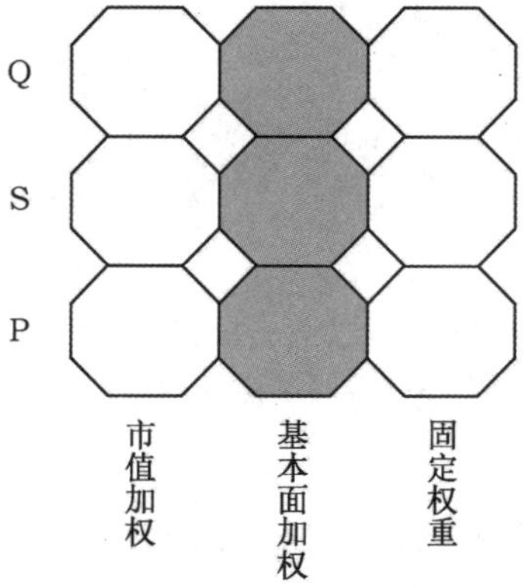

资料来源:Portfolio Solutions,LLC.

图7.6 基本面加权指数

第三类权重确定方法是固定权重法(如图7.7所示)。它又分为5种基本类别:等权、修正等权、杠杆、负杠杆和多空策略。

等权方法给每只证券赋予同样的权重。例如,在100债券指数中,每只债券的权重都是1%。修正等权法根据某种级别规则将证券归入两个或多个级别,并对应固定的百分比权重。例如,大市值股票的权重可能为2%,小市值股票的权重可能仅为1%。也可以使用定量方法构建排序系统,并根据排名赋予一个固定权重。例如,排名前五分之一的证券被赋予2%的权重,排名在五分之二分位数内的证券被赋予1%的权重。固定权重指数中的权重通常每季度调整一次。

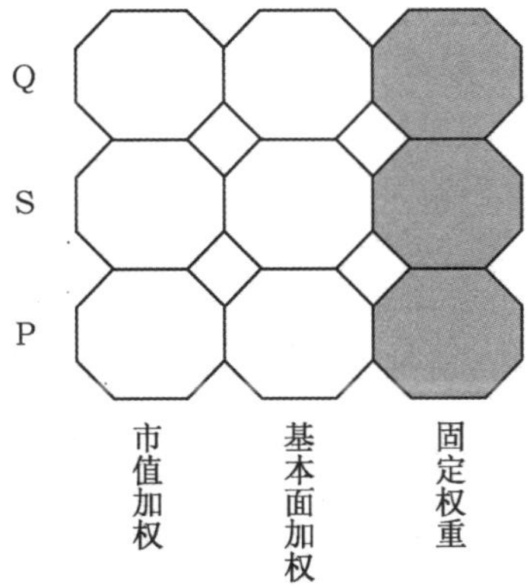

资料来源:Portfolio Solutions,LLC.

图 7.7　固定权重指数

最后几类固定权重法是杠杆权重、负杠杆权重和多空策略权重。杠杆指数的每日损益是基准指数的 2 倍或者 3 倍,负杠杆指数则恰好相反。多空策略权重的方法是超配被认为可能跑赢市场的股票,而低配那些表现不及市场的股票。

基准指数和策略指数

表 7.1 总结了指数构造策略箱及其组成部分。你可以在本书 ETF 符号旁看到指数构造策略箱。

表 7.1　　指数构造策略箱与指数类型

策略箱	指数类型	选股方法	权重方法
	基准型	被动	市值
	交易型	被动	基本面
	交易型	被动	等权
	交易型	筛选	市值
	交易型	筛选	基本面
	交易型	筛选	等权
	交易型	定量	市值

续表

策略箱	指数类型	选股方法	权重方法
	交易型	定量	基本面
	交易型	定量	等权

资料来源：Portfolio Solutions，LLC.

第六章阐述了基准指数和策略指数的差异。这些差异可以用指数构造策略箱来表示。图 7.8 显示了基准指数在指数构造策略箱中所处的位置，图 7.9 则显示了策略指数在指数构造策略箱中的位置。

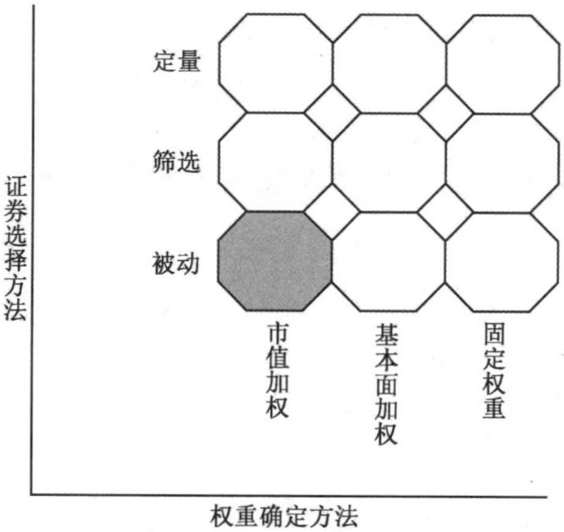

资料来源：Portfolio Solutions，LLC.

图 7.8　基准指数的位置

基准指数旨在反映金融市场的表现。跟踪基准指数的 ETF 按照被动选择和市值加权的方法进行分类。图 7.8 列示了基准指数的位置。策略指数通过不同的证券选择方法或证券加权方法，或两者兼而有之，使其与基准指数之间有所区分。策略指数证券选择方法包括筛选证券以剔除不合格的部分，也可以采用复杂的定量模型将优质证券与劣质证券区别开来。证券权重可以用基本面加权法或者固定权重法确定。

策略指数依赖于指数提供商的主观判断。除少数情形外，指数提供商设计策略指数是为了寻求与基准指数不同的风险和收益路径，并将其业绩表现与基准指数进行比较。

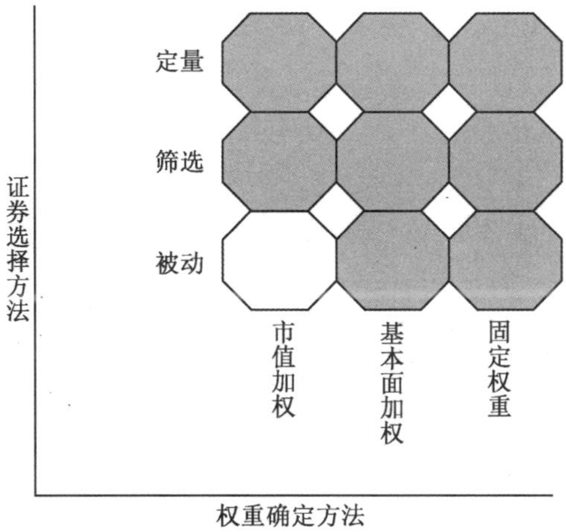

资料来源:Portfolio Solutions,LLC.

图 7.9　策略指数的位置

小　结

指数 ETF 和普通指数基金都尽可能跟踪标的指数。指数构造策略箱用一种简单明了的方法将指数的证券选择方法和权重策略方法表现出来,因此,它可以帮助投资者了解指数基金是如何管理的。指数构造策略箱可以应用于所有资产类别,包括股票、债券和商品。

指数都是基于规则设计的。这些规则可以分成两类:一类是证券选择方法,另一类是证券加权方法。在投资组合中运用不同的证券选择方法和证券加权方式,对跟踪这些指数的 ETF 的业绩表现和风险特征将产生深远的影响。

指数构造策略箱是对指数化产品,包括 ETF 进行分类的重要一步。了解指数如何构建和管理,对于理解 ETF 的风险和收益特征有很大的帮助。在 ETF 研究中运用指数构造策略箱将大大减少基金分析所需的时间,有助于投资者选择合适的投资工具。

第八章　成分证券的选择

根据指数的构建与维护规则，指数构造策略箱对交易所交易基金进行了分类。策略箱的横坐标代表了各种证券选择方法，而纵坐标代表了证券加权方法。掌握指数成分证券的选择方法与权重确定方法，是了解 ETF 如何跟踪指数的重要一步。

ETF 经理可以通过多种方式跟踪指数。他们可以完全复制一个指数中的所有成分证券，对其进行抽样，或使用指数所对应的金融衍生工具。对于 ETF 投资者来说，最重要的是 ETF 所跟踪指数的管理方式以及该指数的特征，而不是基金经理采用何种方式跟踪指数。

分析指数的第一步是明确成分证券的选择方法，第二步是明确成分证券的加权方法。本章详细分析了指数成分证券的选择方法。第九章将详细讨论指数成分证券的加权方法。

成分证券选择方法分类

指数提供商公布了每个指数选取成分证券所遵循的规则。这些规则能帮助投资者了解该指数是如何构建的。一些指数提供商发布详细的信息来描述它们编制指数的方法，而另一些指数提供商只提供最低限度的信息。采用被动选择方法的指数提供商与倾向于筛选策略或按定量方法选择证券的指数提供商相比，在信息披露方面往往更透明。

不幸的是，一些指数提供商所提供的信息太过模糊，投资者必须深入挖掘数据并致电指数提供商才能获取基本信息。通常，越是复杂的证券选择方法，规则信息披露就越少。

指数构造策略箱的3行代表了证券选择方法的3种基本类型。表8.1列出了这3种类型以及各个类型下选择方法的示例。附录A中提供了更详尽的选择方法列表，以及指数构造策略箱中的缩写指南。这些类别和名称的缩写将在本书第三部分的表格中使用到。

表8.1　选择方法及示例

被动选择(P)	筛选(S)	定量选择(Q)
完全复制(A)	交易所(E)	经济周期模型(E)
抽样选择(S)	基本面因素(F)	多因子模型(M)
买入持有(B)	价格趋势(P)	趋势模型(X)
单只证券(I)	主题过滤(T)	非公开模型*(P)

* 非公开模型是指没有足够的公开信息以确认是何种定量选择方法。

资料来源：Portfolio Solutions，LLC.

指数提供商基于事先确认的规则选择成分证券并严格执行。所选择的成分证券必须具备一定的特征。一旦证券被选入指数，该证券就必须维持这些特征，以确保能被包含在指数中。一些选择规则适用于所有指数，而大部分选择规则只适用于特定的指数。

几乎所有指数均会使用的证券选择标准为充足的流动性。指数中交易活跃的成分证券能够确保指数与市场保持一定的相关性，并准确反映市场价值。充足的流动性也是基金经理跟踪指数时所必须考虑的因素。

指数提供商在每日证券组合构成文件(PCF)中所列的证券，必须满足或超过特定的最小市值和最低交易量要求，以便于授权交易商(AP)可以从市场上购买这些成分证券。如果这些成分证券无法在市场上顺利买入或卖出，那么授权交易商将无法构建一篮子证券以用于ETF的发行。

指数成分证券选择方法分为三大类：被动法、筛选法和定量法。被动法是在剔除对业绩没有重大影响的低流动性证券后，完全复制整体金融市场或细分市场。筛选法是通过设置条件过滤掉市场上一大批证券，这些证券是指数提供商不希望出现在其证券列表中的。定量法是通过数学模型挑选少量证券，指数提供商认为这些精选出的证券的表现将优于相应的市场基准指数。

被动证券选择

"我无法决定买哪只股票。我可以买所有股票吗?"你当然可以，或至少可以接近这个目标。你只需买入一只跟踪市场基准指数的 ETF，而该 ETF 所跟踪的指数采用被动选择方法复制市场上交易的证券。

被动选择方法使用简单的复制策略，将整体市场或局部市场的代表性证券都作为成分证券。这种方法是在全球指数构造中最常用的方法。被动法用于所有的市场基准指数，因此在 2003 年之前，它是 ETF 唯一使用的证券选择方法。图 8.1 显示了指数构造策略箱中的被动选择方法。

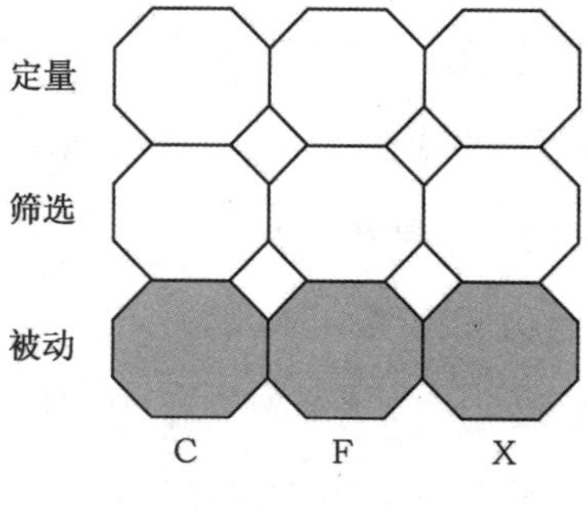

图 8.1　被动选择方法

被动选择方式现在仍然是基准指数唯一使用的选择证券的方法。该策略的核心是让指数代表某个市场或该市场的一部分。因此，指数提供商认为要有助于反映整个市场或子市场，被动型指数就应该包含尽可能多的成分证券。在创建一篮子证券时，也无需对证券的业绩进行预测。

采用被动选择的指数具有几大特征。与采用另外两种选择方法的指数相比，被动选择型指数的成分证券调整频率更低，且成分证券的选择覆盖了整个市场，而不局限于某个交易所。大多数被动选择规则剔除了成交量小且价格不连续的证券；附加的被动规则还剔除了冗余或明显不符合指数目标的证券。封闭式共同基金与 ETF 通常被剔除在外，因为它们持有的证券已经被纳入指数中。明显不符合指数目标的证券会被排除，例如，一个美国被动选股指数将剔除在美国交易所交易的国外股票（美国存托凭证，ADRs）。

大型指数提供商通常有一系列采用被动选择方法的市场基准指数。一系列指数的顶端是全市场指数，它包含了成百上千只证券。全市场指数之下是各种分类指数，包括规模指数（大盘—小盘）、风格指数（价值—成长）、行业指数（例如，科技类）。在这些分类下还有子类别（例如，软件、硬件、网络）。一些子行业部门可以划分得非常细，以至于组成部分过少而不能称为指数（例如，纳米科技）。

被动选择指数的层级结构具有一定特征，所有分类指数和子类别指数可以重新组合成全市场指数。被动型指数家族的供应商为投资者提供了投资全市场或是子市场的机会。指数提供商并不会偏重于某种风格指数或某种行业指数，所有的分类指数都可供投资者选择，也就是说，投资者自己决定选择哪种指数来构成 ETF 投资组合。

被动选择的例子

为 ETF 提供被动选择型指数的主要公司是弗兰克·罗素、摩根士丹利资本国际、晨星公司、标准普尔（包括标准普尔/花旗集团）以及道琼斯（包括道琼斯—威尔希尔）。

聪明的读者可能会问：为什么标准普尔指数被归为被动选择类型呢，标准普尔指数的管理委员会历史上并不采用完全被动的选择方法呀？被动选择策略的目标是在整个市场上复制证券的价格变动。指数不必包含市场上所有的证券也能实现这一目标。只要包含足够的成分标的，指数便可以密切地跟踪市场。每个标准普尔指数包含了数百只成分股，巨大的成分股数量代表了市场中大部分截面数据，可以忽略标准普尔委员会主观决策可能造成的市场跟踪误差。

被动选择型指数系列的例子

1984 年，位于华盛顿州塔科马市的弗兰克·罗素公司创建了采用被动选股方法的指数——罗素系列指数。罗素公司每天计算该系列的 21 个指数。罗素 3000 覆盖了可投资的美国股票自由流通市值的 98%，几乎所有的罗素指数都是罗素 3000 指数的子集。

下面列出了罗素指数的构造方法。该系列指数根据 5 月 31 日的市场数据，于每年 6 月 30 日对指数成分进行调整。有关指数编制更详细的说明可以查阅弗兰克·罗素公司网站，网站上还列明了使用指数构造策略对指数进行分类的规则。

罗素在其美国股票指数中删除了以下证券：

- 不在主要的证券交易所进行交易。
- 交易价格低于 1 美元。
- 封闭式共同基金、有限合伙企业、版权信托。
- 伯克希尔—哈撒韦公司(Berkshire Hathaway)(被认为是一家投资公司)。
- 非美国本土公司的股票、外国股票、美国存托凭证。

余下的股票按照市值进行排序和分类：

- 普通股按市值从大到小排序。
- 前 3 000 只股票纳入罗素 3000 指数中。
- 最大的 1 000 只股票纳入罗素 1000 指数中。
- 之后的 2 000 只股票纳入罗素 2000 指数中。

每个罗素指数被继续划分为风格指数：

- 根据市净率(每股股价/每股净资产)和预期的长期盈利平均增长率对罗素指数的成分股进行排序。
- 对每只成分股计算出综合价值得分。
- 根据分数对股票进行排序，并根据股票的分布情况确定所属分类的权重。

● 70%的股票被划分为价值型或成长型，30%的股票同时属于这两种，并且在价值指数和成长指数中列明。

罗素被动型指数系列有一个层次结构。这个系列被分为若干部分，分类指数汇总便是全市场指数。全市场指数可以按照股票风格分为价值指数、成长指数，又可以按照股票市值分为小盘指数、大盘指数。这些指数归集在一起便形成罗素 3000 指数。图 8.2 显示了罗素系列指数。

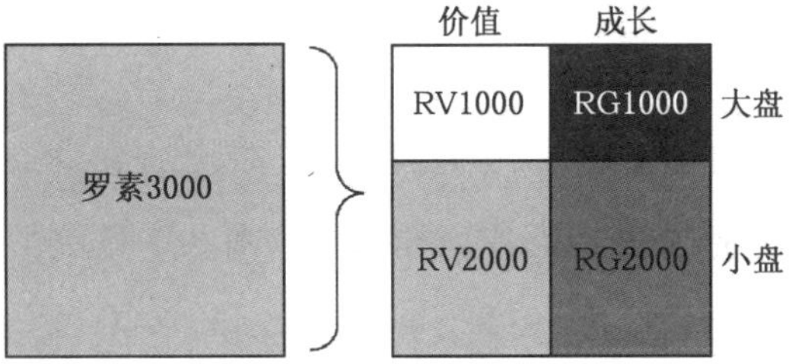

图 8.2 罗素系列指数

ETF 经理将指数的所有成分股都囊括是不必要且不可行的。ETF 经理可以对指数成分进行抽样来解决这个问题。在无需持有所有成分股的前提下，通过对指数成分进行抽样，选择流动性好且代表各个行业的股票，基金经理可以复制指数走势。采用指数成分抽样方法的基金经理也倾向于使用复杂的投资组合优化技术，以减少指数基金的跟踪误差。采用指数成分抽样技术的 ETF 仍然是被动选择类型，因为其目标是尽可能复制指数。

安硕罗素微盘 ETF(代码:IWC)以被动选股的罗素微盘指数为基准。罗素 2000 指数中市值最小的 1 000 只股票，加上在罗素 2000 指数后面市值更小的 1 000 只股票，组成了罗素微盘指数。由于该指数中 1 000 只小市值股票缺乏足够的流动性，因此在实际 ETF 管理过程中无法完全复制。尽管罗素微盘指数有 2 000 只成分股，但 IWC 仅抽取了其中约 1 200 只流动性较好的股票。

一些 ETF 买入并持有一篮子证券，这些证券一旦选定之后便不再调整。采用“买入并持有”策略的ETF有控股公司存托凭证(HOLDR)。该ETF最初以被动选股方式一次性确定成分股,之后,该证券组合变为非管理式信托(详见第三章内容)。该ETF的优势是成本极低(无管理费用),缺点是没有新的证券可以进入此基金。ETF发行时一旦选择好股票标的,就形成了固定的“买入并持有”的一篮子股票。其中有些股票可能因并购而被剔除,但没有新的标的可以替代原有的股票。

筛选证券

筛选是第二类指数成分证券选择方法。指数提供商通过过滤大量证券,剔除那些不具备所需特征的证券标的。图8.3显示了指数构造策略箱中的筛选法。

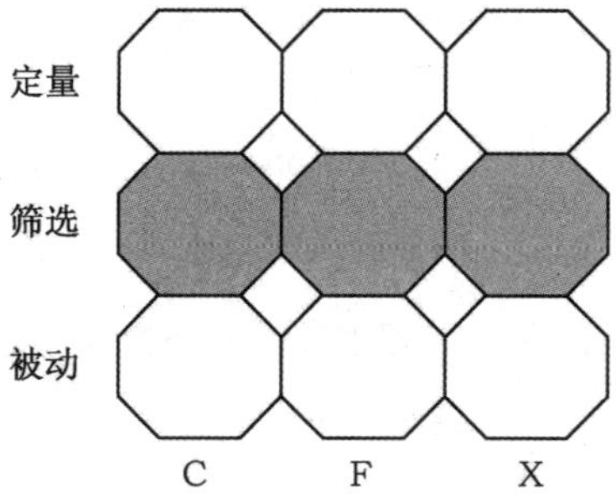

图8.3 筛选法

只要指数提供商有足够的想象力,并且能收集到所需的证券特征信息,新的证券筛选方法便会层出不穷。证券筛选可以是剔除缺乏一定基本面支撑的证券,例如,一个指数可能剔除所有不分红的证券。基于社会信仰,筛选条件可以被设置为排除那些销售不可接受产品的公司,如香烟、酒;或是选入某个细分行业的股票,如风能、太阳能。筛选条件还可以限定为在特定交易所交易的证券,如纳斯达克交易所。

筛选方法可能涉及多个条件,例如,一个指数的成分证券可能被要求满足在纳斯达克交易所交易、定期分红、为员工提供全额医疗保险、不从事香烟行业等多个筛选条件。指数提供商通过设计筛选条件来剔除一些证券并保留所需证券。指数提供商对整个筛选过程行使自主决定权。筛选后所得的指数将用于发行指数投资产品，但是，由于指数提供商在筛选过程中明显设置了主观条件，因而所得的指数并不是被动型指数。

指数提供商从大量的证券开始筛选。为了建立一个经过筛选的美国证券指数，指数提供商可能从所有在美国交易所交易且流动性较好的证券开始。计算机以特定的方式过滤这些证券，以确保筛选结果符合指数提供商的需求。所有筛选工作完成并且所需成分标的被挑选出后，便可以直接组成指数或再进行抽样后组成指数。

筛选证券与被动选择证券在指数体系的层级方面也存在差别，前者具有有限的指数层级结构（如有）。指数提供商创建的筛选型指数加总后不会得到全市场指数，因为不需要的股票已被剔除在外。而这些被指数剔除的证券并不会被纳入一个“反向”指数，例如，指数提供商创建了“社会责任指数”，却不会建立“无社会责任指数”。图 8.4 显示了指数提供商如何筛选证券标的。筛选型指数并不适用于那些希望跟踪全市场收益的投资者，因为对于筛选型指数，大部分证券已被排除在外。跟踪筛选型指数的基金主要针对特定的投资群体或有特定投资目标的投资者，投资目标可能是选择有社会责任感的企业，或投资于新能源，抑或仅投资纳斯达克股票。

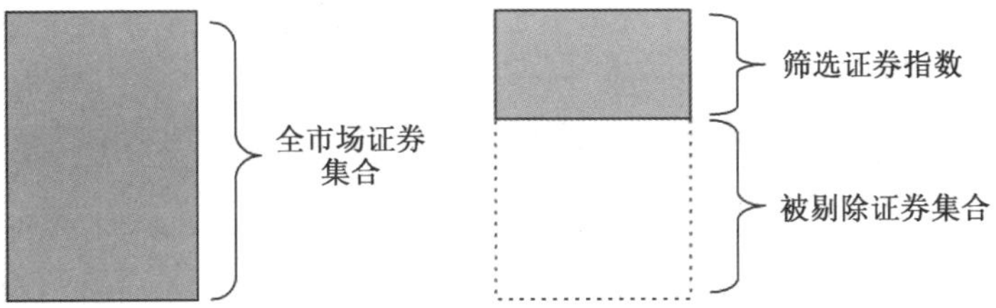

图 8.4　筛选证券指数的选择

筛选型指数示例

有数百万种筛选方法可以用于创建策略指数。本书仅介绍一些流行的筛选方法。总的来说，筛选型指数的目的是创建和授权指数投资产品。因此，很少有筛选型指数与经济分析、学术研究或资产配置存在关联。

分红指数：2003年后，定期支付股息的股票变得十分流行。2003年，如果股票持有时间超过60天，股票分红的最高税率将降至15%。此外，在2000年科技股泡沫破灭后，投资价值型股票在之后的5年内非常受欢迎。这两个事件催生出了众多以分红作为筛选条件的策略指数，以及基于这些指数的许多ETF产品。

分红指数设置了筛选条件，从市场上众多的股票中选出定期支付现金股息的标的。指数提供商通常以所有交易所中交易的一篮子股票作为筛选目标。例如，智慧树分红指数包含了在纽约证券交易所和纳斯达克交易所交易并定期分红的公司。根据智慧树的说法，两个交易所约有3 500只股票满足最小市值与流动性筛选条件，可从中选出约1 500只定期分红的标的。

分红指数对那些希望获得超过基准指数收益或是投资价值型股票的投资者充满吸引力。分红的公司通常处于成熟的行业中，这些行业具有较低的市盈率（P/E）、市净率（P/B）和市销率（P/S）等特征。这使得分红指数同被动型价值指数的相关性比同被动型成长指数的相关性要高，这意味着分红指数表现更接近被动型价值指数的回报，与被动型成长指数收益不太相同（有关价值投资的更多信息请参阅第九章和第十章）。

第二层和第三层筛选条件可以进一步完善分红指数。筛选条件可以是剔除近几年来没有增加分红，或盈利中的大部分用于支付股息，抑或近期减少分红的公司。指数提供商可以使用多重筛选条件来调整投资策略，以获取它们想要的或是基金公司正在寻找的证券集合。

2006年5月，智慧树投资公司推出了首个美国与全球分红加权指数系列以及相应的ETF。智慧树分红指数由定期支付现金股息且满足流动性与市值规模要求的股票标的组成。指数成分股根据基本面进行加权(见第九章),以反映股票在未来一年预计支付的现金股息比例。

2007年,智慧树发行了首个美国与全球利润加权指数及相应的ETF。智慧树利润加权指数选择近4个财年累计利润为正的公司,并且,该指数以累计利润这一基本面要素进行加权,以反映每个公司贡献的盈利在总收益中的占比。

交易所指数:美国有两个证券交易所:纽约证券交易所(NYSE)和纳斯达克交易所(NASDAQ)。还有许多新的电子交易所,但是对于本章的讨论并不重要。

纳斯达克交易所并不是实体交易所,而是一个为方便持牌经纪商和证券交易商交易证券而建立的电子网络系统。该系统为成员公司提供场外和部分纽约证券交易所上市证券的实时报价。

每个交易所都有基于在该交易所交易的股票而建立的一套指数。例如,纳斯达克综合指数包含了主要在纳斯达克交易所交易的股票,而纽约证券交易所综合指数包含了主要在纽约证券交易所交易的股票。同时在两个交易所上市且交易量大的股票标的被排除在指数成分股之外。

两个交易所都拥有子指数,这些子指数是通过特殊筛选条件构建的。纳斯达克－100指数包括了主要在纳斯达克交易所交易的国内外市值最大的前100只股票,并以市值进行加权,同时,对大型公司市值设置了上限。该指数包含计算机硬件和软件、电信、零售和批发零售以及生物技术等行业的股票,但是剔除了金融公司与投资公司股票。

纳斯达克－100是一个策略指数,因某种特定交易目的而进行调整。它并不是一个平均覆盖各行业部门的市场基准指数,因此,媒体报道纳斯达克指数表现时以其作为市场基准指数的做法是错误的。PowerShares QQQ是在纳斯达克上市交易的一只跟踪纳斯达克－100指数的ETF(代码:QQQQ)。PowerShares QQQ是市场上最流行的ETF之一。

社会责任指数:社会责任指数是基于具有社会责任意识的投资者所选择的公司股票而建立的主题型指数。因此,社会责任指数通常剔除了酒、烟草、赌博以及存在争议的行业，如核能和枪支制造相关的行业。一些社会责任指数还使用了较为主观的筛选条件，如社区关系、多样性、员工关系、环境保护、人权、产品质量与安全以及公司治理等因素。

KLD 社会责任指数是 KLD 公司的标志性产品。巴克莱公司被授权使用该指数，并发行了安硕 KLD 社会责任指数 ETF(代码：KLD)。该 ETF 采用指数成分抽样策略以跟踪 KLD 社会责任指数。

KLD 社会责任指数是由从罗素 1000 指数和标准普尔 500 指数中挑选出的 200～300 只证券组成的。不符合 KLD 社会责任指数所设置的财务筛选标准的，如最低市值、利润额、流动性和股票价格的股票标的不能被纳入指数。

除了剔除一些有争议行业的公司股票外，KLD 还使用 7 个定性指标考察公司在社会环境方面的表现，这些指标包括：环境、社区关系、公司治理、多样性、员工关系、人权、产品质量与安全。

公司事件筛选：首次公开发行(IPO)是指公司首次向公众投资者出售股份、募集资金。股票一旦发行，就在证券交易所进行交易。指数提供商可以筛选市场 IPO 数据，并根据 IPO 信息创建策略指数。

美国 IPOX 综合指数由芝加哥指数公司 IPOX Schuster 管理。IPOX-100 由美国 IPOX 综合指数中市值排名前 100 的股票组成，并且每季度进行调整。美国 IPOX 综合指数包含了近 1 000 个交易日(约 3 年)内 IPO 的股票。由于一两家大公司如 Google(代码：GOOG)可能在指数中占比过大，因而规定了单只股票在指数基金中占比 10%的上限。第一信托 IPOX-100 指数基金(代码：FPX)跟踪 IPOX-100 指数。

商品指数：目前市场上有很多种商品指数，大多数只有几年的历史。几乎所有的商品指数都是由商品期货合约构成(见第十五章)。与股票市场基准指数不同，商品指数的收益存在很大差异。一个商品指数迄今为止的年化收益率可能是+5%，而另一个商品指数迄今为止的年化收益率可能是−5%。

虽然很多指数都跟踪相同的商品期货合约，但是指数提供商在所跟踪的商品合约数量以及合约的权重方面存在显著差异。这就造成了商品指数之间收益上的巨大差异。一个极端的例子是，罗杰斯国际商品指数(RICI)跟踪35种商品，而德意志银行流动性商品指数(DBLCI)仅跟踪6种商品。处于中间水平的高盛商品指数(CSCI)、道琼斯—瑞银商品指数(DJ-UBS)和商品研究所指数(CKB)跟踪17～24种商品。

含有较少商品合约的指数提供商认为，只要指数包含几个主要行业部门的代表性商品，便可以实现分散化。因此，这些指数提供商设置筛选条件，挑选出流动性最好的期货合约。它们通过测试以确保这些合约密切反映各个行业部门。德意志银行流动性商品指数从众多合约中仅挑出了6个流动性强的期货合约，每个合约分别属于不同的行业部门。

定量选择

定量选择策略的目标是寻找指数提供商认为有高回报潜力的证券(见图8.5)。这些策略通常是采用“黑箱”方法进行分析并对证券进行排序。复杂的计算机模型会选出那些据报道最有可能跑赢市场的证券。

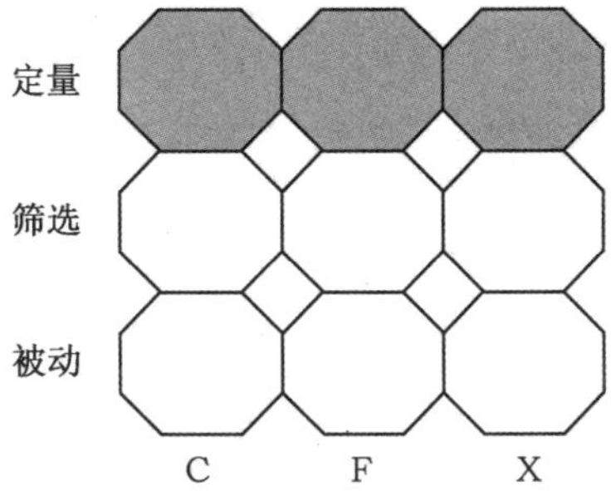

图8.5 定量选择方法

需要指出的是，一些定量指数提供商表示，其指数收益并不一定会超过市场基准指数，但却可以实现更好的风险调整回报。这意味着，指数每单位风险所获得的收益更高。按风险调整收益的方法有许多种，但这并不是本书的主题。在本书第十九章将讨论最流行的一种方法——夏普比率。

采用定量选择方法的 ETF 具有明显的特征。下面列举其中最常见的 5 个：

1. 定量选择型指数持有的证券数量相对较少，通常在 40～100 只。这与筛选型指数拥有数百种成分证券、被动选择型指数时常有数千只成分证券形成了对比。图 8.6 显示了定量型指数所包含的成分证券较少。

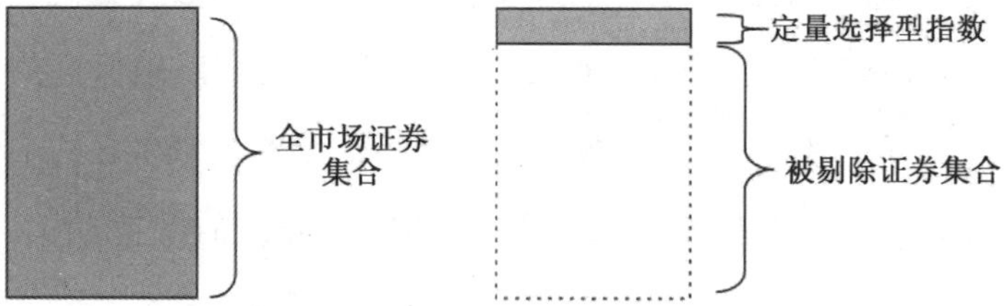

图 8.6 定量选择型指数的选择流程

2. 定量选择型指数的成分证券具有高换手率。ETF 买卖证券的数量取决于指数提供商对指数的调整频率。若指数每季度调整，那么 ETF 成分证券每年的换手率将超过 100%；若指数每月调整，则 ETF 成分证券每年的换手率将翻三倍。

3. 向大众公开的选择规则可能非常模糊。一些定量基金提供商不希望选择方法被竞争对手复制，因而仅将少量关于选择方法的信息公之于众，结果就是信息有限不能重构指数，因此无法对指数提供商宣称的历史业绩进行检验。那些投资定量指数的投资者，对 ETF 实际能够达到预期收益怀有信心。

4. 跟踪定量指数的 ETF 成本更高。通常而言，在 3 种类型的 ETF 产品中，采用定量选择方法的 ETF 所收取的管理费用最高，大约是被动选择型 ETF 的 3 倍，筛选型 ETF 的 2 倍。成本高低对投资业绩的影响重大。在其他条件相同的情况下，高成本定量策略 ETF 的回报将不及跟踪基准指数的 ETF。

5. 几乎所有定量型 ETF 提供商的市场宣传材料中所模拟的指数表

现都会超越市场基准指数回报。由于大多数采用定量策略的 ETF 没有长期的历史业绩记录,因此 ETF 公司无法提供实盘收益记录。相反,宣传材料中显示的模拟历史业绩在假设的时间区间内可能做不到。

投资一只缺乏实盘历史记录的定量型 ETF,主要是基于投资者的信念。投资者期望这种量化的投资策略在扣除高额的管理费后仍能达到不错的投资收益。投资定量型 ETF 之前保持谨慎是非常重要的,并且一定的风险意识也能让你受益良多。

定量选择型指数的例子

下面将列出一些使用定量选择策略的指数的例子。这些定量方法有的复杂,有的奇特。PowerShares 在 2002 年发行了具有创新性的定量型 ETF,迈出了行业中的第一步,使其成为定量型 ETF 领域的领军者。

Intellidex 指数:PowerShares 由纽文投资公司的前营销总监布鲁斯·邦德于 2002 年创立。他的想法是用定量指数作为 ETF 的基准。该指数方法最初由布鲁斯·邦德开发,随后由美国证券交易所(AMEX,现在隶属于 NYSE)的技术人员做了调整。该指数由美国证券交易所进行维护,以满足美国证券交易委员会关于指数提供商与基金管理人相分离的规定。

PowerShares 发行的前两只基金——动态市场基金(代码:PWC)和动态场外基金(代码:PWO),跟踪美国证券交易所 Intellidex 系列指数。目前我们并不知道 Intellidex 指数的详细编制方法,仅了解到该指数是从美国本土公司市值排名前 2 000 的股票中,使用定量方法选出 100 只成分股纳入指数。动态场外 Intellidex 指数(DYO)的结构也类似,包含了 100 只成分股,但这些成分股从公司总部设在美国并且在纳斯达克上市、市值排在前 1 000 的股票中选出。

Intellidex 编制方法是挑选符合量化指标的股票标的,这些量化指标表明股票具有成长潜力。该模型使用了 25 个量化指标,分为四大类:风险因素、价格趋势、基本面改善、股票估值。模型中的 25 个指标包括现金流、历史价格区间、分析师预测、利润增长、基本比率、历史盈利稳定性、流动性等,指数编制过程中如何使用这些因素以及各因素的权重都尚未被公众所知。

Intellidex 指数的成分股按季度进行调整,因此,以该指数为基准的 PowerShares ETF 有着很高的股票换手率,每年的换手率达到 50%~150%。这比被动型指数 2%~4%的换手率要高得多。幸运的是,ETF 结构可以将资本利得税保持在低水平,甚至可以完全免除资本利得税。

AlphaDEX 指数:第一信托公司于 2007 年 5 月推出了 AlphaDEX ETF 系列,与 PowerShares 公司的 Intellidex ETF 系列产品同台竞争。其中的 16 只新基金都是不断扩张的定量型 ETF 中的新锐。AlphaDEX 指数在已有指数的基础上进行了调整,以期获得相对更高的收益,其中,风格基金是基于标准普尔指数(标准普尔 500 指数包含了大市值股票,标准普尔中盘 400 指数包含了中等市值股票),而行业基金是基于罗素 1000 指数。

AlphaDEX 指数与 Intellidex 指数的一个重要区别是前者的方法更加透明。AlphaDEX 指数中的股票被分为成长型、核心型与价值型。股票的成长性是采用 5 个指标进行评估和打分,股票的价值性则使用 3 个指标进行评估和打分。第一信托公司会根据打分高低对 AlphaDEX 指数中的成分股分配不同权重,得分最高者则权重最大。其目标是创建一个以成长性和价值性为核心的指数,该指数有可能跑赢市场。

细分市场定量型指数:很多细分市场的 ETF 跟踪一系列特殊的定量型指数。这些指数的编制方法覆盖了从价格趋势到知识产权等各个领域的策略。如前所述,很多定量型 ETF 都是独特而富有创新性的,但市场对它们也存在一定的顾虑。除了指数供应商使用的专门选择方法外,定量型指数很少披露其所使用的方法,并且定量型 ETF 相对于被动型 ETF 具有更高的成本。ETF 公司会宣称这些指数产品经过理论测试比市场基准指数的表现更好,从而加大市场营销力度。

按价格趋势选择:PowerShares DWA 技术面领先者基金(代码:

PDP)跟踪的是 Dorsey Wright 技术面领先者指数。该指数包含了 100 只美国上市公司股票,这些公司的股价被认为具有相对明显的趋势特征。

指数是依据 Dorsey Wright 的专利方法构建的,这意味着有关该方法的信息不会披露多少。募集说明书中仅指出,除其他因素外,该指数还考虑了在美国上市交易的市值规模排在前 3 000 的股票以及各行业部门的相对表现。该指数方法每季度对成分股重新评估,并根据专有的内部模型对股票排序。挑选出的指数成分股被赋予了调整后的平均权重。

择时选股:PowerShares 价值线择时选股基金(代码:PIV)是基于价值线择时选股指数。该指数试图选出 50 只可能超过美国股票市场基准收益的潜力股。它使用了流行的价值线排名系统,该评级系统由 3 个部分组成:时机、安全性、技术面。对指数的成分采用平均加权,并按季度进行再平衡和调整。

PowerShares 网站上的宣传材料中展示了价值线择时选股指数与标准普尔 500 指数的收益对比。正如大家预期的那样,价值线择时选股指数的表现显著优于标准普尔 500 指数。

价值线择时选股指数回测的历史收益比较结果可信度如何呢?有趣的是,在同一时期,市场上已经存在一只价值线基金(代码:VLIFX)。根据晨星数据和 VLIFX 基金募集说明书,VLIFX 和 PIV 的管理方法几乎相同。目前仅能指出的一个主要区别是,VLIFX 有 100 只成分股,而 PIV 有 50 只。

与价值线择时选股基金宣传材料中所述的优异业绩不同,VLIFX 的实际收益表现令人失望。在截至 2008 年的 10 年间,PowerShares 宣传材料中显示的价值线择时选股指数收益超过标准普尔 500 指数 6%以上,而同一时期,VLIFX 的实际业绩表现比标准普尔 500 指数差 3%以上。

价值线择时选股指数的业绩和 VLIFX 的实际收益之间 9%的差异该如何解释呢?一个众所周知的原因在于,VLIFX 基金经理并没有紧密跟踪价值线择时选股指数,尽管跟踪指数是基金的投资目标。这个原因导致了一个论点:价值线择时选股基金由于严格跟踪指数,因而不会像

VLIFX那样表现得那么不尽如人意。时间会检验一切。

按公司分拆信息选股：Claymore分拆公司ETF(代码：CD)试图跟踪一个被称为Clear分拆指数的股票指数的表现(费用扣除前)。分拆发生于上市公司与其母公司，分离后的上市公司在交易所独立进行交易。分拆指数对这些分离出来的公司股票进行跟踪，但是该指数并不是简单地将相应股票筛选出来。一旦确定了公司标的，指数将对每只股票进行定量分析，最后仅有40只股票被纳入该指数。

指数所采用选股方法的目标是挑选出具有潜在高额回报的公司。该选股模型使用了专门的多因子选股方法，通过设置几个衡量成长性的多因子条件对股票进行评估和综合打分，并从高到低排列。排名最高的40只股票被纳入指数，并采用调整后的市值加权，单只股票权重最高不超过5%。该指数每半年调整一次。

按知识产权选股：Claymore/Ocean Tomo专利ETF(代码：OTP)试图跟踪Ocean Tomo 300专利指数的表现(费用扣除前)。该指数是一个公司知识产权价值指数，采用定量方法选出300家拥有重要专利的公司。

每家公司的专利价值由Ocean Tomo进行评估，该组织评估了自1983年以来美国专利局发布的400多万个专利的相对吸引力。如果投资者相信发明是未来公司利润的源泉，那么这只知识产权基金将会是一个不错的选择。

当一种选择方法不合适时

指数构建使用了3类选择方法：被动型、筛选型和定量型。每种指数都可以归入这3类中的一类。个别情况下，一个指数似乎同时归属于2种甚至3种选择类型。指数构造策略箱的目的是找出最能代表指数策略的选择方法与权重确定方法。为此，本书对指数选择方法中最重要的内容进行了分析，并列出了对指数收益影响较大的因素。有些内容较难界定，有些内容存在分歧，但最终目标是找出最能代表指数提供商意图与策略的选择方法。

小 结

指数构造策略箱的第一部分是对选择方法进行分类。有3个基本的选择方法:被动法、筛选法以及定量法。

被动法是指数中最常见也最传统的选择方法。当被动选择与市值加权同时使用时,所编制的市场基准指数有多种用途,包括经济分析、资产配置决策,也可以作为衡量包括策略指数在内的投资收益的标尺。与其他ETF类型相比,被动型指数ETF往往具有较低的成分证券换手率。

筛选证券是朝主动型指数迈出的重要一步。指数提供商对全市场证券进行了筛选,剔除了大部分证券,仅保留具备所需特征的证券标的,这对不同的指数供应商来说,可能意味着筛选条件不同。过滤条件对分红指数而言可以是股票定期现金分红,对社会责任指数而言可以是不被社会所接纳的产品。筛选法下的ETF比被动选择法下的ETF有更高的成分证券换手率和更高的管理费用。

定量选择方法试图使用复杂的数据模型找出能跑赢市场基准指数的证券。选择过程是深入的,通常包含了多个分析层次。为避免方法被复制和盗用,指数供应商提供的选择方法往往很模糊。跟踪定量指数的ETF通常费用较高,证券换手率最高。

第九章　证券权重的确定方法

成分证券的选择是指数构建的前半部分，成分证券如何加权则是后半部分。每只成分证券的权重非常重要，因为相同的一篮子成分证券，如果采用不同的加权方法，可能会对指数的表现产生不同影响。

指数提供商通常使用3种加权方法：市值加权、基本面加权和固定权重。市值加权是根据指数中每种成分证券的相对市值比例进行加权；基本面加权是根据除市值以外的定性因素或财务指标给成分证券确定权重；固定权重是指为指数中的每只成分证券或者某个行业分配一系列固定权重。杠杆ETF、负杠杆ETF和多空策略ETF通常也被视为固定权重指数基金，因为整个指数波动相对于市场波动的变化幅度是固定的。

指数构造策略箱横轴的三部分表示上述3种加权方法。大多数指数的加权方法可以归入这三类中的一种，但是也有一些指数使用了复合加权方法。在这种情况下，我们选其中影响最大的加权方法作为分类标准。

表9.1提供了3种常用的证券加权方法和示例。附录A列出了更详细的加权方法名称，还给出了指数构造策略箱中各种缩写的解释，这些类别和方法的缩写将在本书第三部分的表格中出现。

表9.1　　成分证券加权类别和方法

市值加权(C)	**基本面加权(F)**	**固定权重(X)**
总市值加权(A)	分红加权(D)	等权(E)

续表

市值加权(C)	基本面加权(F)	固定权重(X)
自由流通市值加权(F)	财务比例加权(F)	修正等权(M)
受限市值加权(C)	价格加权(P)	杠杆贝塔加权(L)
流动性加权(L)	价格趋势加权(M)	负杠杆加权(S)
产量加权(P)	定性加权(Q)	多空策略加权(N)

杠杆指数、负杠杆指数和多空策略指数看起来似乎应归类于市值加权。然而,它们却是固定权重。因为整个指数要么是 1 倍做空(空头波动是市场波动的 21 倍)、2 倍做多(多头波动是市场波动的 2 倍),要么是一个固定的多空比例(比如 1.3 倍做多证券和 20.3 倍做空证券)。

市值加权

市值加权是指数分配权重的一种最自然的方法,因为指数的市值就是所有成分证券的市值总和(见图 9.1)。市值加权的基本逻辑是让市场根据每只证券的市场价值来决定其重要性。

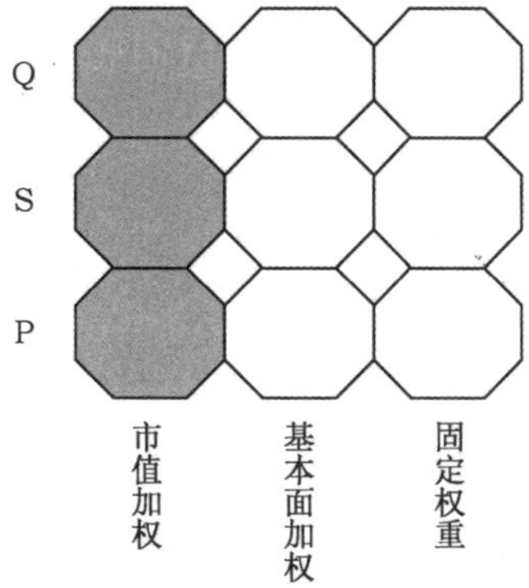

图 9.1　市值加权指数

公司股票的市值计算是将其发行在外的普通股数量乘以这些股份的当前市场价格。例如,一家公司发行了 2 亿股普通股,当前每股价格为 50 美元,那么该公司的总市值为 100 亿美元。

市值加权指数显然会让大公司的影响力大于小公司。例如罗素3000指数,该指数有3 000只成分股,但最大的前100只股票对指数表现的影响最大。单家公司如埃克森美孚(Exxon Mobil)在诸如罗素3000等指数中就占了5%的权重。若埃克森美孚股价上涨10%,那么罗素3000就会上涨0.5%。然而,该指数中市值最小的成分股上涨100%对该指数不会产生任何影响,因为指数的净值只公布到小数点后两位。

每天股票的买卖双方进入证券市场,并以公平价格进行交易。因而任意一天的公司市值都可以被视为全球投资者达成的价格共识。很多理论家反驳说,市场成交价格并不能公允地反映公司价值。然而,考虑到每天有数百万人都在关注相同的数据并就公司股价达成一致,那么这个市场价格应该不会太离谱。

被动选择加权的基本方法

市值加权通常有4种基本方式:总市值加权、自由流通市值加权、受限市值加权和流动性加权。总市值和自由流通市值的差别在于,前者是公司所有发行在外的股票总市值,而后者仅包括在二级市场自由流通的股票市值。受限市值是指为了消除指数中部分大市值股票对于指数影响过大而设定的市值。流动性指数在交易量较小的市场中很管用,采用流动性加权可以确保活跃度欠佳市场中的ETF产品可实际交易。

整个20世纪的大部分时间里,几乎所有的指数都是按总市值加权。不管是谁持有股份,总市值加权都把公司发行在外的每一股计算在内。总市值加权指数的优点是可以反映一家公司完整的市场价值,这对经济研究很有用,但将其作为创立指数基金的基准或用于衡量主动管理型基金经理的业绩就有失偏颇了。原因在于并非所有股份都能够在市场上流通交易,而总市值方法将限售股,包括部分由私募发行的股票、政府持股和其他上市公司交叉持股都考虑在内。

自2000年以来,自由流通市值加权开始逐渐流行起来。自由流通市值只包括那些可以在公开市场上出售的股份。通过对市场上可交易股票的市值进行加权，指数可以更好地衡量可投资股票的市值，指数基金能更容易地跟踪标的指数，同时也能够更全面地反映投资机会以供投资者做出选择。同理，在评判一个基金经理的投资业绩时，自由流通市值指数也提供了一个更好的业绩基准。

绝大部分以前用总市值加权的指数都转为用自由流通市值加权了。摩根士丹利资本国际指数（MSCI）在 2002 年完成了这一转变，而指数服务行业巨头标准普尔公司（S&P）则在 2005 年完成转变。

对投资者来说，自由流通市值加权指数是更好的基准，但在某些证券市场却不是理想的选择。因为这类指数无法衡量个股流动性，而股票流动性是构建和维持指数产品的必要条件。有一些公司拥有足够多的自由流通股，但由于缺乏足够多的买卖盘，因而这只股票的流动性就会很差。自由流通市值加权指数则会考虑成分股的流动性。按流动性调整的指数对于 ETF 投资非常有必要，尤其是投资新兴市场的 ETF 时。

一些细分市场指数被几家大公司左右，这给一些 ETF 投资带来了不便，因为 ETF 产品结构必须满足美国证券交易委员会对指数基金投资多样化的要求（见第三章）。类似这种指数成分过于集中的问题可以通过受限市值加权法来解决，该方法通过对市值加权指数中的大市值证券设置最高百分比上限，以确保成分证券权重不超过一定比例。单个证券权重上限通常是 5%～10%，高出上限的部分则分配至指数中其他证券上。

美国现在有数以百计的市值加权股票指数，覆盖了市场的方方面面。利用市值加权的基准指数提供商包括道琼斯—威尔希尔、罗素、摩根士丹利、晨星、花旗集团和标准普尔。每家指数提供商提供的指数都略有差异。我们将在第十章详细介绍它们之间的差异。

全球最大的金融市场是债券市场。绝大部分债券指数提供商会使用各种类型的总市值加权方法，也许更准确的描述应该是价值加权。因为指数中所指的债券权重是债券价值相对于指数中其他债券总价值的比例，而不是债券发行主体的市场价值。

假设一个债券指数持有以下债券：一家股票市值 2 000 亿美元的医药

公司发行了1亿美元的债券，另一家股票市值400亿美元的汽车公司发行了100亿美元的债券。医药公司的市值是汽车公司的5倍，而汽车公司债券价值则是医药公司债券价值的100倍。因此，在这个总市值加权债券指数中，汽车公司债券的影响力要远远大于医药公司债券。

美国按市值加权的债券指数包含了美国国债、公司债、高收益债券、可转债、抵押债券、免税债券和外国债券。领先的债券指数提供商包括巴克莱、摩根大通、道琼斯、花旗集团和美林。一些债券指数提供商同时提供无限制市值加权和受限市值加权的指数，因为很多债券指数中有一两只债券的影响过大。

商品指数没有直接使用市值加权的，因为在任何给定时间点都很难知道市场的规模。持有商品的方式有很多：期货多头、柜台交易、长期固定价格合约、生产商的库存等。要想对生产出的商品库存进行全面核算几乎不可能。

一个近似替代市值加权的简易方法是以一段时间内商品产量作为权重。产量加权指数中每种商品的数量是根据过去5年的平均产量数据来确定的。石油价格翻倍对通货膨胀和经济增长的影响直接取决于石油的产量。商品指数中的权重应该取决于商品在经济中的流通量占比。

标准普尔高盛商品指数(GSCI)就是一个全球商品产量加权指数。它包含了尽可能多的商品，同时排除了商品期货市场为维持流动性而留存的商品库存。当前，标准普尔高盛商品指数一共包括24种商品的近期合约：6种能源产品、5种工业金属、8种农产品、3种牲畜和2种贵金属。

产量加权商品指数唯一的问题在于，石油和能源相关商品占据了市场的主导地位，它们的表现决定了任何产量加权商品指数的走势。因此，许多商品指数都采用受限市值法，或者采用修正等权法。

基本面加权

基本面加权使用基本面因素来决定成分证券的权重，而不是用市值或产量(见图 9.2)。许多基本面加权指数的加权因子都来自公司的财务报表。这里的因子既可以是单个变量,如每个公司的股息收益率或利润额,也可以是由复杂的多因子模型。基本面权重可以是定性的,例如公司环境管理记录、办公场所和社会责任等。

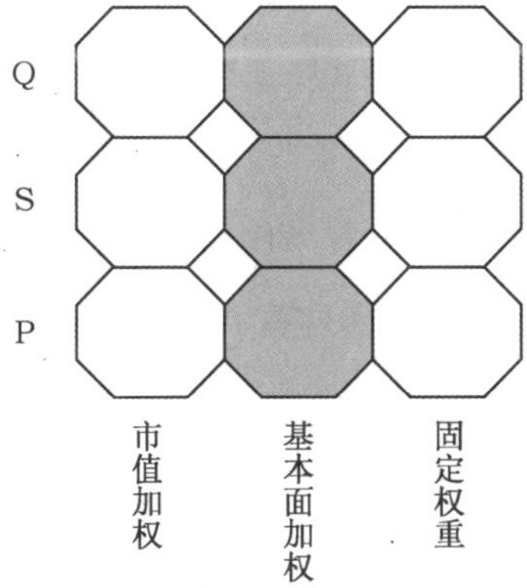

图 9.2　基本面加权指数

大多数基本面加权指数必须定期调整权重,以适应不断变化的基本面状况。指数调整期间,许多 ETF 会产生大量交易。理论上,过多的交易意味着投资组合的交易成本高,而税负效率低,不过很多 ETF 有办法能够解决这些应税问题。

美国股市中历史最悠久且为人所熟知的一个指数,同时也是第一个基本面加权指数是查尔斯・道(Charles Dow)指数。该指数于 1884 年创立,成分股有 11 只,并且绝大部分为铁路股。当时,铁路公司是美国最大且最有影响力的公司,这就是最早的道琼斯工业平均指数由铁路股所主导的原因。由于当时可交易的工业公司股票数量稀少,因此投机气氛浓厚。到了 1896 年,查尔斯・道将这个指数重新命名为运输平均指数,并从那年开始公布覆盖 12 只大型工业股的道琼斯工业平均指数。

道琼斯指数在每个交易日收盘后将这些股票的价格加总。平均值的计算很简单,就是价格加总平均,因为那时股票价格数据是手工记录的。最重要的一点是,道琼斯指数和公司市值或经济价值无关。一家大市值公司的股票价格可能很低，而一家小市值公司的股票价格却会很高。

这些年来，道琼斯工业平均指数持续不断地进行调整——成分股数量有所增减；股票拆分和合并后，指数使用的除数也发生变化。1916 年道琼斯工业平均指数逐渐增加至 20 只股票，1928 年则增加到了 30 只股票，从此一直保持不变。直到今天，该指数的计算方法仍和 19 世纪指数初创时相同。唯一的区别在于，现在可以实时计算指数。

道琼斯指数实际上仍不能被称为市场基准指数，因为 30 只股票在数量上不具有代表性，而且指数没有采用市值加权方法。坦率地说，这个指标已经过时了。道琼斯指数虽然在媒体上很受欢迎，是美国股市最常被引用的统计数据，但在学术研究、经济分析或资产配置决策中并不如此。

如今道琼斯指数只有两个用处。一是媒体和股市参与者茶余饭后的谈资："今天市场如何？""道琼斯指数今天涨了 30 点！"二是道琼斯钻石基金（代码：DIA）在个人投资者中广受欢迎，因为它跟踪为人所熟知的道琼斯指数。既然有那么多好的投资选择，为什么你还要青睐道琼斯指数呢？这由你来决定。

表 9.2 列出了许多基本面加权因子。基本面加权股票指数和债券指数广泛采用这些因子。

表 9.2　　常用的基本面加权因子

分红收益率	市净率
分红增长率	市盈率
股票价格	市销率
净利润率	价格现金流比率
净资产收益率	员工人数
净利润增长率	价格趋势
员工平均销售收入	投资者年龄
员工平均净利润	社会责任评级

近年来，分红加权指数开始逐渐流行起来。2003～2006 年间，在美国相继上市的数十只 ETF 和开放式共同基金都以股息支付为主题。一些

指数首先是对公司是否分红进行筛选，然后根据股息收益率的相对高低对股票进行加权。分红公司与非分红公司相比往往被认为更具有价值股的特征。由于分红型价值股集中出现于这些指数中，从而导致指数呈现出特定的风险收益特征(详见以下内容分析)。

单因子加权很容易理解，但单因子加权方法的主要问题在于每种证券加权因子的数值每季度都会发生变化。例如，当公司增加、维持或者削减分红时，每季度股息支付数额就会发生变化。

为了保证指数的统一性，基本面加权指数需要经常进行再平衡。对于指数基金而言，基金经理频繁买卖成分股的指数再平衡操作会提升投资组合的成本。这也是为什么采用基本面加权的 ETF 常常比被动选择和市值加权的基准指数 ETF 收取更高管理费的原因。

基本面加权既可以用简单的单因子模型，也可以用复杂的多因子模型。富时 RAFI 美国 1000 指数是一个大盘股指数，它采用复杂的多因子模型来确定股票权重。

以下摘要是富时 RAFI 指数构造策略的概述。该指数将成分股选择和权重赋予结合起来，首先对候选股票池进行排名，然后用这个排名来进行选股和加权。更详细的信息，请访问 www. ftse. com。

富时 RAFI 美国 1000 指数成分股选择和权重确定方法

成分股选择：

1. 该过程从选择股票池开始，股票池的组成部分为富时美国全市场指数中的全部标的。该指数包括在纽约证券交易所和纳斯达克交易所上市的大盘股、中盘股和小盘股。

2. 根据 5 个基本面指标对股票池中的股票进行排名。指标包括：公司规模、净资产、现金流、销售收入和分红。每家公司的权重由这 5 个指标计算出的总值来决定。计算过程中使用了最近 5 年数据的均值，以降低换手率并减少指数中使用年度数据造成的大幅波动。

3. 通过对 5 个基本面指标进行加权汇总，从而得出每家公司的综合基本面评分。如果一家公司没有分红，则对其他 3 个基本面因子取平均值。

4. 然后，将这些公司按照 RAFI 基本面评分降序排列。富时美国全市场指数中排名前 1 000 的股票就构成富时 RAFI 美国 1000 指数。

股票权重确定：

5. 成分股权重也是根据它们的基本面评分来设置的。指数构造中使用的加权因子是将每家公司的 RAFI 基本面价值除以其调整后的自由流通市值得出的。如果可用数据不足 5 年，则取可用数据年的平均值。尽管可用数据不足 5 年与达 5 年以上的加权结果相差不大，但前者的成分股换手率更高。

6. 当公司层面的数据转换成股票层面的因素时，基本面价值是计算公司价值而非股票价值得出的。如果一家公司在相关指数中有两种或两种以上股票作为成分股，则公司的基本面价值就在指数再平衡的当天按照股票各自调整后的自由流通市值比例来决定。

基本面加权因子可以从资产负债表和利润表的数据扩展到其他更为深层次的因素。接下来的内容介绍了几个指数示例，以帮助我们了解基本面指数的发展方向。

克莱默/扎克斯行业轮动 ETF（代码：XRO）跟踪扎克斯行业轮动指数。该指数超配那些风险调整后收益超过标准普尔 500 指数的板块。在行业权重上，指数力求在经济扩张前增持周期性行业，而在经济衰退前增持非周期性行业（详见第十九章有关经济周期的详细信息）。

扎克斯行业轮动指数由 100 只股票组成，这些股票是从美国最大的 1 000 家上市公司和托管凭证中挑选出来的。指数提供商采用了定量选股方法。每个季度，多因子定量选股模型都会识别出那些具有巨大上涨潜力的股票。

行业轮动指数的权重策略是对各行业赋予不同权重，赋权参考要素包括相对价值、内部交易、价格趋势、盈利增长、盈利预期调整、超预期盈利以及用于判断经济周期的定量宏观经济因素。每个行业的权重在 0～45％之间。行业内的个股根据在该行业的相对市值被赋予权重，单个证券的权重上限为指数的5%。

目标日期指数根据目标日期的不同，在股票、债券和其他资产之间进行配置。当目标日期临近时，指数资产配置逐渐转向债券和现金。这些指数也是基本面加权的，基本面因子为距离目标日期的剩余时间。

摩根大通环境低碳贝塔债券指数(JENI-Carbon Beta)的基本面加权因子可以是气体。该指数涵盖了摩根大通美国流动性债券指数(JULI)中的成分债券，并且是美国可投资级公司债的基准指数。摩根大通使用一套相对碳贝塔评分体系来反映每个债券发行人在气候变化中的收益或者成本。对JULI的成分债券是根据债券发行人的碳贝塔得分来赋权，从而生成基尼—碳贝塔。比如，指数会对那些碳减排成本特别高的债券发行人进行低配，而对那些从碳排放受限环境中获益匪浅的发行人给予高权重。

目前还没有ETF跟踪基尼—碳贝塔。但这是一个有趣的案例，说明指数供应商可以使用财务报表以外的因子来对成分证券进行加权。

基本面加权的局限

基本面加权指数是一种有趣的投资策略，但其使用面较窄。除了可以用来构造投资产品，这种指数的用途并不多。例如，经济研究或者资产配置都不会使用基本面指数。除了已过时的道琼斯指数，基本面指数也不会被用来衡量市场回报或作为基金经理的业绩基准。它们基本上只适用于一件事：设计投资产品以管理该产品中的一篮子证券。

基本面指数与市值加权指数相比，存在一些先天缺陷。首先是公司发布季度报告的时间不一致。因此，随着新信息的发布，基本面指数中每只股票的权重几乎每天都要调整。而对于资产管理来说，这不是一个操作上可行的投资组合。基金经理将为此花费大量时间去调整组合，并会因频繁地调整产生过多的交易。

根据基本面加权指数原定的每日调整规则来更新ETF的持仓，事实上，所面临的问题在于如何平衡跟踪误差和交易成本两者之前的关系。

对基金经理而言，根据基本面的每日变化来调整权重是不切实际的，因而基金就会延迟调整。然而，调整间隔时间越长，与每日调整的指数之间的跟踪误差就越大。相反，严格地遵循原定规则调整投资组合则会导致过多的交易，这将导致基金成本升高。ETF 提供商该作何选择——是交易成本更高还是跟踪误差更大？在回答这个疑问之前，让我们先来看一看指数提供商的做法。

基本面加权指数提供商是为了从事指数授权业务。所以，它们创设指数产品是为了能够让 ETF 提供商和其他投资公司在投资组合中易于复制和管理。这是一个很好的商业模式。因此，ETF 管理者的一大优势在于，基本面加权指数提供商能够理解基金的需求并解决指数日常调整所造成的矛盾。指数提供商并不是每天调整指数的权重，而是每季度（或更久）对指数成分进行调整。指数提供商真正关心的不是指数每日的准确性，而是指数授权的费用。指数提供商让它们的指数再平衡频率在假定的每日与每季度之间进行浮动，而这些指数一般是每季度调整，因为这样可以满足客户（支付指数授权费的 ETF 公司和其他投资公司）的需求。

指数提供商这样做有什么不妥吗？并没有。它们从事指数授权业务，只要有利可图，就有权以任何方式创建和管理指数。不过，投资者需要了解指数构造的方法，并判断是否是自己所需的指数产品。

固定权重

第三类指数加权方法是固定权重（见图 9.3）。这种方法涵盖了多种加权模式，比如等权、修正等权、杠杆贝塔、反向贝塔和多空平衡策略。

等权指数

固定权重方法中最简单的形式是等权。指数中所有成分证券都按照相同的比例赋权。比如有 100 只证券，那么每只证券的权重都是 1%。如果指数中只有 50 只证券，那么每只证券的权重就是 2%。

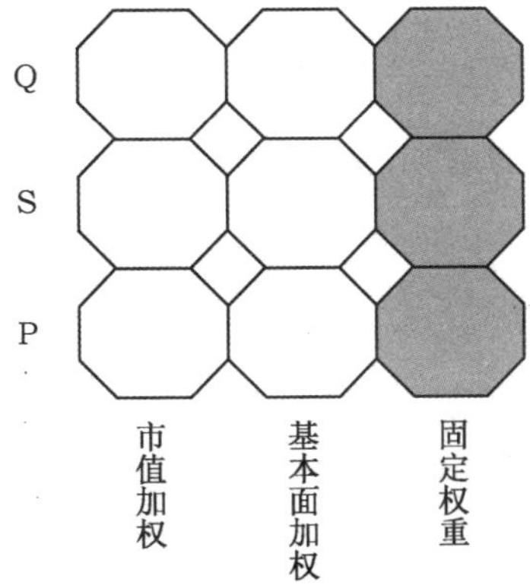

图 9.3　固定权重指数

标准普尔等权指数(EWI)就是公认的标准普尔 500 指数的等权版本。该指数与按市值加权的标准普尔 500 指数的构成要素完全相同,但是 EWI 中每只成分股都是 0.2%的固定权重,并按季度对指数进行再平衡。Rydex 基金公司的标准普尔等权 ETF(代码:RSP)跟踪标准普尔等权指数。

近年来,很多新发行的 ETF 跟踪等权指数。其中不少细分行业基金只能采用等权的方法,否则一两只股票就会主导整个指数。标准普尔精选行业指数就是采用了这种方法,使得每个组成成分都有相同的权重。8 只行业 SPDR 标准普尔 ETF 跟踪的就是相应的标准普尔精选行业等权指数。

修正等权指数

修正等权指数是固定权重法中的一种类型。这个名称听起来有点自相矛盾,但它确实描述了多层次固定权重方法。不同于统一等权,这种方法采用了两层或者三层等权策略。股票根据其排名、规模或其他因素被归入某一等级。修正等权方法和基本面加权方法的不同在于,当股票再平衡时,修正等权方法是将股票权重重置为一个固定比例,而基本面加权方法则是基于因子的实际值。

例如,某个指数使用利润排名的高低来赋予权重。排名最靠前的第一等级股票被赋予固定的 3%权重，第二等级被赋予固定的 2%权重，第三等级和其他的等级被赋予固定的 1%权重。由于修正固定权重指数的换手率非常高，权重调整通常每季度或更久调整一次。

PowerShares 公司的动态市场基金（代码：PWC）就是一个修正固定权重的好例子。这只基金跟踪动态市场 Intellidex 指数，该指数是由量化模型选出的被认为具有超越市场特性的 100 只股票组成。市值最大的前 30 只股票占指数 70%的权重（每只股票占比 2.33%），另外 70 只股票被赋予 30%的权重（每只股票占比 0.43%）。该指数每季度调整一次，两个调整期之间存量股票的权重允许自由变动。

杠杆贝塔和反向贝塔

一些 ETF 提供商尝试发行了杠杆 ETF 和反向 ETF。这些基金跟踪某种基准指数，基准指数的收益率是市场基准（贝塔）回报的 2 倍或 3 倍，而反向指数的收益率正好和标的指数的收益率相反。当一只 ETF 的收益是基准指数表现的 2 倍，则称为 2 倍杠杆，或者 2X；当一只做空市场的 ETF 获取与市场表现相反的回报，则为反向基金。Rydex 和 PowerShares 公司是这类基金的先行者，在杠杆基金和反向基金产品方面相互竞争（详见第十三章关于上述和其他特殊基金的介绍）。

固定权重的局限

与基本面加权类似，固定权重的几种方法也存在一些固有问题。股票的价值每天都在变化，于是，等权投资组合经过一个交易日后权重就不再相等了。如果想要做到完美，指数提供商和基金经理应该每天对证券权重进行再平衡，以保证投资组合重新调整至等权重。但考虑到时间和成本，这样的操作对基金经理来说基本是不可行的。

所幸的是，指数服务公司会每季度甚至以更快的频率调整固定权重指数，以配合基金经理解决交易上的难题。等权指数提供商不再进行每日调整，有助于降低交易成本并节省基金经理的时间，从而使得资产管理变得切实可行。不过，等权指数 ETF 的投资者应该知晓，该类基金并非是完全等比例投资。

非市值加权策略和风格偏移

修正等权的方法对股票指数的风格和规模特征有显著的影响。由于指数中每种证券的权重比其他市场指数中的权重分配更为均匀，修正等权指数在规模和风格上具备一定的特质。

基本面加权指数容易造成证券组合显现出鲜明的价值股特征。这些指数与同样成分的市值加权指数相比，表现出较低的市盈率和市净率，较高的分红收益率。图 9.4 展现了从市值加权到基本面加权的指数风格特征的变化。

图 9.4　修正加权方法和风格偏移

基本面加权指数的价值特征可以从跟踪罗素 1000 指数和 RAFI 1000 指数的两只 ETF 的对比中看出。这两个指数的成分股都是纽约证券交易所和纳斯达克交易所市值最大的 1 000 只股票。罗素 1000 指数是流通市值加权指数，RAFI 1000 指数采用的是本章前面介绍的多因子基本面加权方法。这两个指数特征有何不同?

表 9.3　基本面加权指数风格特征

基金名称	代码	费率	市盈率	市净率
安硕罗素 1000	IWB	0.15	17.0	2.9
PowerShares 富时 RAFI 1000	PRF	0.76	15.5	2.4
安硕罗素 1000 价值	IWD	0.20	14.3	2.2

资料来源：晨星公司，2007 年 5 月。

表 9.3 显示了基本面加权的 PowerShares 富时 RAFI 1000 和市值加

权的安硕罗素1000 ETF的特征。PowerShares富时RAFI 1000 ETF的市盈率和市净率比较低，这正是投资组合中价值股占比高的典型特征。为便于了解详细的特征区别，我们把安硕罗素1000价值ETF也包含在内作为参照。我们可以看出，与风格中性的安硕罗素1000 ETF相比，PowerShares富时RAFI 1000 ETF的特征更趋近于安硕罗素1000价值ETF。

等权和修正等权方法会导致分散化指数规模产生变动。运用等权方法对一篮子股票进行被动选择，实际上是创建了一个中等市值股票平均权重的投资组合。图9.5显示了从以市值加权为主的大盘股指数到等权模式下平均中盘股指数的规模特征。

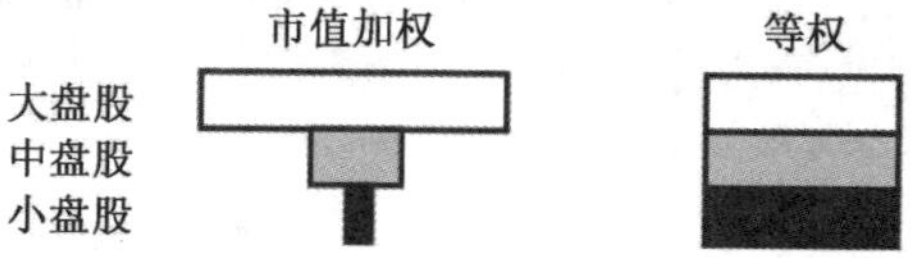

图9.5 等权方法下的规模变化

表9.4提供了一个很好的例子，说明了成分股规模在市值加权指数基金和等权指数基金中呈现出前者大于后者的特征。

表9.4 等权指数基金的风格特征

基金名称	代码	费率	市值规模(百万美元)
安硕标准普尔500	IVV	0.10	53 062
Rydex标准普尔等权500	RSP	0.40	14 153

资料来源：晨星公司，2007年5月。

2006年末，安硕标准普尔500 ETF的股票加权市值约为530亿美元，而Rydex标准普尔等权500 ETF的股票加权市值仅约为140亿美元。由此得出，等权指数基金平均市值不到市值加权指数基金平均市值的1/3。晨星基金规模评级系统显示，140亿美元的股票市值规模仅相当于一只中等规模的基金。

风格导致的业绩特征

价值股和小盘股指数的风险和收益状况与基准指数有很大差异。从某种程度上说，指数的加权方式对其表现将产生深远的影响。选择修正等权指数基金的投资者必须意识到，这类基金的业绩表现在绝大部分时间都无法跟上市场基准指数，会存在一段时间跑赢业绩基准，而其他时候则不及基准指数的情况，这主要是由规模和价值因子周期转换造成的。

图 9.6 显示了 2000～2006 年罗素 3000 指数、罗素 3000 价值指数和罗素中盘股价值指数的年化收益率。从图中可以明显看出，在这 6 年间，投资中盘股或者价值股可以获取比市值加权基准指数更高的回报。

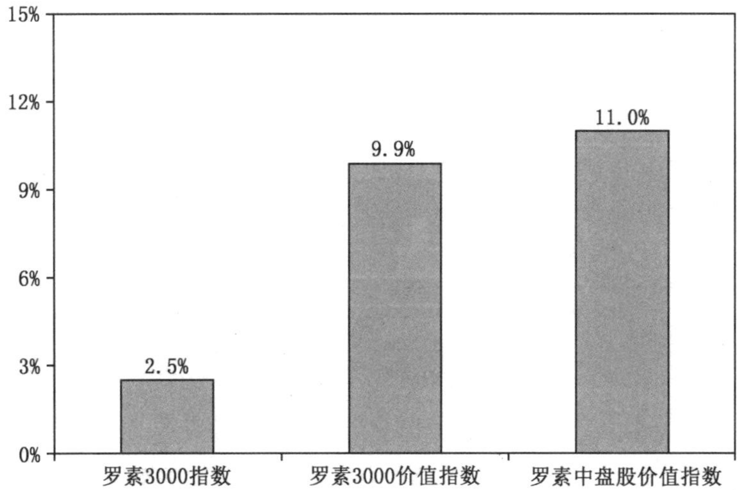

图 9.6 指数业绩比较(2000～2006 年)

考虑到价值股和小盘股的乐观预期，一些指数提供商在 2000～2006 年间创设基本面加权指数和固定权重指数的行为也就不足为奇了。并且也不难猜测出，之后 ETF 公司很快就获得了这类指数基金产品的授权。共同基金行业一个广为人知的现象是追逐业绩，其实 ETF 行业也不例外。

现在一些 ETF 公司在推广其 ETF 产品时称，通过修正加权指数中的价值股和小盘股的转换就可获取超额收益，这些收益所涉及的投资策略如上所述。但基金公司的主张并未得到中立的学术研究机构的支持。最近几份独立的研究表明，修正等权指数的优秀表现主要是源于公司规模和价值特征的共同作用，而不是因为指数构造优势。

投资者只需回顾 20 世纪 90 年代就会发现小盘股和价值股的表现在某些时期并不突出。图 9.7 显示了罗素 3000 指数、罗素 3000 价值指数和罗素小盘股指数在 1994～1999 年间的年化回报率。

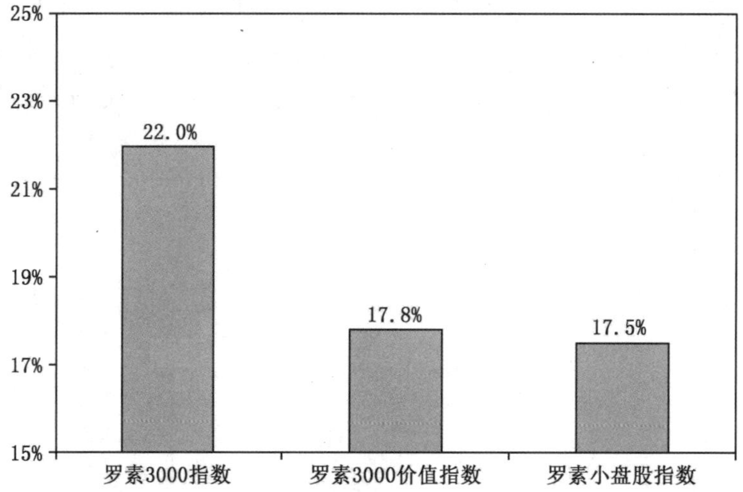

图 9.7 指数业绩比较(1994～1999 年)

根据图 9.7 中所示的数据，你能理解为什么在 20 世纪 90 年代 ETF 公司没有推出修正加权指数 ETF 产品。如果谁在 20 世纪 90 年代中期推出这些 ETF，那么与跟踪市值加权指数相比，其业绩表现就会很差。这意味着基金公司可能无法募集到足够的资金在这 10 年间存活下来。

随着经济周期的变化(详见第十九章)，价值股将经历下跌，而成长股很可能再次受到市场的青睐。就与开放式共同基金行业一样，ETF 行业也会在不同的市场风格中灵活切换，因为这正是公众投资者的需求。

投资风格 ETF 与投资基准 ETF 截然不同。投资者如果了解风格偏移会影响投资业绩，就可以更好地获取长期投资回报。

小 结

指数构造中成分证券选择是第一步，成分证券的权重则为第二步。不同加权方式对指数风格的影响很大，进而影响到跟踪指数的 ETF 的表现。

赋予指数权重有 3 种基本方法。市值加权是利用成分证券的相对市值；基本面加权则是使用除市值和定性因素以外的基本财务数据在指数成分证券中分配权重；固定权重方法给予每只证券或者每个行业固定的权重比例，也可以对整个市场使用杠杆贝塔或者反向贝塔投资策略。

基本面加权方法使用财务比率、盈利能力和分红趋势等让策略指数具有价值股特征，而等权或修正等权方法则增加了指数对小盘股或者中盘股的敞口。这些价值股和中小盘股具有不同于大盘股的风险和收益特征。投资跟踪修正等权指数的 ETF 的投资者必须牢记，这类基金固有的风险倾向通常会导致其与市场基准的正负误差都很大。

指数构造策略箱是一种简单的分析方法，可以用来对指数成分选择和加权规则进行分类。

用策略箱提供的方法来考虑问题，投资者就可以对 ETF 选择做出更明智的决定。

第三部分

ETF风格和选择

第十章　美国基准指数基金和风格 ETF

交易所交易基金的演变起源于 1992 年 12 月，当时美国股票市场中超级信托基金开始发行，并以标准普尔 500 指数作为基准。1 个月以后，SPDR 基金（代码：SPY）在美国证券交易所上市，也同样跟踪标准普尔 500 指数。2005 年，跟踪标准普尔中盘股 400 指数的 ETF——中等规模 SPDR 基金在美国证券交易所上市。第一只行业 ETF 于 1998 年首次露面，随后在 2000 年出现了基准型和规模型 ETF（参见第十二章）。当时，美国所有的 ETF 都跟踪标准普尔公司提供的指数。

2000 年，与标准普尔公司同台竞争的其他指数提供商开展了指数授权业务，带来了新的基准指数产品。第一个对标准普尔垄断地位造成威胁的是弗兰克·罗素公司。其他指数公司如道琼斯－威尔希尔、摩根士丹利资本国际和晨星等也加入了指数产品提供商阵营。

1999 年出现了第一只将策略指数作为跟踪标的的 ETF。纳斯达克 100 ETF，也就是现在的 PowerShares QQQ ETF（代码：QQQQ），以纳斯达克 100 指数作为跟踪标的。这个指数只包含在纳斯达克交易所上市的 100 只股票，其中金融类的股票非常少。1999 年，QQQQ 携手纳斯达克市场一同迎来了千禧年。

PowerShares 基金管理公司后来居上，于 2003 年推出了一系列基于策略指数的 ETF。PowerShares 动态市场基金（代码：PWC）试图复制美国证券交易所动态市场 Intellidex 指数，该指数采用先进的量化方法来构建一个精选的美国股票投资组合，并通过修正等权方法对成分股进行加权。PowerShares 公司认为，主动管理的动态市场 Intellidex 指数能跑赢其他美国大盘股基准指数。

基于策略指数的 ETF 成为指数提供商和 ETF 公司开拓个人投资者市场的新路径。个人投资者是将自有资金进行投资，而机构投资者是收取管理费用来管理他人资金。市场中传统的购买主动型开放式共同基金的投资人很可能成为主动型 ETF 的潜在买家。主动管理的策略指数 ETF 的费率比基准型 ETF 的费率高，但仍低于传统的主动管理型开放式基金。对投资者而言，策略指数 ETF 能为自己节省成本。

策略指数市场所蕴含的潜在盈利机会吸引了一批新进入者。这些新进入的指数供应商包括智慧树、锐联基本面指数服务公司（RAFI）和许多其他公司。现在，不断有新公司进入这一领域，推出新的指数并且授权给 ETF 公司。

整体市场基准指数和风格指数

关于美国的基准指数和 ETF 的信息浩如烟海，远非本书内容所能全部涉及。由于篇幅有限，本章仅介绍几只具有代表性的 ETF。想要全面了解美国 ETF 完整列表，请访问 www. theetfbook. com 和 www. etf-guide. com，以便获取更详尽的信息。第二个网站提供了数据库，该数据库包含了指数构造策略箱信息。

整体市场基准指数能够衡量市场的表现（见图 10.1）。它们也被称为全市值指数或者综合指数。基准指数是被动选择出的成分证券的集合，这些证券以市值大小进行加权。绝大部分市场基准指数及其子行业指数至少都含有上百种股票。道琼斯一威尔希尔指数的成分股有近 5 000 只美国股票，罗素指数包括 3 000 只股票，摩根士丹利资本国际指数则有 2 500 只股票，标准普尔 1500 指数也有 1 500 只成分股。

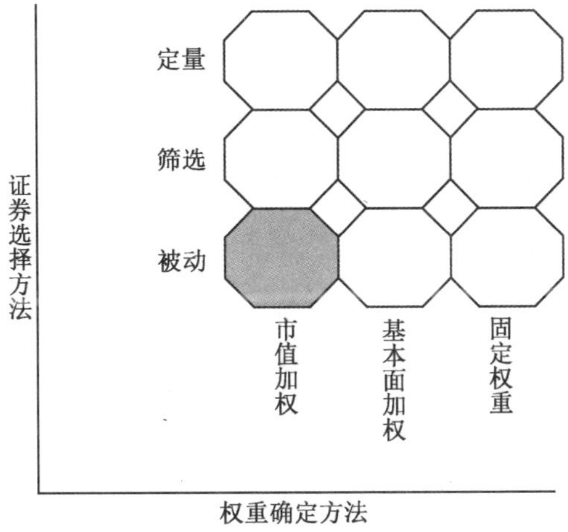

图 10.1　美国整体市场指数策略箱

图 10.2 列出了几个常见的整体市场基准指数及其成分股数量。这里所列举的每个指数至少都有一只 ETF 在跟踪。

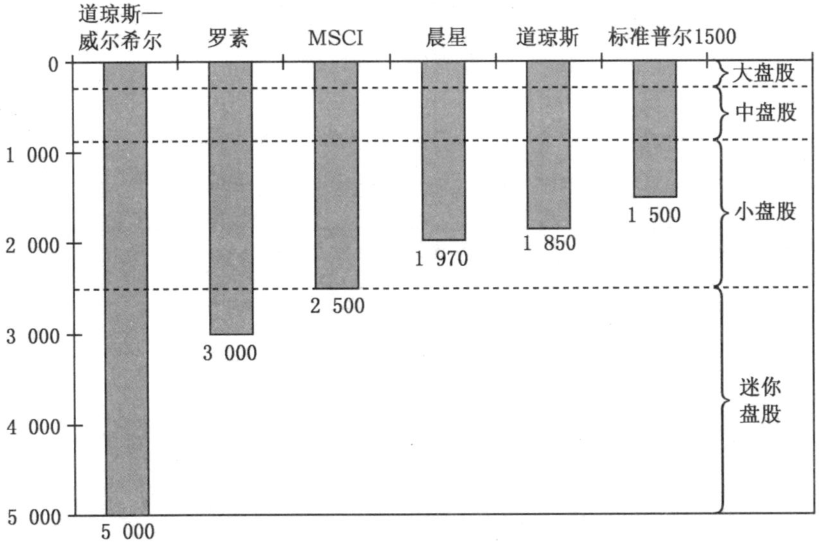

资料来源：道琼斯、晨星、MSCI、标准普尔、罗素和威尔希尔。

图 10.2　美国整体市场基准指数覆盖情况

根据所持公司的平均规模，整体市场基准指数可以分为不同子指数。各个指数提供商划分公司规模的分界点相差不大。成分股主要是大盘股的指数通常被称为大盘股指数;成分股规模稍小一点的指数,被称为中盘股指数和小盘股指数;由最小公司组成的指数被称为迷你盘股指数。如果把不同规模的指数加总在一起,即为整体市场指数。

为了保持指数的完整性,指数提供商会定期调整成分股。不同的指数提供商的调整频率各异,每年、每季度、每月或根据需要进行调整。成分股调整次数越少,意味着指数的换手率越低。不过即便成分股调整间隔时间较长,重新调整也都会导致投资组合换手率提升。

不同指数公司对规模调整的规则也大相径庭,有些指数提供商允许规模跨越式调整,而有些只允许逐级调整。

风格指数将整体市场指数和规模指数进一步划分为价值型和成长型。每一家指数公司都有自己独特的风格划分法。一些指数提供商仅有价值和成长类别,而另一些则有第三种类别,如混合、中性或者核心风格。后者兼具价值和成长属性,或者既没有价值特征又不具备成长特征。图10.3列示了采用晨星公司风格策略箱的风格指数。

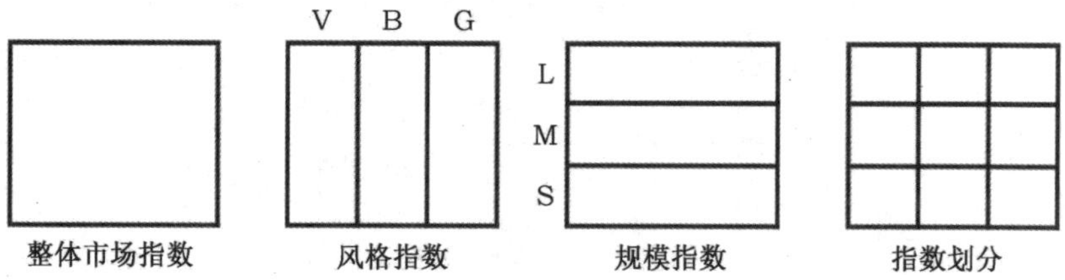

资料来源:晨星公司。

图10.3 晨星风格指数和规模指数

不同指数公司在风格划分上的差异非常大,并且比按规模划分要复杂得多。罗素公司用了2个基本因素划分价值型和成长型;道琼斯公司用了6个因素;标准普尔和标准普尔/花旗集团用了7个指标;摩根士丹利资本国际用了8个指标;晨星则用了10个指标。指数提供商通常在对规模进行再平衡时也会调整风格类型,当然两者的调整是在不同时期完成的。因此,不同公司的某个增长型指数的成分股及其表现可能截然不同,某个指数中的价值股可能在另一个指数中属于成长股。

基准指数 ETF

回顾之前几个章节，基准指数的用途非常广泛，远不只作为 ETF 等金融产品的基准指数。事实上，基准指数被广泛应用于经济分析、资产配置研究以及基金经理主动管理业绩的衡量标准等方面。

接下来，将简要介绍几个基准指数提供商。为了更好地了解这些指数和以其为基准的 ETF 产品，建议读者访问这些指数提供商的官方网站，并阅读相应的 ETF 募集说明书。网站地址详见本书附录 B。

标准普尔美国股票指数系列

美国所有股票型基金中，以标准普尔 500 指数为基准的 ETF 最受欢迎。包括 ETF 在内，总共有超过 10 000 亿美元投资于标准普尔 500 产品上。其中，道富的 SPDR 标准普尔 500 ETF 规模最大，超过了大多数 ETF 公司管理的资产总和。

指数公司提供的指数产品各有优劣，标准普尔公司也不例外。虽然标准普尔指数家族中的每一个指数都有严格的成分股纳入和剔除规则，但这一过程的核心是由一个分析师组成的团队来负责，他们对哪些成分股被纳入指数、哪些被剔除以及何时进行上述操作做出最终决定。

尽管标准普尔 500 指数被认为是能够代表美国大公司股票走势的最佳基准指数，但这种看法有失偏颇。一个常见的误解是标准普尔 500 指数只包括大公司。事实上，并非所有的大公司股票都是标准普尔 500 的成分股，且该指数的成分股中也并非都是大盘股，中型公司占比约为 10%。实际上，标准普尔 500 指数并没有最低市值门槛限制。构造该指数的指导原则是成分股公司必须是重要行业的一个领导者，而无论其规模大小。

看起来标准普尔 500 指数的构造过程非常主观，不过，根据指数策略分类方法，标准普尔 500 指数属于被动型指数，其理由有三个：

1. 指数中的股票样本足够多。

2. 成分股调整频率很低，指数换手率很低。

3. 和其他大盘股指数具有高度相关性。

标准普尔 100 指数是标准普尔 500 指数的一个子集，是机构投资者遵循的重要指数。标准普尔 100 指数是由有股票期权交易的美国 100 家大公司组成的指数。虽然只有 100 只股票，但该指数的总市值约占标准普尔 500 指数总市值的 57%，约为美国整体股票市值的 45%。

标准普尔 400 中盘股指数和标准普尔 600 小盘股指数的构造方法，与标准普尔 500 指数类似，遵循相同的选股标准。基于与标准普尔 500 指数相同的原因，我们认为这两个指数可归类于指数策略方法下的被动型指数。

如果把标准普尔 500 指数、标准普尔中盘股 400 指数和标准普尔小盘股 600 指数加总在一起，便组成了标准普尔超级复合 1500 指数，这个综合指数覆盖了美国股票市场总市值的 85%。

为了填补标准普尔指数系列未覆盖的 15%缺口，标准普尔还创建了标准普尔整体市场指数（TMI）。这个指数囊括了所有在纽约证券交易所、纳斯达克交易所和纳斯达克小盘股交易所上市的股票。标准普尔还创建了标准普尔完整指数，完整指数是从整体市场指数中剔除标准普尔 500 指数后剩下的部分，这个指数大约有 4 500 只成分股。

标准普尔将其 500、400 和 600 指数系列进一步划分成两组，即标准普尔/花旗集团价值型和成长型风格指数，并用了一个多因子模型来区分价值型和成长型，其中，3 个因子衡量成长属性，4 个因子衡量价值属性。每只股票都有一个风格得分，该分数将作为公司被纳入价值型指数或成长型指数的判断标准。标准普尔/花旗集团风格指数家族中价值型和成长型指数的市值相当，同时限制了两者之间成分股重叠的数量。风格系列很详尽（涵盖了母指数中的所有股票），并且采用传统的自由流通市值进行加权。

道琼斯—威尔希尔美国股票指数系列

道琼斯公司一共创建了 3 000 多种美国和全球股票基准指数，其中包括风格指数和行业指数。这个数目看起来很多，但是实际上和其他指数提供商相比，道琼斯公司的指数还不算多。道琼斯公司一直活跃在指数创设和授权业务方面，尤其是与威尔希尔公司合作后更加如虎添翼。

2000 年道琼斯发布了美国整体市场指数。美国整体市场指数包含了自由流通市值在前 95%的所有股票。该指数成分股总共仅 1 850 只，这个成分股数量是所有整体市场指数中最少的。

威尔希尔公司是总部位于加利福尼亚州圣莫尼卡的一家私人投资公司，精耕于指数领域。从 2004 年开始，威尔希尔公司开始和道琼斯公司合作推出指数，这使得道琼斯公司对市场研究更加深入。道琼斯—威尔希尔 5000 是全美第一个衡量美国整体股市回报的指数。这个指数名称确实造成很多困惑，让人误以为其包含了 5 000 只股票。实际上，该指数的成分股数目每周都在变化，因为新股发行、公司合并、收购、破产和交易量等因素都会影响成分股数量。

早在 1974 年，威尔希尔公司就推出了威尔希尔 5000 指数并成为美国股市中覆盖面最广的股票指数。该指数包含了所有总部位于美国的公司的股票，同时，这些股票的交易价格可连续获得。想要尽可能多地投资美国股票市场的投资者会发现，有一只以道琼斯—威尔希尔 5000 为标的的 ETF 可供选择。不过，该基金并未持有所有的指数成分股，因为指数中有一些迷你股票没有足够的流动性，交易者无法进行交易。因此，基金管理公司对这部分小市值股票采用抽样购买的方法。

威尔希尔 4500 指数诞生于 1983 年 12 月，是用于衡量威尔希尔 5000 指数中的中小盘股的表现。该指数基本上就是威尔希尔 5000 指数成分股扣除标准普尔 500 指数中的成分股后所剩下的成分股集合。与标准普尔 500 指数相比，剩下的 4 500 只股票所构成的指数为市场的长期表现提供了一个极好的衡量标准。由于一些小盘股流动性有限，基金经理在管理指数基金时会对指数成分进行抽样。

道琼斯—威尔希尔风格指数把道琼斯—威尔希尔 5000 指数按照市值规模分成四组(即大、中、小和迷你),然后将大市值、中市值和小市值组按照调整后的自由流通市值规模均等地划分为成长型指数和价值型指数。成长和价值维度是通过 6 个因素来衡量,分别是预期市盈率、预期盈利增长率、市净率、分红收益率、滚动营业收入增长率和滚动净利润增长率。

罗素美国股票指数系列

弗兰克·罗素公司在 1984 年推出了罗素股票指数系列,其目的是为了衡量主动管理型基金经理的投资业绩。时至今日,已经有数千亿美元的投资以罗素股票指数作为基准,其中包括部分 ETF。最受欢迎的 ETF 当属安硕罗素 2000 ETF,这只基金主要跟踪小盘股指数。

罗素公司在每年 5 月 31 日按市场价值调整旗下指数。罗素 3000 指数是严格按照公司规模大小进行选择和排名的。罗素指数系列都是市值加权指数,并且仅包含在美国注册的上市公司普通股。罗素指数并没有采用总股本计算市值,而是用美国上市公司的自由流通市值。

罗素 3000 指数衡量的是美国市值最大的 3 000 只股票的业绩表现,约占美国可投资股票市值的 98%。罗素指数体系有好几个层次,除了罗素迷你盘股指数以外,其余都是罗素 3000 指数的子集。罗素迷你盘股指数是市值排名第 2 001 名到第 4 000 名的股票集合(详见第八章关于罗素美国股票指数体系结构的解释和说明)。

罗素指数按个股的市净率和预期盈利增长率来对股票进行排序,进而获得股票的价值和成长属性。每只股票有一个价值/成长分数,并且被相应地划入价值或成长系列。对于那些同时具有价值和成长属性的股票,罗素依据其市值进行划分。每个指数分别占到其所在罗素规模指数总市值的 50%。在罗素指数成分股中,根据价值和成长得分,大约有 30%的股票兼具价值和成长属性。这样,所有指数分类既没有重叠,也没有重复计算。

摩根士丹利资本国际指数

摩根士丹利资本国际(MSCI)美国股票指数是后起之秀,但其在业界处于举足轻重的地位。在指数基金巨头先锋集团的帮助下,摩根士丹利资本国际于 2003 年创建了一些指数。当时,先锋集团正在寻求标准普尔指数的替代者,最终选择了摩根士丹利资本国际。

摩根士丹利资本国际的基准指数按照市值规模分成 3 种:大盘、中盘和小盘。根据它的分类方法,大盘股指数由总市值最大的 300 只股票组成,中盘股指数由接下来的 450 只股票组成,而小盘股指数则是余下的 1 750 只股票。大盘股和中盘股结合在一起也可以构建一个单独的指数,其中成分股为美国市值最大的 750 只股票。

当一只股票从一个指数迁入另一个指数中时,摩根士丹利资本国际会使用缓冲区进行处理。这样做的目的是确保指数各项指标能准确反映不同投资风格,同时,尽量降低投资组合换手率。这一过程也有助于消除部分投机者先行交易造成的损失(那些试图预测指数变化,并在股票价格大幅变动时,抢在大宗交易之前进行操作的投机分子。这种先行买入的行为常常使得指数基金每年损失数百万美元)。

摩根士丹利资本国际用 3 个价值指标和 4 个成长指标来构造风格指数。价值型和成长型指数的目标是将基准指数分成价值和成长两个类型,每种指数各占基准指数自由浮动调整后市值的 50%。根据个股的价值和成长得分,有些股票可能被同时归入价值型指数和成长型指数。不同规模的指数市值等于其价值型和成长型指数的市值之和,并且不会重复计算。

晨星指数系列

晨星有 16 个规模和风格指数,这些指数的分类方法与广为流传的晨星风格策略箱中使用的方法相同。这些指数占到了美国自由流通股总市值的 97%。晨星的风格分类方法包含了 10 个因子，以区分价值和成长属性。如果读者想完整地了解编制方法，可以访问晨星公司网站（indexes. morningstar. com）的指数编制手册。

晨星将美国市场指数按照规模分成 3 个类型，其方法是根据可投资市场的一定比重进行划分。大盘股由占市值总额 70%的股票构成；中盘股是 20%；小盘股则是剩下市值中的 7%；最后的 3%是迷你股，这部分股票没有在风格分类中显示出来。

在每个市值规模类别中，根据股票的风格得分，每只成分股将被归入 3 种风格类型之一，即价值、成长或核心。晨星使用 5 个价值指标和 5 个成长指标来衡量股票的价值和成长得分，并且是分开计算的。个股的价值得分和成长得分共同决定了每只股票的风格分数。只有当个股的风格或规模显著超过分数线时，它才会被重新划分类别。由于同样采取缓冲措施，成分股可以随时间推移在规模和风格类别之间进行切换而不影响分类。

美国股票型策略指数 ETF

策略指数在设计之初就不是以作为基准指数为目的，它们是一种投资策略。策略指数创立和维护的目的是为了设计投资产品，而不是用作经济指标、研究工具或者其他非投资目的。很多时候，只有基金公司想利用某种投资策略发行投资产品时，才与指数服务公司签订合同并让其构建策略指数（见图 10.4）。

策略指数在结构上也不同于基准指数。策略指数要么在成分股选择上利用一定的方法从基准指数中剔除很多成分股，要么采用非市值加权的方法对成分股进行加权，或者这两种方法兼而有之。

策略指数的构造特征导致其在风险和收益方面不同于基准指数。除了被动选择/市值加权指数构造策略外，任何一个策略指数都可归于其他 8 个指数策略中的某一个。

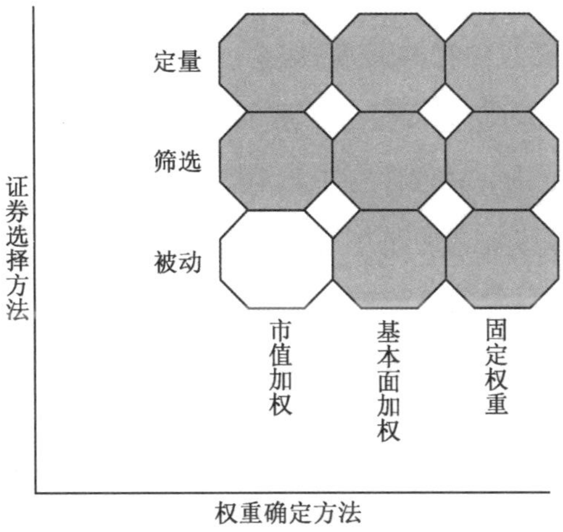

图 10.4 美国策略指数

本节将介绍几个常见的策略指数，其中包括规模和风格策略指数。在本章的末尾提供了跟踪策略指数的 ETF 信息。有关美国 ETF 的完整列表，请访问 www.theetfbook.com 和 www.etfguide.com，以便获取更详尽的信息。读者可以在 ETF 数据库中筛选和阅览指数策略构造方法。

交易所特定指数

交易所特定指数是一种策略指数。这种指数只包括在某个特定证券交易所交易的股票，比如，纳斯达克成分指数就只包括那些在纳斯达克交易所上市的美国普通股，其他股票不论资质如何，也不管其在整个美国股票市场中的地位如何，都会被排除在该指数之外。富达基金的纳斯达克成分股 ETF(代码:ONEQ)就跟踪这个指数。

纳斯达克 100 是另一个广受欢迎的交易所特定股票指数，该指数有两个突出的过滤条件：一是仅包括主要在纳斯达克交易的股票，二是剔除了金融股。PowerSharesQQQ(代码:QQQQ)是一个单位投资信托，它发行跟踪纳斯达克 100 指数的证券产品。虽然该指数局限于纳斯达克交易所和一定行业，但不论是机构投资者还是个人投资者都对它青睐有加，因为指数成分股集中于科技股。目前，有接近 200 亿美元的资金投在

QQQQ上。

第一信托有两只独特的ETF，跟踪纳斯达克指数。一只是等权的纳斯达克100（代码：QQEW），另一只是不含科技股的纳斯达克100（代码：QQXT）。QQXT是一只独特的基金，因为它剔除了让纳斯达克闻名的科技类股票，但部分投资者能很巧妙地利用这类基金（有关ETF特殊用途的更多详细信息，请参阅第二十章内容）。

有两只ETF跟踪纽约证券交易所指数：纽约证券交易所综合指数和纽约证券交易所100指数。安硕纽约证券交易所综合指数（代码：NYC）跟踪所有在纽约证券交易所交易的股票，而安硕纽约证券交易所100指数（代码：NY）则跟踪其中最大的100家公司。

标准普尔公司也广泛涉足策略指数服务，其中一个颇受欢迎的产品就是标准普尔500等权指数。该指数的成分股和标准普尔500完全一致，只是加权方式是等权而不是按市值加权。标准普尔公司每个季度对指数进行调整，以保证成分股权重相等。标准普尔500等权指数的成分股平均市值远低于按照市值加权的成分股平均市值（参见第九章）。Rydex基金公司的标准普尔等权ETF（代码：RSP）跟踪该指数。Rydex是第一家将等权ETF带入市场的公司，目前管理资产规模已超过20亿美元。

标准普尔纯风格指数系列提供了完全基于风格的投资机会。在标准普尔/花旗集团指数系列中，有三分之一的市值被定义为纯成长指数，另外有三分之一为纯价值指数，位于价值和成长属性之间的那些股票被排除在外。纯风格指数系列采用了多因子模型对每只股票进行加权。该多因子模型系统对每只股票的基本面进行打分排序并确定权重。

基于基本面选股和加权指数系列

2000～2006年间，由于价值股大幅上涨，基于基本面选股和加权变得日渐流行。按基本面选择证券和确定权重，会使得指数中的成分股大多为价值股。对基本面方法的回测表明，一旦某段时间内价值股的回报超过成长股，这类指数就会比市场中的基准指数表现更好（详见第九章关于使用基本面方法选股和确定权重时导致价值股倾向的信息)。

锐联基本面指数采用了一系列复杂的多因子权重模型来决定成分股的权重。在被动选出的股票篮子中,锐联根据几个基本面因素给予每只股票一个基本面排名。这些排名被用于确定该股在指数中的权重,结果就是该类策略指数中价值股的权重比在基准指数中要高(关于基本面加权方法的详细信息见第九章)。

智慧树分红指数使用基本面过滤工具来筛选股票,那些没有定期分红的股票将被剔除,剩下的股票用分红数据来赋予权重。2007 年,在所有的 3 500 家公司中约有 1 500 家达到智慧树分红筛选标准。智慧树将这 1 500 只成分股按规模归入相应的指数类别,作为创建 ETF 的基础。这些指数同样采用基本面因素来加权,现金分红数额越高的股票,在指数中的权重越大。

除了智慧树外,还有几家分红指数的提供商,包括标准普尔和 Merchants。这些指数提供商的选股和权重策略都大同小异,因为它们都是基于分红支付这个单一维度。不同分红指数提供商仅仅是在细节方面略有差异,例如公司分红的时长、分红相对盈利的水平等。无论采用哪种方法,所有的分红指数都明显偏向于价值股。

分红指数还衍生出了盈利指数。智慧树盈利指数基金就是以智慧树盈利指数为基准。该基准指数筛选出最近 4 个季度累计盈利为正的公司。由于绝大部分美国上市公司都有盈利数据,因此这样选股就比分红选股要宽泛得多,使得投资者可以投资更多美国市场的股票。

量化指数

自 2003 年以来,有几家新晋机构进入量化指数市场。最早的量化指数是 Intellidex 指数系列。该量化指数最初由 PowerShares 公司创始人布鲁斯・邦德开发,成为 ETF 新系列的基准指数。由于美国证券交易委员会禁止 ETF 管理公司同时运营指数,邦德就将指数的运营转交给美国证券交易所(现在已经被纽约证券交易所收购)。目前是由纽约证券交易所负责维护 Intellidex 指数，而 PowerShares 公司则负责管理这些 ETF（详见第一章关于 PowerShares 公司的发展简介）。

Intellidex 指数每个季度对指数成分和权重进行调整。该指数用一个包含 25 种因素的模型对股票进行选择。这模型系统对股票的风险因素、价格趋势、基本面改善和股票估值 4 个方面进行评估。每只股票都有一个名次，排名在某一特定数值之前的股票被选入指数。Intellidex 指数的股票权重策略采用一种双重修正等权方法，指数中的大市值股票获得更大的固定权重，而剩下股票的固定权重则较小。

Intellidex 指数不对外公布其量化过程，投资者只可以获取关于指数编制模型的一些简要信息，甚至连被授权的基金管理公司都无法获取其中的细节。

越来越多的指数提供商开始采用定量方法为 ETF 挑选成分股。第一信托的阿尔法动态指数基金就是最新进入量化市场并战胜市场的基金之一。该基金跟踪标准普尔公司创建和维护的一系列策略指数。相比 Intellidex 指数，标准普尔策略指数的编制方法更加透明，但同时也更加复杂。

标准普尔在现有基准指数的基础上对编制方法进行了调整，并创建了策略指数系列，以期获得更高的投资收益。所有标准普尔指数中的股票被分为成长型、价值型和核心型 3 类。成长型股票按 5 个维度进行评价并打分；价值型股票按 3 个维度进行评估并打分；核心型股票用以上成长型和价值型维度分别进行测量，并取两个评分中较高者作为其属性。

之后，标准普尔会对选出的所有股票进行五等分，每个分组内的股票权重相等。第一信托的阿尔法动态指数基金超配得分最高的前五分之一的股票，这部分股票在投资组合中的权重是 5/15（33.3%），接下来的第二组股票的权重为 4/15（26.7%），第三组是 3/15（20%），第四组是 2/15（13.3%），最后的一组是 1/15（6.7%）。标准普尔每季度以此对指数进行再平衡。

道琼斯指数是策略指数吗?

道琼斯工业平均指数(DJIA)创立于 1896 年,是价格加权指数,这使它偶然成为有史以来第二个策略指数(第一个是创建于 1884 年的道琼斯运输平均指数)。常被称为 DOW 的道琼斯工业平均指数由美国最大的 30 家上市公司构成,目前仍然是最受欢迎的股票市场指标之一。

道琼斯指数的成分股选择基于主观判断,由指数委员会决定哪些公司被纳入或被剔除。与标准普尔 500 指数一样,虽然是基于主观选股,但道琼斯指数仍被视为被动型指数之一,因为这些股票基本上能够充分代表美国大型上市公司。

之所以道琼斯指数是一种策略指数,并不是因为它的成分股选择方法,而是成分股的加权方法。道琼斯指数基本上是以每只股票的价格为基础进行加权(而不是每家上市公司的市值)。一个股价为 100 美元的小公司在指数中的权重 10 倍于一个股价为 100 美元的大公司。价格加权的方法使得道琼斯指数表现出一定的风格偏差。

目前共有数十亿美元投资于钻石基金(代码:DIA),该基金跟踪道琼斯工业平均指数。绝大部分投资者是个人投资者。

从大道琼斯指数到小道琼斯指数

虽然道琼斯指数家喻户晓,但极少有人听过道琼斯精选迷你盘指数。这个指数衡量在美国主要交易所上市且市值非常小的股票业绩。道琼斯公司声称,该指数是美国股市中迷你公司的可投资组合,因为指数成分股具有很好的流动性。

道琼斯精选迷你盘指数通过筛选法选择成分股。首先剔除了那些市值最小、交易量最少的股票,同时基本面太差的股票也被排除在外。筛选的过程是将营业利润、市盈率、市销率低,盈利持续性差,以及相对价格表现不佳的股票排除在外。

美国基准指数 ETF 和风格 ETF 名单

表 10.1 列出了一些存续时间较长的基准指数基金和风格基金。由于跟踪美国股市的基金数量众多，表格中的名单并不完整。有关当前 ETF 的完整列表，包括指数构造策略箱数据，投资者可以访问 www. theetfbook. com 和 www. etfguide. com 两个网站。

表 10.1 分为两个部分：第一部分包括跟踪基准指数的 ETF 名单，主要是被动选择和按市值加权；第二部分是跟踪美国策略指数的 ETF 名单。

第一部分中基准指数 ETF 的费率通常为 0.2%，这是所有指数投资中费率最低的一类。第二部分中策略指数 ETF 的平均费率大约是 0.5%。虽然并无多少操作上的理由可以解释策略指数的成本比基准指数高 1.5 倍，但现实确实如此。也许是购买策略指数基金的往往都是个人投资者，他们习惯于为主动管理型共同基金支付更高的费用，因此策略指数基金公司收取的费用更高一些。

附录 A 给出了表 10.1 中每个指数的证券选择和加权方法的缩写指南。投资者可以通过基金募集说明书了解有关证券选择和加权方法的详细信息。

小　结

本章介绍了基准指数基金和风格指数基金。关于本章，读者需要记住的一点是，有多种 ETF 投资策略可供选择，同时，每种选择的成本也是千差万别。成本低廉的基准指数基金通常是跟踪被动选择和按市值加权的基准指数，随着选择和赋权的复杂性增加，跟踪策略指数的 ETF 成本会提升。

本章列出的 ETF 包括了很多美国的基准指数基金和策略指数基金。这些基金示例只是完整列表内容中的一部分。有关包含指数构造策略箱在内的美国 ETF 完整信息，请访问 www. theetfbook. com 和 www. theetfguide. com。

表 10.1　　美国整体市场 ETF(含规模和风格)

基准指数 ETF——整体市场基金和风格基金							
类　别	ETF 名称	代 码	费 率	跟踪指数	策略箱	证券选择	证券权重
大盘混合	SPDRs（S&P 500）	SPY	0.10	S&P 500		PS	CF
大盘混合	iShares S&P 500	IVV	0.10	S&P 500		PS	CF
大盘混合	iShares S&P 100	OEF	0.20	S&P 100		PS	CF
大盘混合	iShares S&P 1500 Index	ISI	0.20	S&P 1500		PS	CF
大盘混合	Rydex Russell Top 50	XLG	0.20	Russell Top 50		PA	CF
大盘混合	iShares Russell 1000	IWB	0.15	Russell 1000		PA	CF
大盘混合	Vanguard Large Cap	W	0.07	MSCI U. S. Large Cap		PA	CF
大盘混合	iShares Morningstar Large Core	JKD	0.20	Morningstar Large Core		PA	CF
大盘成长	iShares R1000 Growth	IWF	0.20	Russell 1000 Growth		PA	CF
大盘成长	iShares S&P 500 Growth	IVW	0.18	S&P 500 Growth		PA	CF
大盘成长	Vanguard Growth	VUG	0.11	MSCI U. S. Growth		PA	CF
大盘成长	iShares Russell 3000 Growth	IWZ	0.25	Russell 1000 Growth		PA	CF
大盘成长	iShares Morningstar Large Growth	JKE	0.25	Morningstar Large Growth		PA	CF
大盘成长	SPDR DJ Large Growth	ELG	0.21	DJ Large Growth		PA	CF
大盘价值	iShares R1000 Value	IWD	0.20	Russell 1000 Value		PA	CF
大盘价值	iShares S&P 500 Value	IVE	0.18	Russell 1000 Value		PA	CF
大盘价值	Vanguard Value	VTV	0.11	MSCI U. S. Value		PA	CF

续表

基准指数 ETF——整体市场基金和风格基金							
类　别	ETF名称	代 码	费 率	跟踪指数	策略箱	证券选择	证券权重
大盘价值	iShares Russell 3000 Value	IWW	0.25	Russell 1000 Value		PA	CF
大盘价值	iShares Morningstar Large Value	JKF	0.25	Morningstar Large Value		PA	CF
大盘价值	SPDR DJ Wilshire Large Value	ELV	0.21	DJ Wilshire Large Value		PA	CF
混合市值	Vanguard Total Stock Market	VTI	0.07	MSCI U.S. Total Stock Market		PA	CF
混合市值	iShares DJ Total Market	IYY	0.20	DJ Total Market		PA	CF
混合市值	iShares Russell 3000	IWV	0.20	Russell 3000		PA	CF
混合市值	SPDRs Total Market (DJW 5000)	TMW	0.21	DJ Wilshire 5000		PA	CF
中盘混合	Mid Cap SPDR (S&P 400)	MDY	0.25	S&P Mid Cap 400		PS	CF
中盘混合	iShares S&P 400 Mid Cap	UH	0.20	S&P Mid Cap 400		PS	CF
中盘混合	iShares Russell Mid Cap	IWR	0.20	Russell Mid Cap		PA	CF
中盘混合	Vanguard Mid Cap	VO	0.13	MSCI U.S. Mid Cap		PA	CF
中盘混合	Vanguard Extended Market	VXF	0.08	DJ Wilshire 4500		PA	CF
中盘混合	iShares Morningstar Mid Core	JKG	0.25	Morningstar Mid Core		PA	CF
中盘成长	iShares S&P 400 Mid Growth	UK	0.25	S&P Mid Cap 400		PS	CF
中盘成长	iShares Russell Mid Growth	IWP	0.25	Russell Mid Cap Growth		PA	CF
中盘成长	iShares Morningstar Mid Growth	JKH	0.30	Morningstar Mid Growth		PA	CF
中盘价值	iShares Russell Mid Value	IWS	0.25	Russell Mid Cap Value		PA	CF

续表

基准指数 ETF——整体市场基金和风格基金							
类 别	ETF 名称	代 码	费 率	跟踪指数	策略箱	证券选择	证券权重
中盘价值	iShares S&P 400 Mid Value	UJ	0.25	S&P Mid Cap 400		PS	CF
中盘价值	iShares Morningstar Mid Value	JKI	0.30	Morningstar Mid Value		PA	CF
小盘混合	iShares Russell 2000	IWM	0.20	Russell 2000		PA	CF
小盘混合	iShares S&P 600 Small	UR	0.20	S&P 600 Small		PS	CF
小盘混合	iShares Morningstar Small Core	JKJ	0.25	Morningstar Small Core		PA	CF
小盘混合	Vanguard Small Cap	VB	0.10	MSCI U. S. Small Cap		PA	CF
小盘成长	iShares R2000 Growth	IWO	0.25	Russell 2000 Growth		PA	CF
小盘成长	iShares S&P 600 Growth	UT	0.25	S&P 600 Growth		PS	CF
小盘成长	Vanguard Small Cap Growth	VBK	0.12	MSCI U. S. Small Cap Growth		PA	CF
小盘价值	iShares R2000 Value	IWN	0.25	Russell 2000 Value		PA	CF
小盘价值	iShares S&P 600 Value	IJS	0.25	S&P 600 Value		PS	CF
小盘价值	Vanguard Small Cap Value	VBR	0.12	MSCI U. S. Small Cap Value		PA	CF
小盘价值	iShares Morningstar Small Value	JKL	0.30	Morningstar Small Value		PA	CF
小盘价值	SPDR DJ Small Value	DSV	0.26	DJ Small Value		PA	CF
迷你盘	iShares Russell Micro Cap	IWC	0.60	Russell Micro Cap		PA	CF
	基准指数 ETF 平均费率		0.21				

续表

策略指数 ETF——整体市场基金和风格基金							
类　别	ETF 名称	代 码	费 率	跟踪指数	策略箱	证券选择	证券权重
大盘混合	iShares NYSE Composite	NYC	0.25	NYSE Composite		SE	CF
大盘混合	Rydex S&P Equal Weight	RSP	0.40	S&P Equal Weight		PS	XE
大盘混合	PowerShares FTSE RAFI 1000	PRF	0.76	RAFI 1000		PA	FF
大盘混合	iShares NYSE 100	NY	0.20	NYSE 100		SE	CF
大盘混合	First Trust Large Cap Core	FEX	0.70	S&P Defined Large Cap Core		QM	XM
大盘成长	PowerShares QQQ	QQQQ	0.20	NASDAQ-100		SE	CF
大盘成长	Rydex S&P 500 Pure Growth	RPG	0.35	S&P 500 Pure Growth		SF	FF
大盘成长	PowerShares Dynamic Large Growth	PWB	0.64	Intellidex Dynamic Large Growth		QM	XM
大盘价值	DIAMONDS Trust	DIA	0.18	Dow Jones Industrial Avg		PS	FP
大盘价值	WisdomTree Large Cap Div	DLN	0.28	WisdomTree Large Cap Div		SF	FD
大盘价值	Rydex S&P 500 Pure Value	RPV	0.35	S&P 500 Pure Value		SF	FF
大盘价值	PowerShares Dynamic Large Value	PWV	0.65	Intellidex Dynamic Large Value		QM	XM
混合市值	PowerShares Dynamic Market	PWC	0.60	Intellidex Dynamic Mkt		QM	XM
混合市值	WisdomTree Total Dividend	DTD	0.28	WisdomTree Total Dividend		SF	FD
混合市值	First Trust Multi Cap Value Alpha DEX	FAB	0.70	S&P Defined Multi Cap Value		QF	XM
混合市值成长	First Trust Multi Cap Growth Alpha DEX	FAD	0.70	S&P Defined Multi Cap Growth		QF	XM

续表

策略指数 ETF——整体市场基金和风格基金							
类　别	ETF 名称	代 码	费 率	跟踪指数	策略箱	证券选择	证券权重
中盘混合	WisdomTree Mid Cap Div	DON	0. 38	WisdomTree Mid Cap Div		SF	FD
中盘混合	First Trust Mid Cap Core Alpha DEX	FNX	0. 70	S&P Defined Mid Cap Core		QF	XM
中盘成长	Rydex S&P 400 Pure Growth	RFG	0. 35	S&P 400 Pure Growth		SF	FF
中盘成长	PowerShares Dynamic Mid Growth	PWJ	0. 65	Intellidex Dynamic Mid Growth		QM	XM
中盘成长	First Trust IPOX-100 Index	FPX	0. 66	IPOX-100 Index		ST	CC
中盘价值	Rydex S&P 400 Pure Value	RFV	0. 35	S&P 400 Pure Value		SF	FF
中盘价值	PowerShares Dynamic Deep Value	PVM	0. 60	Intellidex Dynamic Deep Value		QM	XM
中盘价值	PowerShares Dynamic Mid Value	PWP	0. 67	Intellidex Dynamic Mid Value		QM	XM
小盘混合	WisdomTree Small Cap Div	DES	0. 38	WisdomTree Small Cap Div		SF	FD
小盘混合	Power Shares Zacks Small Cap	PZJ	0. 75	Zacks Small Cap		QP	XM
小盘混合	First Trust Small Cap Core Alpha DEX	FYX	0. 70	S&P Defined Small Cap Core		QF	XM
小盘成长	Rydex S&P 600 Pure Growth	RZG	0. 35	S&P 600 Pure Growth		SF	FF
小盘成长	Power Shares Dynamic Small Growth	PWT	0. 65	Intellidex Dynamic Small Growth		QM	XM
小盘价值	Rydex S&P 600 Pure Value	RZV	0. 35	S&P 600 Pure Value		SF	FF
小盘价值	Power Shares Dynamic Small Value	PWY	0. 66	Intellidex Dynamic Small Value		QM	XM
迷你盘	First Trust DJ Sel Micro Cap	FDM	0. 60	DJ Select Micro Cap		SF	CF
迷你盘	Power Shares Zacks Micro Cap	PZI	0. 72	Zacks Micro Cap		QP	XM
	策略指数 ETF 平均费率		0. 51				

资料来源：www. theetfbook. com.

第十一章　全球股票型 ETF

国际投资为国内投资组合提供了新的投资方向。国际股票和债券可以通过两种方式拓展投资组合前沿:增加投资组合中证券的数目,从而降低投资组合风险;或者通过多样化货币投资,也能降低投资组合的风险。

国际化投资的优势

全球的股票市场和货币在不同时间往往走势相反。当这种情况发生时,全球范围的多样化投资组合必然会利用一个市场来对冲另一个市场的趋势。投资者将不定期对国际投资和国内投资进行再平衡,从而使得整体投资组合恢复至最初的全球目标配置比例。

历史上,美国证券和国际证券之间的定期再平衡过程降低了总体投资组合的风险,并在长期提高了回报率。这是现代投资组合理论的天堂,但是不能保证这种现象在未来还会再次发生。然而,从长远来看,全球的多样化投资将有益于投资者。

外国证券与美国证券的收益率相背离的原因之一,在于本国货币的流通。全球股票型 ETF 在美国交易所中以美元报价,即使基金持仓中的投资标的可能以当地货币计价。例如,日本的股票以日元计价,但在美国当地报纸的股票版面发布 ETF 价格前,需要将日元报价转换成美元报价。

日本股票的价格可能不会随着日元价值的变动而变动，但如果美元兑日元的汇率发生变化，将使得日本股票的价格发生相应的变化，日本股市甚至可能因此关闭；追踪日经指数和其他日本市场指数的 ETF，可能会因汇率波动而在美国证券交易所出现巨幅的价格波动。当美元贬值、日元升值时，美国投资者将持有日本股票对冲美元贬值；当美元升值、日元贬值时，这些投资者也会因汇率差异而蒙受损失。

虽然已有不少术语来描述对外国证券的投资，但这些术语可能是多余的或令人感到困惑。例如，国际证券也被称为国外、海外或非美国证券；全球共同基金也被称为世界共同基金，其实两者都持有国际证券和美国证券。

发达市场的经济和社会体制都比较先进。新兴市场则是指那些市场经济不够成熟，银行体系不发达，或者证券市场欠稳定的国家。发达市场和新兴市场之间往往以一国的产出水平来区分。一般来说，人均国内生产总值达 2 万美元以上的国家被认为是发达国家。

国际化投资的劣势

投资海外股票的一个缺点在于红利的税收处理。当一家外国公司支付现金股利时，该公司的所在国通常在现金汇往海外之前对该红利征税，这样投资者就永远都不会直接获得预扣税款的返还。但是，依据美国税法，只要证券在应税账户之中持有，投资者就有权对一定金额的国外税款进行税收抵免。如果红利是在税收优惠账户，比如个人退休账户（IRA）中进行预扣，那么投资者就被允许在美国纳税申报表上申请国外税收抵免。

国际化投资的另一个缺点在于如何理解“价格发现”这一概念。当国际 ETF 在美国交易所交易时，其他的海外市场通常已经闭市。这可能对试图建立公正交易价格的美国投资者和做市商提出了特殊的挑战。一旦海外市场关闭，国际证券的资产净值就会变得过时而不具有实时性，这意味着在美国交易的 ETF 正在进行没有具体数值的交易。

当全球市场波动时，国际 ETF 的价格和失去时效性的资产净值可能会产生很大差异。在这种情况下，很多投资者认为美国市场对 ETF 的定价有误，但是事实恰恰相反。此时，美国市场上的价格或许反映了海外标的证券的最佳价格。它表明如果海外市场开市，那些构成 ETF 的证券资产净值将会发生怎样的变动。在某种意义上，ETF 对全球市场的参与者而言，已经成为一种重要的价格发现工具。

国际和全球市场基准指数

本章第一部分讨论的主题是主要的国际和全球市场基准 ETF。这些 ETF 追踪那些涵盖了全球和国际要素、区域要素以及个别国家要素的指数。

宽泛的市场基准还包括将国际市场划分为发达市场指数和新兴市场指数；也可以横向分为全球行业指数，这些指数构成了全球行业 ETF 的基础。以上指数都会在本章内容中有所涉及。

有许多指数提供商追踪全球和国际市场，每个提供商都有自己的基准方法。这些指数提供商的共同点是，都从国家一级开始构建自己的主要指数。这意味着国家集中为各个区域，区域集中形成国际指数，而国际指数与美国指数结合构成全球指数。还有一种方法是将发达市场和新兴市场两者合并，形成国际指数和全球指数。

全球指数的每一层级刻画了指数的类型和规模，以形成风格指数。图 11.1 是这一过程的简化说明，即国家市场形成区域市场，区域市场形成发达国家与新兴国家市场，最终合并成全球市场。

全球市场指数的提供商已经构建了一系列基准指数，并且指数供应商不会以完全相同的方式划分全球市场。成千上万个市场指标代表了 150 多个国家、多个地区以及多层次的发达市场和新兴市场的回报。这些指数还涵盖了从股票到债券等多种类型的有价证券及商品。

短短的一章篇幅不可能完全将全球市场研究透彻。本章的目的是提

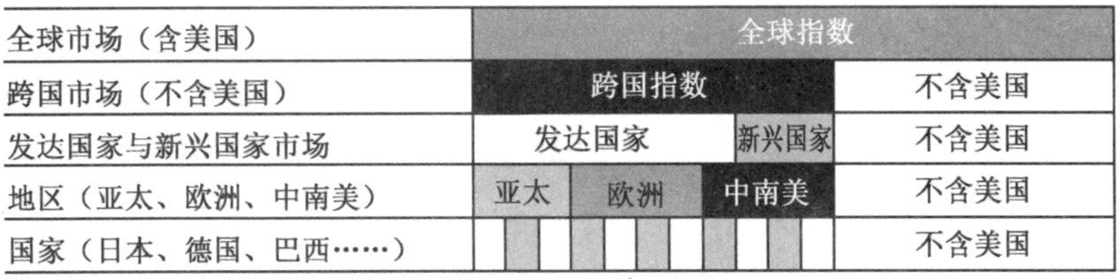

图 11.1　全球指数基本结构

供一个简单的概述。了解全球指数结构详尽细节的最好方法是访问每个指数提供商的官网。全球市场基准指数的主要提供商包括摩根士丹利资本国际(MSCI)、标准普尔(S&P)、道琼斯(DJ)、富时(FTSE),附录 B 列示了以上提供商的网址。若投资者对某些指数感兴趣,可以阅读以该指数为基准的 ETF 募集说明书,从而获得更详细的信息。

摩根士丹利资本国际基准指数覆盖了全球可自由流通股票市值的 85%。根据市场界定,不同国家和地区的规模削减程度略有不同。为了涵盖其余 15%的大部分,摩根士丹利小盘股指数被公司提升为“尽量覆盖”全球可供投资的小盘股。这些指数同时包括发达市场和新兴市场。总的来说,摩根士丹利资本国际在全世界范围内创建了超过 20 000 种风格、行业和区域指数。摩根士丹利资本国际的指数为未来的 ETF 留下了大量的基准数据。

标准普尔全球 1200 指数是全球投资的基准指数,并且该指数考虑到了流动性要求,使其成为大型投资公司 ETF 跟踪的理想指数。标准普尔全球 1200 是一个自由流通市值加权指数,大约涵盖全球市值总额的 70%。它包括美国的标准普尔 500 指数和 5 个非美国指数:标准普尔欧洲 350 指数、标准普尔/TOPIX 150(日本)、标准普尔/TSX 60(加拿大)、标准普尔亚太 100 和标准普尔拉丁美洲 40。

标准普尔全球 100 指数由标准普尔全球 1200 指数中占领先地位的 100 家公司组成,这些公司的业务实质上是全球性的,其营业收入很大一部分来自多个国家。标准普尔将基本面、行业领先地位、市场流动性和规模作为挑选公司的依据。全球 100 指数所包含的并不全是全球最大的

100家公司，虽然该指数中的成分股基本都是大盘股。

富时全球指数系列于1987年推出，它提供了一套细致的规则，包括富时全球股票指数系列（大盘股、中盘股和小盘股）、富时全球指数系列（大盘股、中盘股）和富时全球小盘股指数。

道琼斯和威尔希尔公司已经研发了道琼斯－威尔希尔全球指数系列，这些基准指数涵盖了59个国家，占全球总市值的98%。

发达市场指数

从美国投资者的角度来看，发达市场是强大稳定的国家，有着强大的经济、稳定的政府、可靠的银行系统、公正处理争议的法律体系以及易于参与并管理完善的金融市场，此外，每年的人均国内生产总值超过20 000美元。

最广为引用的发达市场基准指数是摩根士丹利资本国际欧洲、大洋洲和远东指数，也就是众所周知的EAFE指数。摩根士丹利资本国际的EAFE指数包含来自欧洲和环太平洋地区21个发达市场的约1 000只大型公司的股票。该指数采用自由流通市值加权，在每个国家至少包括该国每个行业自由流通市值的85%。

摩根士丹利资本国际把EAFE指数划分为两大地理区域，形成摩根士丹利资本国际欧洲指数和摩根士丹利资本国际亚太指数。将国际指数依据区域进行划分，可以形成以这些区域为基准的指数基金。摩根士丹利资本国际欧洲指数由位于16个欧洲国家的约600家公司的普通股组成。摩根士丹利资本国际亚太指数由位于日本、澳大利亚、中国香港、新加坡和新西兰的约550家公司的普通股构成。

摩根士丹利资本国际并不管理EAFE指数中的区域权重。因此，随着时间的推移，该指数的区域权重会变化。1990年，日本占到了EAFE指数的70%。而2000年，日本仅占该指数的25%。图11.2说明了EAFE指数在环太平洋地区和欧洲之间出现的区间波动。

还有其他众多的市场基准指数，如富时非美全球指数（FTSE All-

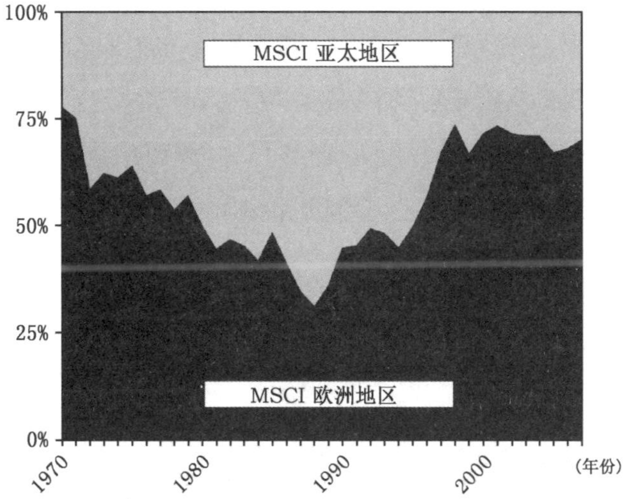

资料来源:MSCI.

图 11.2 MSCI 按区域划分的 EAFE 指数

World ex-U. S. Index),它试图追踪全球发达市场和新兴市场公司的业绩,但不包括美国市场。花旗主要市场指数是另一个发达市场基准指数,涵盖了花旗全球基准指数的 80%,而花旗全球基准指数则覆盖了每个国家 95%的市值。

新兴市场指数

广义上来说,新兴市场是指经济欠发达,同时正努力向发达水平发展的国家。所做的努力可能包括吸引全球资本、建设基础设施、自由贸易、创造就业机会、制定公平的劳动法、房地产私有化、提升商业交易透明度、提高生活水平、为所有人提供高等教育机会以及其他不胜枚举的措施。

全世界有超过 150 个经济体符合新兴市场的分类,这些经济体中,有 100 多个已经设有证券交易所,这些交易所中大约有 25%自 1990 年开始营业。

标准普尔新兴市场指数及其基础数据库是标准普尔在 2000 年从国际金融公司(IFC)收购的,该数据库从 1975 年更新至今。自创立以来,这一指数已经涵盖了 54 个成熟市场中 2 000 多家公司的市场表现。

摩根士丹利资本国际新兴市场指数是一个自由流通市值加权指数，旨在度量全球新兴市场的股市表现。有许多因素决定了“新兴市场”这一称谓，摩根士丹利资本国际将人均 GDP、地方政府法规、可认知的投资风险、外资所有权限制以及资本管制等指标作为评估依据。

美国存托凭证、全球存托凭证以及新兴市场 ETF

在美国交易所上市的一些国际公司以美国存托凭证（ADR）的形式进行交易。每份 ADR 是由美国存托银行发行，代表托管在该银行的一股或多股国外公司股票。这些股票以美元进行交易。全球形式的美国存托凭证被称为全球存托凭证（GDR）。

美国交易所的国际股票交易系统为美国存托凭证指数的创立创造了机会，因为已经发行了足够多的 ADR 和 GDR，从而使它们可以用于创建新兴市场指数。其中有些指数已经获得授权许可，可用于构建新兴市场 ADR ETF。

BLDRS 新兴市场 50 ADR（代码：ADRE）跟踪纽约银行新兴市场 50 ADR 指数。BNY EM 50 ADR 指数是一个由自由流通并在美国交易所交易的规模最大且流动性最好的 ADR 和 GDR 组成的指数。克莱默/BNY BRIC ETF（代码：EEB）投资于所谓的金砖四国。该基金跟踪纽约银行金砖四国指数，该指数是由来自巴西、俄罗斯、印度和中国（金砖四国）的 ADR 和 GDR 组成。指数中股票的权重基于 ADR 的市值，这意味着巴西的权重较大，而中国和俄罗斯的权重较小。

区域指数

有几个区域指数使得 ETF 投资者承担了较大的区域风险敞口。摩根士丹利资本国际的欧洲和亚太指数把 EAFE 市场分割成这两个地区的指数。

欧元作为统一货币覆盖了欧洲的大部分地区，这为指数提供商提供了创造更多指数的机会。安硕摩根士丹利资本国际 EMU 基金跟踪摩根士丹利资本国际 EMU 指数，以反映欧元区上市公司证券的总体价格和收益表现。

道琼斯斯托克 50 指数是道琼斯欧洲综合指数的一部分，该指数选取了综合指数中的 50 家公司，目的是反映各行业的龙头股表现。道琼斯欧元斯托克 50 也是道琼斯欧洲综合指数的一部分，该指数排除了不属于欧洲货币联盟(EMU)的国家。

摩根士丹利资本国际英国指数旨在提供一个英国市场上公开交易证券集合的基准。英国、瑞典和丹麦是目前不属于欧元区的欧洲发达国家。

在所有全球指数中，有个别国家的指数是核心。许多国家 ETF 都是以摩根士丹利国家指数为基准指数。摩根士丹利资本国际根据自由流通市值和成交量列出市场上的每只股票，从而为每个国家构建一个指数。股票也按行业进行分类，并从每个行业中选择个别公司。相比其他因素，国家指数的最关键特征就是行业复制。摩根士丹利资本国际指数编制方法要求至少能代表每个行业的 85%。因此，一个国家指数至少覆盖了该国市场 85%的份额。

标准普尔/TOPIX 150 指数包括了来自东京市场各主要行业的 150 只高流动性股票。标准普尔/TOPIX 150 是专为基金经理和衍生产品交易商设计的指数，具有足够的市场代表性，同时也能够保证流动性。罗素/野村日本核心指数和日本小盘股指数也是跟踪东京市场。

标准普尔和花旗集团合作之后，成为更活跃的新兴市场指数提供商。2007 年，标准普尔推出了一系列存托凭证，跟踪多个不同的标准普尔/花旗集团新兴市场区域指数，包括中东、非洲、拉丁美洲和亚太地区。投资者在投资这些 ETF 时要当心，因为有可能会过于集中在一家公司或一个国家。例如，有一个 SPDR 跟踪整个标准普尔/花旗集团 BMI 新兴市场指数，还有一个 SPDR 跟踪标准普尔新兴市场 ETF(代码:GMM)。

跟踪快速成长地区的国家细分指数如雨后春笋般增加，富时/新华中国 A50 指数是由市值排名前 50 的中国公司构成，并以自由流通市值加权的指数。

国家指数

有好几个公司在收集不同国家的股票价格数据并开发指数，这是 ETF 行业进一步发展的方向。

摩根士丹利资本国际在构建国家指数时会列出市场上每只证券，并考察其价格数据、总股本、重要股东、自由流通市值以及每月的交易量。股票按照行业分类，并会从每个行业中选择合适的证券。摩根士丹利资本国际的方法要求每个行业中的公司至少具有 85%的代表性，因此，一个国家指数就至少覆盖了该国市值的 85%。与其他因素相比，行业代表性是一个国家指数最重要的特征。

目前，有 21 个独立的安硕国家基金，其中大部分的标的指数是摩根士丹利资本国际指数(其中有 2 个是基于标准普尔全球指数)。这些基金中有一部分是在 1996 年作为世界股票基准系列(WEBS)发行的。

其他的 ETF 提供商正逐步进入国家基金领域，其中大多是针对特定受众的单一国家基金。例如，日本、中国和俄罗斯基金已经很受市场欢迎。

道富凭借其发行的 SPDR 罗素/野村日本小盘股 ETF(代码:JSC)已经在全球小盘股市场上取得成功。该 ETF 于 2006 年 11 月推出，资产接近 2 亿美元。当 JSC 在市场上出现时，市场上小盘股国际 ETF 只有为数不多的几只，如果产品设计合理，率先推出的 ETF 总能收获颇丰。

SPDR 标准普尔中国 ETF(代码:GXC)以标准普尔/花旗集团 BMI 中国指数为基准，是细分的新兴市场的好例子。中国指数经过自由流通市值调整，因而指数计算中只包括向投资者公开发行的股票。截至 2007 年年中，GXC 持有约 125 只证券，中国移动公司占比最大，约占资产净值的 12%。

俄罗斯市场 ETF(代码:RSX)力求在扣除费用和支出前尽可能完全复制 DAX 全球俄罗斯+指数的表现。该指数是一个修正市值加权指数，由 30 个俄罗斯本土的上市公司股票构成。基金中有一部分持仓包含公司普通股和存托凭证，这些公司是俄罗斯本土的并且在全球市场上交易，其中石油公司占有主导地位。

国际策略指数

国际策略指数不是为了跟踪国际市场的整体表现，相反，该指数提供商试图创建一个来自国际证券市场的有不同风险和回报的股票篮子。提供者可能在某种程度上通过剔除证券来修改现有的市场数据，或者用不同于市值加权的方法赋予证券权重，抑或两者兼而有之。越来越多的国际策略指数是为 ETF 市场而创建，而且可以预计将来会出现更多的国际策略指数。

智慧树公司在国际策略指数投资中处于领先地位。欧洲、远东以及澳大拉西亚智慧树红利指数（WisdomTree DIEFA）衡量了除加拿大和美国以外的工业化国家中支付红利公司的表现。该指数中的外国公司需要定期支付现金股息，并满足其他的流动性和资本金要求。对 DIEFA 指数中的公司以每年现金分红为基础赋予权重。智慧树公司利用智慧树红利指数的数据，已经推出了一系列区域和国家 ETF。

智慧树同时是第一家涉足小盘股国际 ETF 市场的公司，智慧树国际小盘股股息基金（代码：DLS）于 2006 年 6 月创建。该基金一经推出便迅速聚集了市场资金，一年后该投资组合的资产达 5 亿美元。

ETF 提供商 PowerShares 在国际市场上也有其国际策略指数 ETF。PowerShares 的国际股息收益 ETF（代码：PID）跟踪国际股息收益指数。国际股息收益指数旨在跟踪已连续 5 个及以上财年年股息分配持续增长的 ADR 的表现。金龙沃特（Golden Dragon Halter）USX 中国指数（代码：PGJ）包括在美国上市、从中国获得大部分收入的证券。该指数是修正等权结构。

PowerShares 的一系列动态 QSG 国际基金和 ETF 跟踪 2007 年推出

的富时 RAFI 国际指数,这个产品线极大地提升了公司在市场上的地位。动态 QSG 投资组合利用量化股票选择和加权方法,而富时 RAFI 基金则使用多因子基本面方法对指数中的股票进行加权。

最雄心勃勃的国际策略指数也许是克莱默/扎克斯国家轮动 ETF(代码:CRO),该基金从摩根士丹利资本国际 EAFE 指数所涉及的国家以及加拿大等国中,选取其认为具有超越全球市场潜力的股票,并对这些国家进行超额配置。该指数涉及 22 个国家,任何一个国家的权重均在 0～45%不等,曾经有一度该指数只包括 12 个国家。CRO 的费率为 0.65%。

全球和国际 ETF 名单

全球和国际 ETF 投资是一个迅速扩张的市场。表 11.1 涵盖了国际上部分存续时间较长的 ETF 名单。这份名单包括了跟踪市场基准指数和策略指数的 ETF。投资者要想了解全球、国际、区域和国家的完整 ETF 列表,包括指数构成方法,请访问 www.theetfbook.com 和 www.etfguide.com。

表 11.1 分为三个部分:第一部分包括跟踪全球、国际和区域市场基准指数的 ETF;第二部分包括跟踪基准指数的单一国家 ETF;第三部分是跟踪策略指数的全球、国际、区域和国家 ETF。

附录 A 是表 11.1 中用于每个指数的证券选择和加权方法的缩略语诠释。投资者通过 ETF 公司从不同基金募集说明书中获得有关基金证券选择和加权方法的信息,不失为一种最佳途径。

表 11.1 全球、国际、区域和国家 ETF

基准指数 ETF——全球、国际和区域基金							
类　别	ETF 名称	代 码	费 率	跟踪指数	策略箱	证券选择	证券权重
全球发达市场大盘	iShares S&P Global 100	IOO	0.40%	S&P Global 100 Index		PS	CF
全球发达市场大盘	SPDR DJ Global Titans	DGT	0.50%	Dow Jones Global Titans		PS	CF
国际全市场	SPDR MSCI ACWI ex-U. S.	CWI	0.35%	MSCI ACWI ex-U. S.		PS	CF
国际全市场	SPDR S&P World ex-U. S. ETF	GWL	0.60%	S&P/Citigroup BMI World ex-U. S.		PS	CF
国际全市场	Vanguard FTSE All World	VEU	0.25%	FTSE All World ex-U. S.		PS	CF
国际发达市场	iShares MSCI EAFE	EFA	0.35%	MSCI EAFE		PS	CF
国际发达市场成长	iShares MSCI EAFE Growth	EFG	0.40%	MSCI EAFE Growth		PS	CF
国际发达市场价值	iShares MSCI EAFE Value	EFV	0.40%	MSCI EAFE Value		PS	CF
国际发达市场大盘	BLDRs Developed Markets 100 ADR	ADR	0.30%	BNY Developed Markets 100 ADR		PA	CF
全球小盘	SPDR S&P International Small Cap	GWX	0.60%	S&P/Citigroup World Ex U. S. Small		PS	CF
区域市场	BLDRs Asia 50 ADR	ADRA	0.30%	BNY Asia 50 ADR		PA	CF
区域市场	BLDRs Europe 100 ADR	ADRU	0.30%	BNY Europe 100 ADR		PA	CF
区域市场	iShares MSCI EMU	EZU	0.54%	MSCI EMU		PS	CF
区域市场	iShares MSCI Pacific ex-Japan	EPP	0.50%	MSCI Pacific Free ex-Japan		PS	CF

续表

基准指数 ETF——全球、国际和区域基金							
类　别	ETF 名称	代 码	费 率	跟踪指数	策略箱	证券选择	证券权重
区域市场	iShares MSCI United Kingdom	EWU	0.54%	MSCI United Kingdom		PS	CF
区域市场	iShares S&P Europe 350	IEV	0.60%	S&P Europe 350		PS	CF
区域市场	iShares S&P Latin America 40	ILF	0.50%	S&P Latin America 40		PS	CF
区域市场	DJ EURO STOXX 50 ETF	FEZ	0.33%	Dow Jones EURO STOXX 50		PA	CF
区域市场	Vanguard MSCI European	VGK	0.18%	MSCI European		PA	CF
区域市场	Vanguard MSCI Pacific	VPL	0.18%	MSCI Pacific		PA	CF
新兴市场	BLDRs Emerging Markets 50 ADR	ADRE	0.30%	BNY Emerging Markets 50 ADR		PA	CF
新兴市场	Claymore/BNY BRIC ETF	EEB	0.60%	BNY BRIC Select ADR		PA	CF
新兴市场	iShares MSCI Emerging Markets	EEM	0.75%	MSCI Emerging Markets		PS	CF
新兴市场	SPDR S&P Emerging Markets	GMM	0.60%	S&P/Citi BMI Emerging Markets		PS	CF
新兴市场	Vanguard Emerging Markets	VWO	0.30%	MSCI Emerging Markets		PS	CF
区域新兴市场	SPDR S&P Emerging Latin America	GML	0.60%	S&P/Citi BMI Latin America		PS	CF
区域新兴市场	SPDR S&P Emerging Middle East and Africa	GAF	0.60%	S&P/Citi BMI Middle East & Africa		PS	CF
区域新兴市场	SPDR S&P Emerging Europe	GUR	0.60%	S&P/Citigroup BMI Europe		PS	CF
区域新兴市场	SPDR S&P Emerging Asia Pacific	GMF	0.60%	S&P/Citigroup BMI Asia Pacific		PS	CF
	基准指数 ETF 费率中位数		0.50%				

续表

基准指数 ETF——国家基金							
类 别	ETF 名称	代 码	费 率	跟踪指数	策略箱	证券选择	证券权重
发达国家市场	iShares MSCI Australia	EWA	0.59%	MSCI Australia		PS	CF
发达国家市场	iShares MSCI Austria	EWO	0.54%	MSCI Austria		PS	CF
发达国家市场	iShares MSCI Belgium	EWK	0.54%	MSCI Belgium		PS	CF
发达国家市场	iShares MSCI Canada	EWC	0.59%	MSCI Canada		PS	CF
发达国家市场	iShares MSCI France	EWQ	0.54%	MSCI France		PS	CF
发达国家市场	iShares MSCI Germany	EWG	0.54%	MSCI Germany		PS	CF
发达国家市场	iShares MSCI Italy	EWI	0.54%	MSCI Italy		PS	CF
发达国家市场	iShares MSCI Japan	EWJ	0.59%	MSCI Japan		PS	CF
发达国家市场	iShares MSCI Netherlands	EWN	0.54%	MSCI Netherlands		PS	CF
发达国家市场	iShares MSCI Singapore	EWS	0.59%	MSCI Singapore		PS	CF
发达国家市场	iShares MSCI Spain	EWP	0.54%	MSCI Spain		PS	CF
发达国家市场	iShares MSCI Sweden	EWD	0.54%	MSCI Sweden		PS	CF

续表

基准指数 ETF——国家基金							
类 别	ETF 名称	代 码	费 率	跟踪指数	策略箱	证券选择	证券权重
发达国家市场	iShares MSCI Switzerland	EWL	0.54%	MSCI Switzerland		PS	CF
发达国家市场	iShares S&P TOPIX 150	ITF	0.50%	S&P/Tokyo Stock Price Index 150		PS	CF
发达国家市场	DJ STOXX 50	FEU	0.33%	Dow Jones STOXX 50		PA	CF
发达国家市场	SPDR Russell/Nomura Prime Japan	JPP	0.50%	Russell/Nomura PRIME		PS	CF
发达国家小盘	SPDR Russell/Nomura Small Cap Japan	JSC	0.55%	Russell/Nomura Japan Small Cap		PS	CF
新兴市场	PowerShares Golden Dragon Halter USX China	PGJ	0.60%	Halter USX China		PS	CF
新兴市场	SPDR S&P China	GXC	0.60%	S&P/Citigroup BMI China		PS	CF
新兴市场	iShares FTSE/Xinhua China 25 Index	FXI	0.74%	FTSE/Xinhua China 25		PS	CF
新兴市场	iShares MSCI Brazil	EWZ	0.74%	MSCI Brazil		PS	CF
新兴市场	iShares MSCI Malaysia	EWM	0.59%	MSCI Malaysia		PS	CF
新兴市场	iShares MSCI Mexico	EWW	0.59%	MSCI Mexico		PS	CF
新兴市场	iShares MSCI South Africa	EZA	0.74%	MSCI South Africa		PS	CF
新兴市场	iShares MSCI South Korea	EWY	0.74%	MSCI South Korea		PS	CF
新兴市场	Market Vectors—Russia ETF	RSX	0.69%	DAXglobal Russia+Index		PA	CF
	基准指数国家 ETF 费率中位数		0.59%				

续表

策略指数 ETF——全球、国际、区域和国家基金							
类　别	ETF 名称	代 码	费 率	跟踪指数	策略箱	证券选择	证券权重
国际全市场	Claymore/Robeco Developed Int'l Equity	EEN	0.65%	Robeco Dev. International Equity		QM	CF
国际发达市场价值	WisdomTree DEFA Fund	DWM	0.48%	WisdomTree DEFA		SF	FD
国际发达市场价值	WisdomTree DEFA High Yield Equity Fund	DTH	0.58%	WisdomTree DEFA High Yield		SF	FD
国际发达市场价值	WisdomTree International Dividend Top 100	DOO	0.58%	WisdomTree Int'l Dividend Top 100		SF	FD
国际发达市场价值	PowerShares International Dividend Achievers	PID	0.50%	International Dividend Achievers		SF	FD
国际发达市场价值	WisdomTree International Large Cap Dividend	DOL	0.48%	WisdomTree Int'l Large Cap Dividend		SF	FD
国际发达市场价值	WisdomTree International Mid Cap Dividend	DIM	0.58%	WisdomTree Int'l Mid Cap Dividend		SF	FD
国际发达市场价值	WisdomTree International Small Cap Dividend	DLS	0.58%	WisdomTree Int'l Small Cap Dividend		SF	FD
区域价值	WisdomTree Pacific ex-Japan High Yield Equity Fund	DNH	0.58%	WisdomTree Pacific ex-Japan High Yield Equity		SF	FD

续表

策略指数ETF——全球、国际、区域和国家基金							
类　别	ETF名称	代码	费率	跟踪指数	策略箱	证券选择	证券权重
区域成长	WisdomTree Pacific ex-Japan Total Dividend	DND	0.48%	WisdomTree Pacific ex-Japan Total Dividend		SF	FD
区域成长	WisdomTree Europe High Yield Equity Fund	DEW	0.58%	WisdomTree Europe High Yield Equity		SF	FD
区域小盘价值	WisdomTree Europe Small Cap Dividend	DFE	0.58%	WisdomTree Europe Small Cap Dividend		SF	FD
区域价值	WisdomTree Europe Total Dividend	DEB	0.48%	WisdomTree Europe Total Dividend		SF	FD
国家小盘	WisdomTree Japan High Yield Equity Fund	DNL	0.58%	WisdomTree Japan High Yield Equity		SF	FD
国家小盘价值	WisdomTree Japan Small Cap Dividend	DFJ	0.58%	WisdomTree Japan Small Cap Dividend		SF	FD
国家价值	WisdomTree Japan Total Dividend	DXJ	0.48%	WisdomTree Japan Total Dividend		SF	FD
国家轮动	Claymore/Zacks Country Rotation	CRO	0.65%	Zacks Country Rotation		SF	FF
	策略指数ETF费率中位数		0.55%				

小　结

全球股市是一个动态投资领域。通过 ETF 获得国际股票的风险敞口,对投资者来说是有意义的。全球市场不仅提供了更多的证券选择,还提供了货币的多样化。

精明的投资者将对国际投资进行更深入的研究。可以查阅附录 B 中的 ETF 清单,以确保知晓每个 ETF 所跟踪的指数,从而就不会在投资组合中有多余的国家风险。跟踪不同区域和国家策略指数的 ETF 也是可选的。期待未来有更多的全球和国际 ETF。

第十二章　行业部门 ETF

行业部门 ETF 是一个动态的、不断成长的市场。追踪行业的 ETF 数量及覆盖的范围都在迅速扩大。随着世界变得更为平坦，越来越多的全球行业 ETF 正进入投资者的投资组合。

行业 ETF 有多种用途。第一个基本用途是填补其他投资产品不能满足的行业投资空白；第二个用途是增加在某个行业的风险敞口比重，以期获得超越市场基准指数的收益；第三个用途是利用该类基金对冲组合中某些股票过于集中而产生的风险，即通过做空某只行业 ETF 以减少投资组合在该行业的风险暴露。

无论投资者将行业部门 ETF 用于何种目的，都有大量的 ETF 产品可供选择。所有的 ETF 产品中有超过 1/4 是行业部门 ETF，这些基金管理的总资产约占全部 ETF 总资产的 10%。

房地产行业 ETF 是最受欢迎的行业部门 ETF 之一，有近 100 亿美元投资于少数美国房地产投资信托（REIT）ETF。美国道富环球投资（State Street Global Advisors，SSGA）于 2006 年推出了第一只国际房地产市场基金。标准普尔存托凭证（SPDR）道琼斯－威尔希尔全球房地产 ETF（代码：RWX）在短短 12 个月就吸引了超过 10 亿美元的资产。本章末尾有部分内容专门介绍房地产 ETF。

行业 ETF 的演变

发行最早且目前在市场中仍处于领先地位的一批行业 ETF 是 1998 年发行的“行业 SPDR”，该行业 ETF 系列将标准普尔 500 指数划分为 9 个部门。每只行业 SPDR（扣除费用和支出之前）都跟踪一个特定的行业部门指数。道富银行和信托公司是该信托的管理人和托管人，SSGA 基金管理公司担任该信托的顾问。行业部门指数由美国证券交易所每日计算更新。

很多公司追随道富在行业部门 ETF 领域的成功路径，几家公司还发行了全球行业部门 ETF 以跟踪全球行业走势。一些 ETF 公司发布了基于产品的策略指数，其目标是跑赢行业部门指数。PowerShares 公司是策略指数行业 ETF 的领头羊，发行了一系列采用量化方法和基本面加权方法的 ETF 产品。然而，另一些公司也不甘落后。智慧树公司发布了分红加权的行业指数，Rydex 和道富发行了等权行业 ETF，第一信托公司推出了定量加权的 Alpha DEX 系列指数，直接与 PowerShares 展开针锋相对的竞争。

行业部门划分

股票市场由数以千计的公司组成，如果没有对股票进行有序分类，那么股票市场看起来将会是一个由名称和代码组成的泥沼。按公司的业务对其进行分类是一种合乎逻辑的方法。对市场中的行业进行分类，可以让投资者研究市场经济，并且在预期资本向热点行业流动时及时对热门行业押注。

在激烈的竞争中，指数提供商以不同的方法对行业进行细分，以突出其产品与众不同之处。然而，这些分类方法并没有实质性区别。所有的指数提供商都提供 10 个左右的股票行业分组，并且每个分组的成分都相当稳定。

新技术催生出了许多新业务，并且这些新业务所需的部分融资来自普通股发行。在证券交易所新上市的一些公司，催生出了新的行业部门或子行业。与此同时，一些旧的行业正在逐渐消失。因此，行业部门的划分体系正在不断地演化。

全球行业分类标准

2000 年，摩根士丹利国际投资（MSCI）联合标准普尔推出了全球行业分类标准（GICS）。目前，全球有 34 000 多家公开上市交易的公司是按 GICS 方法进行分类和维护的。这种分类系统依据 10 个部门、24 个行业组、67 个行业和 147 个子行业对各指数的股票进行分类。MSCI 已创建了数千个全球行业指数，这些指数覆盖了各个层级的行业类别，并使用了全球各个经济区域和国家的指数数据。因此，市场中可用于创建 ETF 的指数并不缺。

以下是 GICS 分类系统中的 10 个部门与相应的行业、子行业：

1. 原材料：金属、采矿、林业和纸制品、化学制品。

2. 非必需消费品：汽车、汽车零配件、零售、休闲设备与用品、住宅、媒体。

3. 必需消费品：食品与药品零售、烟草、家用产品。

4. 能源：能源设备与服务，石油与天然气勘探、精炼、存储。

5. 金融：银行业、金融服务、房地产投资信托、保险业。

6. 医疗保健：医疗保健技术、医疗保健设备与用品、制药、生物科技。

7. 工业：资本货物、建筑、航空航天、国防、运输。

8. 信息技术：硬件、软件、通信设备、信息技术服务。

9. 电信服务：固定线路电信业务、无线电信业务、综合电信业务。

10. 公用事业：电力、天然气、水、复合型公用事业。

行业 SPDR 系列 ETF 将标准普尔 500 指数根据 GICS 进行了划分，共有 9 只 SPDR 代表了 10 个 GICS 行业部门。信息技术和电信服务两个部门共同由技术 SPDR 代表。

先锋行业部门 ETF 同样使用 GICS。根据该标准，MSCI 美国可投资市场 2500 指数被划分为不同的部门。由于比标准普尔 500 指数多包含了 2 000 多只股票，先锋部门指数系列 ETF 涵盖了更多的中盘股和小盘股。

先锋美国行业 ETF 和 SPDR 的一个区别在于，先锋 ETF 是依据《1940 年投资公司法》构建的。这使得先锋 ETF 在管理过程中可以对所跟踪指数的成分股进行抽样，而无需如 SPDR 那样必须完全复制所跟踪指数的成分股。然而，这也会导致出现更多的指数跟踪误差。

安硕全球行业部门系列 ETF 以标准普尔全球 1200 指数的 GICS 行业子集作为跟踪基准，覆盖了全球股票市场 70%的市值。该指数是同摩根士丹利合作建立的流通市值加权型指数。标准普尔全球 1200 指数涵盖了全球股票市场 70%的市值，由美国标准普尔 500 指数和另外 5 个非美国指数构成：标准普尔欧洲 350 指数、标准普尔/TOPIX 150 指数（日本）、标准普尔/TSX 60 指数（加拿大）、标准普尔亚太 100 指数以及标准普尔拉美 40 指数。

行业分类基准

道琼斯指数和富时推出了一个名为“行业分类基准”（ICB）的行业分类系统，同 GICS 分类系统展开竞争。该系统由 ICB 全数据库提供支持，此数据库包含来自富时和道琼斯指数的成分证券，覆盖全球范围内超过 40 000 家公司和 45 000 多种证券标的。ICB 涵盖了全球广泛的股票种类，并根据公司的营业收入而非盈利因素对其分类。

ICB 的分类结构包含了 10 个行业、18 个大部门、39 个部门以及 104 个子部门。虽然 ICB 中的很多分类名称与 GICS 中的相同，但是其次序不同。ICB 所称的行业在 GICS 中则被称为部门，而 ICB 中的大部门在 GICS 中被称为行业组。另一个区别在于子部门的划分，例如，航空运输在 ICB 下被归入客户服务子部门，而在 GICS 下被归入运输行业。

巴克莱全球投资(BGI)基于 ICB 系统发行了 22 只安硕行业部门 ETF,其中 10 只基金分别跟踪 10 个主要的 ICB 行业,其余的基金则以大部门、部门和子部门为基准。

晨星部门方法

晨星公司提出了第三种行业分类方法,根据公司收入的主要来源对其进行分类,以反映公司基础业务活动的特征。每家公司都根据其主营业务被归入 129 个晨星行业之一。这 129 个行业又被分为 12 个部门,12 个部门被归入 3 个大部门:信息经济、服务经济和制造经济。

这 3 个大部门的划分目的是为了模拟经济演变的过程,经济体已经从依赖实物产品制造,逐渐向服务业转移,并引发信息产业的成长。指数成分是根据自由流通市值进行加权,这里的自由流通市值是指剔除了交易受限的大股东股份后,剩余可以进行投资的自由流通股份。克莱默公司已经向美国证券交易委员会申请发行基于晨星信息经济、服务经济和制造经济 3 种指数的 ETF。截至本书撰写之日,这些基金仍在审批过程中,尚未公布基金代码与管理费率等信息。可查阅本章末尾和附录 B 中所列数据库,获知这些基金的最新状态。

美林 HOLDRS

2000 年初,美林推出了一系列被称为 HOLDRS 的单位投资信托。每只 HOLDRS 最初包含 20 只基于 GICS 且使用 MSCI 行业指数选出的大盘股,但这些大成分股在信托期限内是固定的。HOLDRS 的成分并不会像指数成分那样更新。最初 HOLDRS 成分股都是等权的,后来允许采用市值加权。HOLDRS 并没有定期调仓操作。此外,投资者应该注意以下几个 HOLDRS 的独特属性:

- 个人投资者可以将 100 个单位的 HOLDRS 提交并换回相应的成分股。这样,投资者可以出售其中某只特定的股票,而不是整只基金。
- HOLDRS 投资者享有基金成分股所对应的投票权。这意味着投资者投资一种 HOLDRS 将每年收到 20 份公司年报以及表决委托书。

● HOLDRS 没有管理费，但每年按每 100 单位信托 2 美元的标准收取托管费，用成分股的分红支付给纽约银行。

行业策略指数

相对于传统的市值加权行业指数，行业策略指数 ETF 的加权方法差异很大，有等权也有定量加权。市场上存在类似 HOLDRS 的 ETF，仅在起始时进行一次选股，采用等权方法，然后一直持有这些选出的成分股并保持不动。

Rydex 创建了一系列跟踪标准普尔等权行业指数的 ETF，其成分覆盖了标准普尔 500 指数的股票。这些指数的成分与特定行业 SPDR ETF 相同。但是，不同的是 SPDR ETF 成分股是以市值加权，而 Rydex 标准普尔等权行业 ETF 的成分股是采用平均加权。市值加权的 SPDR ETF 每年收取 0.24%的管理费，而平均加权的 Rydex ETF 收取的管理费则为前者的两倍以上，每年为 0.5%。

标准普尔针对某些细分行业，发布了一系列等权行业细分指数，并授权道富发行对应的 ETF 产品。这些指数捕捉到了标准普尔行业指数尚未覆盖的细分行业，包括生物技术、房屋建设和半导体等。这些细分行业 SPDR ETF 的管理费为每年 0.35%。

2007 年，智慧树引入了一系列国际行业 ETF，开启了行业策略指数的国际化。智慧树基于股票分红筛选股票，并根据分红水平对成分股进行加权。这一筛选策略使得智慧树国际行业 ETF 呈现出很强的价值偏好。

PowerShares 发行了近 40 只行业 ETF。这些 ETF 中的一个系列使用了定量方法，另几个系列使用了基本面加权方法。

PowerShares 动态行业部门投资组合系列是基于 AMEX 动态 Intellidex 系列指数。AMEX 根据多维度投资价值标准对公司进行评估，其中包括基本面、股票估值、投资和风险因素。所选出的股票被认为有很大的升值潜力。对指数成分采用了改进型平均加权方法，高市值的股票相对于低市值的股票有一个相对更大的固定权重。

第一信托 AlphaDEX ETF 系列是不断壮大的以击败市场基准收益为目标的量化 ETF 中的新进入者。该基金使用 AMEX StrataQuant 模型对罗素 1000 指数中的成分股根据多个成长和价值因素进行评价和排序。排名最后的 25%的股票被剔除，前 75%则被纳入 StrataQuant 行业指数。指数成分按四分位分组，每一分位中的成分权重相等，不过采用的是修正等权方法。排名前 1/4 的股票比排名在 1/4～1/2 的股票有更大的权重，排名在 1/4～1/2 的股票比排名在 1/2～3/4 的股票有更大的权重。目前市场上共有 9 只第一信托 AlphaDEX 行业 ETF。

一些专注于细分行业的 ETF 如此严苛，以至于只有数量极少的成分股符合标准。在这种情况下，基金公司可以对每只股票在投资组合中所占的最大权重加以限制，使得单只股票的权重不会对投资组合起到决定性的影响。通常对单只股票的最大权重限制为指数的 5%～10%。

房地产投资信托(REIT)ETF

25 年前，投资房地产业的唯一途径是购买完全或部分产权。如今，你可以通过购买一只跟踪房地产投资信托指数的 ETF，构建商业房地产投资组合。REIT 代表了对一组不动产的间接所有权。你实际上拥有了一家上市房地产公司的一小部分所有权，该房地产公司的经营目的为收购与管理商业房地产。房地产公司选择或建造房产、寻找房产承租人、收取房租并将收益分给股份持有人。

REIT 有独特的税负优势。只要房地产管理公司将 90%的收益发放给股份持有人，并且公司至少 75%的收入来自房租、抵押贷款和房产销售，那么支付给股份持有人的分红部分无需缴纳企业所得税。这里还有一个提醒，由于投资者分红收入并不在房地产公司层面纳税，因此，大多数由 REIT ETF 支付的分红都被算作投资者的一般性收入并进行课税，这意味着 REIT ETF 的分红所得税率比纯股票型 ETF 的分红所得税率更高。

在大多数时期，REIT 为投资组合提供了多元化收益。在投资组合中加入 REIT，从长期看可以降低投资组合风险并提高收益。这是因为 REIT、股票和债券之间的回报相关性较低。有关投资组合管理的详细信息，包括有关 REIT 收益的数据，请阅读理查德·费里的著作《资产配置宝典》(*All About Asset Allocation*，2005)。

先锋 REIT ETF(代码：VNQ)以 MSCI 美国 REIT 指数为基准。该指数创设的目的是为了表现 REIT 广阔市场的走势，代表了 85%的美国 REIT。其成分由 MSCI 美国可投资市场 2500 指数的成分组成，剔除了部分特定股票 REIT，这部分 REIT 的主要收入来源并非是房地产租赁业务。MSCI 美国 REIT 指数包含了约 100 家公司，剔除了主营住房抵押或综合经营房产与住房抵押的 REIT。

安硕道琼斯美国房地产基金以道琼斯美国房地产指数为基准。该指数代表了美国房地产证券市场，目前包含约 93 家公司，覆盖了道琼斯美国全市场指数中房地产行业成分股。尽管美国房地产指数大部分由 REIT 组成，但也包含了房地产运营公司(REOC)，而 REOC 则是企业所得税纳税主体。REOC 不必像房地产投资信托那样将 90%的收益分配给股份持有人，并可以将这些收益再投资于更多的项目。道琼斯一威尔希尔 REIT ETF(代码：RWR)以道琼斯一威尔希尔 REIT 指数为基准。该指数旨在衡量上市交易的 REIT，目前包含了 85 家公司。道琼斯一威尔希尔 REIT 指数不包含医疗保健 REIT 或 REOC。

SPDR 道琼斯一威尔希尔国际房地产(代码：RWX)不仅仅是国际 REIT，它还跟踪代表商业与住宅房地产所有权和运营的所有房地产证券，包括 REOC。其对应的指数使用自由流通市值加权方法，衡量了除美国以外的全球市场公开交易房地产证券的表现。RWX 很受投资者追捧，发行后的 6 个月内便募集到了 10 亿美元的资产。

特定的 REIT 指数

BGI在2006年发行了3只安硕 REIT ETF,使投资者可以将美国权益 REIT 市场划分为不同的子市场。投资者现在可以在 REIT 市场的不同子市场进行投资配置,以获取更好的回报或降低风险。这些基金的成分来自按市值加权的全市场指数、富时国际房地产投资信托协会(NAREIT)综合指数。子市场是住宅(公寓)、工业/办公地产和零售业地产(包括商场)。

第一只跟踪 REIT 策略指数的 ETF 是 Cohen & Steers Realty Majors 指数。跟踪该指数的基金是安硕 Cohen & Steers Realty Majors 基金(代码:ICF)。成分证券由 Cohen & Steers 投资委员会根据每只证券的管理情况、投资组合质量、房地产部门和地理位置分散度等因素选取。目前该指数包含了30只 REIT,使用受限自由流通市值加权。单只证券的权重不能超过指数的8%。

智慧树国际房地产部门基金(代码:DRW)根据房地产公司分红的现金价值这一因素对股票进行选择与加权。澳大利亚、中国香港和日本都被赋予了高权重。ETF 中有三分之一的仓位对欧洲国家进行了配置。

行业 ETF 的部分列表

表12.1是存续时间较长的行业基准和策略指数 ETF 的部分列表,是从大量的行业 ETF 中抽取的具有代表性的样本。由于空间限制并且每年都有新的行业 ETF 发行,这并不是一个完整的列表。如果希望获取完整的行业 ETF 列表,包括指数构造策略箱数据,可以访问 www.theetfbook.com 和 www.etfguide.com;也可以通过访问 www.indexuniverse.com、www.morningstar.com 和附录B中提供的资源,获取更多有关行业 ETF 的信息。

表12.1分为三个部分。第一部分包含了基准指数类型 ETF,第二部

分是策略指数类型 ETF,第三部分为 REIT ETF。

附录 A 是表 12.1 中用于每个指数的证券选择和加权方法的缩略语指南。ETF 公司提供的基金募集说明书中的信息,是了解基金证券选择和加权方法的最佳途径。

小　结

投资者在投资行业 ETF 时有诸多选择。这些 ETF 涵盖了多种多样的指数策略,包括基准指数与策略指数,并且覆盖了美国市场与全球市场。

行业部门 ETF 有多种用途,既可以用于填补投资组合中某些行业的空白,增加预期表现优异的行业部门的持仓敞口,也可以通过卖空操作来减少投资组合对某个行业的敞口。REIT ETF 对于投资组合的分散化极为有用,因为它的基础运行结构和担保显著地区别于普通股票与债券。

指数提供商以不同的方式划分市场。两种主要的行业划分方法是全球行业分类标准(GICS)和行业分类基准(ICB)。这两种方法的相似之处多于不同之处。如果你准备投资行业部门 ETF,那么最好选择使用同一行业分类标准的 ETF。因为在同一行业分类标准下,可以确保你所持有的不同行业 ETF 成分股不会发生重叠。

有大量的公司提供行业策略指数 ETF 产品。一些基金只是标准普尔 500 行业指数的等权版本;另一些基金则为定量型指数 ETF,以击败被动选择型市场基准指数为目的。策略指数 ETF 是否能跑赢被动选择型指数 ETF 还有待时间来证明,尤其是策略指数基金还要求支付更高的管理费。

表 12.1　　行业 ETF 列表

市场基准指数 ETF——部门与行业							
类　别	ETF 名称	代 码	费 率	跟踪指数	策略箱	证券选择	证券权重
非必需消费品	Consumer Discretionary Select Sector SPDR	XLY	0. 24%	S&P 500 Industry Sector		PA	CF
必需消费品	Consumer Staples Select Sector SPDR	XLP	0. 24%	S&P 500 Industry Sector		PA	CF
能源业	Energy Select Sector SPDR	XLE	0. 24%	S&P 500 Industry Sector		PA	CF
金融业	Financial Select Sector SPDR	XLF	0. 24%	S&P 500 Industry Sector		PA	CF
医疗保健	Health Care Select Sector SPDR	XLV	0. 24%	S&P 500 Industry Sector		PA	CF
工业	Industrial Select Sector SPDR	XLI	0. 24%	S&P 500 Industry Sector		PA	CF
原材料业	Materials Select Sector SPDR	XLB	0. 24%	S&P 500 Industry Sector		PA	CF
科技	Technology Select Sector SPDR	XLK	0. 24%	S&P 500 Industry Sector		PA	CF
公用事业	Utilities Select Sector SPDR	XLU	0. 24%	S&P 500 Industry Sector		PA	CF
非必需消费品	Vanguard Consumer Discretionary ETF	VCR	0. 25%	MSCI U. S. Investable Market		PA	CF
必需消费品	Vanguard Consumer Staples ETF	VDC	0. 25%	MSCI U. S. Investable Market		PA	CF
能源业	Vanguard Energy ETF	VDE	0. 25%	MSCI U. S. Investable Market		PA	CF

续表

市场基准指数 ETF——部门与行业							
类 别	ETF 名称	代 码	费 率	跟踪指数	策略箱	证券选择	证券权重
金融业	Vanguard Financials ETF	VFH	0.25%	MSCI U.S. Investable Market		PA	CF
医疗保健	Vanguard Health Care ETF	VHT	0.25%	MSCI U.S. Investable Market		PA	CF
工业	Vanguard Industrials ETF	VIS	0.25%	MSCI U.S. Investable Market		PA	CF
信息技术	Vanguard Information Technology ETF	VGT	0.25%	MSCI U.S. Investable Market		PA	CF
原材料业	Vanguard Materials ETF	VAW	0.25%	MSCI U.S. Investable Market		PA	CF
电信业	Vanguard Telecommunications ETF	VOX	0.25%	MSCI U.S. Investable Market		PA	CF
公用事业	Vanguard Utilities ETF	VPU	0.25%	MSCI U.S. Investable Market		PA	CF
航空/国防	iShares Dow Jones U.S. Aerospace & Defense	ITA	0.48%	Dow Jones U.S. Select		PS	CF
基础原料	iShares Dow Jones U.S. Basic Materials	IYM	0.48%	Dow Jones U.S. Select		PS	CF
消费品	iShares Dow Jones U.S. Consumer Goods	IYK	0.48%	Dow Jones U.S. Select		PS	CF
消费者服务	iShares Dow Jones U.S. Consumer Services	IYC	0.48%	Dow Jones U.S. Select		PS	CF
能源业	iShares Dow Jones U.S. Energy	IYE	0.48%	Dow Jones U.S. Select		PS	CF

续表

市场基准指数 ETF——部门与行业

类 别	ETF 名称	代 码	费 率	跟踪指数	策略箱	证券选择	证券权重
金融业	iShares Dow Jones U. S. Financial	IYF	0. 48%	Dow Jones U. S. Select		PS	CF
医疗保健	iShares Dow Jones U. S. Health Care	IYH	0. 48%	Dow Jones U. S. Select		PS	CF
工业	iShares Dow Jones U. S. Industrials	IYJ	0. 48%	Dow Jones U. S. Select		PS	CF
科技	iShares Dow Jones U. S. Technology	IYW	0. 48%	Dow Jones U. S. Select		PS	CF
电信业	iShares Dow Jones U. S. Telecommunications	IYZ	0. 48%	Dow Jones U. S. Select		PS	CF
运输业	iShares Dow Jones U. S. Transportation	IYT	0. 48%	Dow Jones U. S. Select		PS	CF
公用事业	iShares Dow Jones U. S. Utilities	IDU	0. 48%	Dow Jones U. S. Select		PS	CF
全球必需消费品	iShares S&P Global Consumer Discretionary	RXI	0. 48%	S&P Global Industry Sector		PS	CF
全球消费服务	iShares S&P Global Consumer Staples	KXI	0. 48%	S&P Global Industry Sector		PS	CF
全球能源业	iShares S&P Global Energy	IXC	0. 48%	S&P Global Industry Sector		PS	CF
全球金融业	iShares S&P Global Financials	IXG	0. 48%	S&P Global Industry Sector		PS	CF
全球医疗保健	iShares S&P Global Health Care	IXJ	0. 48%	S&P Global Industry Sector		PS	CF
全球工业	iShares S&P Global Industrials	EXI	0. 48%	S&P Global Industry Sector		PS	CF

续表

市场基准指数 ETF——部门与行业							
类别	ETF 名称	代码	费率	跟踪指数	策略箱	证券选择	证券权重
全球原材料业	iShares S&P Global Materials	MXI	0.48%	S&P Global Industry Sector		PS	CF
全球科技	iShares S&P Global Technology	IXN	0.48%	S&P Global Industry Sector		PS	CF
全球电信业	iShares S&P Global Telecommunications	IXP	0.48%	S&P Global Industry Sector		PS	CF
全球公用事业	iShares S&P Global Utilities	JXI	0.48%	S&P Global Industry Sector		PS	CF
企业对企业	B2B HOLDRS	BHH	0.00%	None—Large Stocks in 2000		PB	CA
互联网	Internet HOLDRS	HHH	0.00%	None—Large Stocks in 2000		PB	CA
制药业	Pharmaceutical HOLDRS	PPH	0.00%	None—Large Stocks in 2000		PB	CA
地区银行	Regional Bank HOLDRS	RKH	0.00%	None—Large Stocks in 2000		PB	CA
零售业	Retail HOLDRS	RTH	0.00%	None—Large Stocks in 2000		PB	CA
半导体业	Semiconductor HOLDRS	SMH	0.00%	None—Large Stocks in 2000		PB	CA
电信业	Telecom HOLDRS	TTH	0.00%	None—Large Stocks in 2000		PB	CA
公用事业	Utilities HOLDRS	UTH	0.00%	None—Large Stocks in 2000		PB	CA
无线	Wireless HOLDRS	WMH	0.00%	None—Large Stocks in 2000		PB	CA
	基准指数 ETF 平均费率		0.37%				

续表

策略指数 ETF——部门与行业							
类 别	ETF 名称	代 码	费 率	跟踪指数	策略箱	证券选择	证券权重
非必需消费品	Rydex S&P Equal Weight Consumer Discretionary	RCD	0.50%	Equal Weight S&P 500		PA	XE
必需消费品	Rydex S&P Equal Weight Consumer Staples	RHS	0.50%	Equal Weight S&P 500		PA	XE
能源业	Rydex S&P Equal Weight Energy	RYE	0.50%	Equal Weight S&P 500		PA	XE
金融业	Rydex S&P Equal Weight Financial Services	RYF	0.50%	Equal Weight S&P 500		PA	XE
医疗保健	Rydex S&P Equal Weight Health Care	RYH	0.50%	Equal Weight S&P 500		PA	XE
工业	Rydex S&P Equal Weight Industrials	RGI	0.50%	Equal Weight S&P 500		PA	XE
原材料业	Rydex S&P Equal Weight Materials	RTM	0.50%	Equal Weight S&P 500		PA	XE
科技	Rydex S&P Equal Weight Technology	RYT	0.50%	Equal Weight S&P 500		PA	XE
公用事业	Rydex S&P Equal Weight Utilities	RYU	0.50%	Equal Weight S&P 500		PA	XE
住房建设	SPDR S&P Home Builders	XHB	0.35%	Equal Weight S&P Total Market		PA	XE
石油与天然气勘探开采	SPDR S&P Oil and Gas Exploration and Production	XOP	0.35%	Equal Weight S&P Total Market		PA	XE
生物科技	SPDR S&P Biotech	XBI	0.35%	Equal Weight S&P Total Market		PA	XE

续表

策略指数 ETF——部门与行业							
类　别	ETF 名称	代 码	费 率	跟踪指数	策略箱	证券选择	证券权重
制药业	SPDR S&P Pharmaceuticals	XPH	0.35%	Equal Weight S&P Total Market		PA	XE
金属矿开采	SPDR S&P Metals and Mining	XME	0.35%	Equal Weight S&P Total Market		PA	XE
半导体业	SPDR S&P Semiconductor	XSD	0.35%	Equal Weight S&P Total Market		PA	XE
基础原料	PowerShares FTSE RAFI Basic Materials	PRFM	0.60%	FTSE RAFI Industry Sector		PA	FF
消费品	PowerShares FTSE RAFI Consumer Goods	PRFG	0.60%	FTSE RAFI Industry Sector		PA	FF
消费服务	PowerShares FTSE RAFI Consumer Services	PRFS	0.60%	FTSE RAFI Industry Sector		PA	FF
能源业	PowerShares FTSE RAFI Energy	PRFE	0.60%	FTSE RAFI Industry Sector		PA	FF
金融业	PowerShares FTSE RAFI Financials	PRFF	0.60%	FTSE RAFI Industry Sector		PA	FF
医疗保健	PowerShares FTSE RAFI Health Care	PRFH	0.60%	FTSE RAFI Industry Sector		PA	FF
工业	PowerShares FTSE RAFI Industrials	PRFN	0.60%	FTSE RAFI Industry Sector		PA	FF
电信与科技	PowerShares FTSE RAFI Telecom & Tech	PRFQ	0.60%	FTSE RAFI Industry Sector		PA	FF
公用事业	PowerShares FTSE RAFI Utilities	PRFU	0.60%	FTSE RAFI Industry Sector		PA	FF
基础原料	PowerShares Dynamic Basic Materials	PYZ	0.60%	AMEX Intellidex Index		QM	XM

续表

策略指数 ETF——部门与行业							
类　别	ETF 名称	代 码	费 率	跟踪指数	策略箱	证券选择	证券权重
消费品	PowerShares Dynamic Consumer Discretionary	PEZ	0.60%	AMEX Intellidex Index		QM	XM
消费服务	PowerShares Dynamic Consumer Staples	PSL	0.60%	AMEX Intellidex Index		QM	XM
能源业	PowerShares Dynamic Energy	PXI	0.60%	AMEX Intellidex Index		QM	XM
金融业	PowerShares Dynamic Financials	PFI	0.60%	AMEX Intellidex Index		QM	XM
医疗保健	PowerShares Dynamic Health Care	PTH	0.60%	AMEX Intellidex Index		QM	XM
工业	PowerShares Dynamic Industrials	PRN	0.60%	AMEX Intellidex Index		QM	XM
科技	PowerShares Dynamic Technology	PTF	0.60%	AMEX Intellidex Index		QM	XM
电信业	PowerShares Dynamic Telecom & Wireless	PTE	0.60%	AMEX Intellidex Index		QM	XM
公用事业	PowerShares Dynamic Utilities	PUI	0.60%	AMEX Intellidex Index		QM	XM
基础原料	WisdomTree International Basic Materials	DBN	0.58%	WisdomTree DEFA Index		SF	FD
通信	WisdomTree International Communications	DGG	0.58%	WisdomTree DEFA Index		SF	FD
周期性消费	WisdomTree International Consumer Cyclical	DPC	0.58%	WisdomTree DEFA Index		SF	FD
非周期性消费	WisdomTree International Consumer Noncyclical	DPN	0.58%	WisdomTree DEFA Index		SF	FD

续表

策略指数 ETF——部门与行业							
类别	ETF 名称	代码	费率	跟踪指数	策略箱	证券选择	证券权重
能源业	WisdomTree International Energy	DKA	0.58%	WisdomTree DEFA Index		SF	FD
金融业	WisdomTree International Financials	DRF	0.58%	WisdomTree DEFA Index		SF	FD
医疗保健	WisdomTree International Health Care	DBR	0.58%	WisdomTree DEFA Index		SF	FD
工业	WisdomTree International Industrials	DDI	0.58%	WisdomTree DEFA Index		SF	FD
科技	WisdomTree International Technology	DBT	0.58%	WisdomTree DEFA Index		SF	FD
公用事业	WisdomTree International Utilities	DBU	0.58%	WisdomTree DEFA Index		SF	FD
必需消费品	First Trust Consumer Staples Alpha	FXG	0.70%	AMEX StrataQuant		QM	XM
科技	First Trust Technology AlphaDEX	FXL	0.70%	AMEX StrataQuant		QM	XM
金融业	First Trust Financials AlphaDEX	FXO	0.70%	AMEX StrataQuant		QM	XM
公用事业	First Trust Utilities AlphaDEX	FXU	0.70%	AMEX StrataQuant		QM	XM
原材料业	First Trust Materials AlphaDEX	FXZ	0.70%	AMEX StrataQuant		QM	XM
能源业	First Trust Energy AlphaDEX	FXN	0.70%	AMEX StrataQuant		QM	XM
医疗保健	First Trust Health Care AlphaDEX	FXH	0.70%	AMEX StrataQuant		QM	XM
	策略指数 ETF 平均费率		0.56%				

续表

REIT ETF							
类　别	ETF名称	代 码	费 率	跟踪指数	策略箱	证券选择	证券权重
美国 REIT	Vanguard REIT ETF	VNQ	0.12%	MSCI U.S. REIT		PA	CF
美国 REIT	Dow Jones Wilshire REIT ETF	RWR	0.25%	Dow Jones Wilshire REIT		PA	CF
美国 REIT	iShares Dow Jones U.S. Real	IYR	0.48%	Dow Jones U.S. Real Estate		PS	CF
美国 REIT	First Trust S&P REIT	FRI	0.50%	S&P REIT Composite Index		PA	CF
跨国 REIT	SPDR DJ Wilshire International Real Estate	RWX	0.59%	DJ Wilshire Ex-U.S. Real Estate Sector		PS	CF
美国分类 REIT	iShares FTSE NAREIT Residential	REZ	0.48%	FTSE NAREIT Residential		PS	CF
美国分类 REIT	iShares FTSE NAREIT Industrial/Office	FIO	0.48%	FTSE NAREIT Industrial/Office		PS	CF
美国分类 REIT	iShares FTSE NAREIT Retail	RTL	0.48%	FTSE NAREIT Retail		PS	CF
美国 REIT	iShares Cohen & Steers Realty Majors	ICF	0.35%	Cohen & Steers Realty		SM	CC
跨国 REIT	WisdomTree International Real Estate Sector Fund	DRW	0.58%	WisdomTree International Real Estate		SF	FD
	REIT ETF平均费率		0.43%				

第十三章　特定股票 ETF

ETF 领域还有一类很有意思的品种。这类 ETF 本质上是一些独特的投资策略，有时还会用一种有趣的语言来描述。比如，有些基金公司会声称“我们对环境友好”，有些声称“我们能确保您退休后有尊严地生活”，另一些则干脆说“我们已经发现了击败市场的新方法”。

无论这些基金传递的信息是什么，它们都与基准指数基金不同。每只特定 ETF 都会跟踪一个策略指数，而这便意味着更高的费用。特定 ETF 的费率是普通基准指数基金平均费率的 3 倍。尽管比其他类型的 ETF 费用高，但与普通主动管理型开放式共同基金相比，策略型 ETF 的管理费用通常只有其一半。

本章列举了几类特定 ETF，但仍有许多内容未提及，投资者可以访问 www. theetfbook. com 获取详细基金列表。这里讨论的特定基金包括主题基金、目标日期基金、主动型指数基金、杠杆贝塔基金和空头贝塔基金。

主题基金跟踪某些特定的投资题材，比如环保和公司治理。行业轮动基金试图通过把握经济周期中不同行业的股票轮动来超越基准，选取的股票来源于华尔街分析师的买入推荐清单。杠杆贝塔基金利用杠杆使得基金的收益双倍于市场的价格波动，而空头贝塔基金则使得基金的收益与市场走势负相关。

一些特定 ETF 虽然没有被贴上主动型基金的标签，但实际上它们接近于主动管理型指数基金（见第五章）。事实上，一些特定指数提供商的选股过程仅仅是基于主观。不过，从技术上来讲，这些 ETF 还是指数基金，因为它们是跟踪分析师指数的。

主题投资

主题投资跟随某些社会、经济、公司、人口或其他热点题材。当越来越多的人都相信某一主题并且投资该主题时，若指数中的题材公司从中受益，则资金流入最终将推动主题投资组合表现卓越。

主题投资是存在争议的。其拥护者认为，主题投资是一种有效的策略，因为它将证券标的都集中在一个仍被误解和低估的题材中。随着越来越多的投资者意识到这些证券的成长潜力并将资金转入该行业，所涉及的题材公司将表现出比平均水平更高的投资收益。而反对者则认为，所谓主题投资无非是一种吸引公众投资的营销伎俩，根本不是一种长期可行的投资策略。这些批评人士认为，这些基金的鼓吹通常为时已晚，投资者将遭受损失。

我们都还记得 20 世纪 90 年代后期的互联网泡沫。当时新技术层出不穷，一些激进风格的基金吸引了数十亿美元的投资。最终泡沫不可避免地破灭，无数个人投资者蒙受巨大损失。与此同时，很多共同基金管理公司默默地关停了高科技股基金，并寻求下一个市场风口。

在我看来，以上两种情况在主题投资中均有出现。毋庸置疑的是 ETF 行业里的确有些只顾追逐短期业绩的基金，仅仅是为了吸引快钱。市场中还是存在不少真正有吸引力的投资题材，具备长期投资价值。

接下来介绍的几只主题投资 ETF 将帮助投资者了解其投资策略。这些主题投资包括环境友好和清洁能源、社会责任、公司事件和跟踪公司动态。

环境友好和清洁能源 ETF

投资者现在非常热衷于投资环境保护和清洁能源相关题材的公司。

很多 ETF 公司围绕以上主题提供相应的投资产品。市场上出现了一些关注清洁水、清洁能源、清洁空气和环境友好的指数基金。指数提供商对该类主题指数的处理方式各异,因而投资者需要从自身的标准出发选择适合自己的指数。

清洁投资领域的领先者是 PowerShares 公司。2008 年,PowerShares WilderHill 清洁能源 ETF(代码:PBW)管理着约 10 亿美元资金。WilderHill 指数首先是定义和跟踪清洁能源领域的行业,挑选出受益于经济转向清洁能源和使用效率更高的能源储存技术的公司。该指数中的股票和行业权重,取决于指数成分公司商业政策和其他定量指标。指数中成分股权重是基于公司在清洁能源方面的承诺、新技术影响力和公司致力于污染治理的程度确定的。

克莱默/LGA 绿色 ETF(代码:GRN)跟踪光明绿色经济指数(Light Green Eco Index),这个指数从不同业务中寻找那些最符合环境保护趋势的上市公司。指数提供商推出的这个指数是一个分散化且具有流动性的股票组合,成分股来源广泛,代表了所有经济部门,在减少废物排放、清洁生产、污染和排放防治以及遵守环境相关法律方面都是行业的佼佼者。

范艾克全球资本管理公司(Van Eck Global)近来推出了市场向量——全球替代能源 ETF(代码:GEX),该基金跟踪 Ardour 全球指数。该基金产品包含 30 只股票,这些股票涉及替代能源生产的整条产业链,覆盖新能源(太阳能、风能、生物质能、水能和地热能)、环境保护技术、能源效率和节能技术等领域。

社会责任 ETF

投资者经常会面临这样的道德困境,即投资者所投资企业的产品或者商业模式与自己的道德标准相冲突。社会责任指数并非只是筛选公司,而是获取合适的投资目标风险敞口,同时排除尚未达到一定社会标准的公司,比如,一些筛选标准包括剔除烟草、酒精饮料和色情行业的公司。另外,还有一些社会责任指数可能扩展至劳工权益、人权,甚至动物权利。

想要投资这类指数的投资者,需要了解哪些行业被剔除出指数。他们也许会对社会责任有完全不同的理解。比如,大部分社会责任指数会剔除武器制造和国防军工公司的股票。作为一名已退伍的美国海军陆战队军官,我就反对指数提供商将国防工业这一保卫我们的家园、自由和社会的产业称为无社会责任。

不同的指数提供商对于社会责任的看法肯定是不同的,并且这些观点也在不断变化。读者要想了解更多有关社会责任指数的信息,包括每个指数提供商的过滤标准,可以访问 www. socialinvest. org。共同基金的筛选工具对投资者来说非常有用。

安硕 KLD 社会责任精选 ETF(代码:KLD)跟踪 KLD 社会责任指数。这个指数采用过滤选股法,先是从罗素 1000 指数中剔除烟草类股票。随后,指数提供商会通过社区关系、多样性、劳资关系、人权保护、产品质量及安全性、环境友好和公司治理等方面,对余下的公司进行社会责任和环境保护的评估,并根据上述因子的评估结果对公司进行排序。指数公司使用了一套优化算法来选择成分股和赋予权重。得分越高的公司权重越大,而得分低的公司则权重较低。

安硕 KLD 400 社会责任 ETF(代码:DSL)跟踪多米尼 400 社会责任指数(Domini 400 Social index)。该指数的编制方法是先将标准普尔 500 指数作为它的核心股票池,出于行业多样性和市值的考虑,再加入 100 只非标准普尔指数成分股的股票。此外,KLD 指数公司还挑选了 50 只股票放入指数中,它认为这 50 家公司具有典型的社会和环境标准属性。该指数过滤掉了酒、烟草、军火、博彩和核能类股票,军事任务承包商也被排除在外。那些不满足 KLD 基本面标准的股票也被剔除,财务指标包括市值、盈利、流动性、股票价格和权益负债率等。

公司事件 ETF

这里的公司事件是指公司董事会决定影响公司结构。如一家公司的董事会决定公司上市、两家公司的合并、合并过程中一家公司被私有化退市等。一些指数和 ETF 主要基于公司事件的动态变化。

第一信托的 IPOX-100 指数基金(代码:FPX)跟踪美国 IPOX-100 指数,这只基金的投资目标是希望在扣除费用和支出前尽可能复制这个指数的走势和收益状况。该指数用来衡量美国公司 IPO 之后前 1 000 个交易日内的业绩表现,采用的是基于一定规则按市值加权的方法。成分股的选择是基于专有的非公开定量筛选方法,而成分股的权重采用受限市值加权的方法,最高市值比例不超过 10%。如果不采用受限市值加权的方法,谷歌在指数中的权重将占据主导地位。

克莱默/克莱尔分拆 ETF(代码:SCD)投资于克莱默认为的潜在风险巨大但回报惊人的公司。该指数主要由近期从大公司剥离出来的小公司组成,由于这些公司更加专注于核心业务,可能有更好的市场表现。

PowerShares 回购达标 ETF(代码:PKW)跟踪股票回购达标指数,该指数的成分股包括在美国注册、在美国交易所上市,并且最近 12 个月内至少回购本公司 5%以上股票的公司。该指数每个季度再平衡一次,成分股一年调整一次。

另外,公司的内部人士会不断买卖自家的股票,股票期权到期前也常常行权。一些指数提供商跟踪这些交易行为,并且构建相关策略指数以供 ETF 投资之用。

克莱默/Sabrient 内幕人 ETF(代码:NFO)跟踪 Sabrient 内幕人情绪指数。这个指数的目标在于反映公司内部人士购买趋势(通过具体内部人士的公开申报确定),或者找出华尔街分析师预期盈利会出现增长的股票。

目标日期 ETF

市场上跟踪目标日期指数的基金产品日益增多。随着目标日期逐渐临近,指数中的资产配置将沿着一条固定的下滑路径进行调整,从而减少风险并保护资本。

2007 年,TD Ameritrade 首次推出了独立的 ETF 系列,根据投资期限的不同来分配投资资金。随着目标日期越来越近，这类基金能自动调整以适应更短的投资期限。投资期限越长，投资风险就越大。这些目标日期基金从 2010 年到 2040 年，每 10 年增加一档。这些投资组合起初比较保守，然后风格变得愈加激进。以下举例说明：

● TDX 独立 2010 ETF(代码：TDD)有一定资金配置在股票上，但随着 2010 年临近，配置将主要转移至固定收益类产品，以寻求资本保全。

● TDX 独立 2020 ETF(代码：TDH)一开始主要是配置股票资产，随着时间离 2020 年越来越近，投资组合越来越多地偏向固定收益类产品。

● TDX 独立 2030 ETF(代码：TDN)一开始几乎全部是股票资产，这种状态将持续整个基金生命周期的几乎一半时间，然后在组合中将逐步增加固定收益类产品。

● TDX 独立 2040 ETF(代码：TDV)存续时间最长，因此在美国国内股票和国际股票上的配置最为激进，以期获取资本增值。随着 2040 年的逐步临近，该基金会稳步提高配置中债券的比例。

● In-Target ETF(代码：TDX)主要配置债券类品种，以期实现资本保值。每过 5 年，这只基金会逐步增加股票敞口，直到达到某个相对保守的水平，然后一直维持在该水平。

上述这些 TDAX 系列基金以多个业界第一而闻名于世，并在业内引起了相当大的轰动。这不仅是因为它们是第一个基于生命周期或目标日期的 ETF，也是第一个在组合中将股票和债券合并投资的 ETF。TDAX 系列基金跟踪的是扎克斯生命周期指数，该指数是由扎克斯投资研究公司创建并维护的。

自 TDAX 系列基金成功上市以来，很多指数基金公司涌入该市场，也推出了目标日期指数产品。然而，这类生命周期指数产品的普遍问题在于，对于周期路径的演绎方式不同，这将导致资产配置的比例千差万别。一些指数提供商建议还有 10 年到期的组合应该配置 60%的股票，而另外一些指数提供商则认为 30%已经足够。一些指数在到期日时组合里可以有 40%的股票，而另外一些指数提供商建议到期时应该 100%是现金类资产。这表明由于配置准则的不一,不同指数提供商的差别是非常大的。所以投资者在购买跟踪指数的 ETF 前,一定要弄清楚这个指数采用的策略。

主动管理型指数

很多传统的指数投资者可能会对主动管理型指数感到诧异,一个指数如何同时做到既主动又被动地管理呢?接下来介绍的这组特殊指数将清楚地表明策略指数并不是被动管理。与很多开放式基金一样,分析师选股指数和行业轮动指数使用的方法正是基于主观判断和选择。

股票分析师 ETF

华尔街雇用了数以千计的股票分析师,他们通过基本面和技术面分析方法挑选出优秀的股票标的。那为什么不可以利用他们的研究成果构建分析师指数,并开发跟踪该指数的 ETF 产品呢?事实上,这样的指数和基金已经面世了。

克莱默/巨头公司大盘成长 ETF(代码:XGC)是跟踪 EDMP 公司发布的巨头公司大盘成长指数。该指数试图识别出那些具有两位数增长的历史记录,同时未来预期的潜在增长率也保持在两位数的公司。该类公司拥有巨头公司特征,同时公司股价低于其“真实价值”。所谓的巨头公司特征来源于吉姆·雨果(Jim Huguet)的著作《大公司,大回报》(纽约:兰登书屋,1999 年)。

第一信托管理的价值线股票配置 ETF(代码:FVI)也是一只主动型指数基金,它跟踪的标的是价值线股票配置指数。这个指数从候选股票池中识别和挑选出那些资本增值潜力最大的公司。价值线公司利用自己的股票排名系统,对股票买卖的“时机”、“安全性”或者“技术指标”进行 1 分或者 2 分的打分排序。

价值线公司根据规模和风格对股票进行分类,运用多因子模型对每种风格的股票进行排序，这些因子包括价格现金流比率、市净率、总资产回报率和价格上涨。6 组风格中排名最前的 25 只股票被选出，并在该组中被赋予相同的权重。该股票配置指数在每年的 2 月和 8 月进行再平衡，并且采用以上筛选流程对成分股进行替换。

PowerShares 公司管理的 DWA 技术领袖 ETF(代码：PDP)跟踪 Dorsey Wright 公司提供的技术领袖指数。该指数包括大约 100 只美国股票，这些股票的相对价格强度指标高于市场平均水平。Dorsey Wright 公司跟踪美国最大的 3 000 家公司，将它们与基准指数和行业指数进行比较。该指数每季度重新调整成分股及其权重，采用的方法与前述方法相同。

对于一些精明的投资者而言，最有吸引力的事情莫过于发现潜力股，我之前在证券公司工作多年的经验就是证明。分析师对某家公司关注得越少，该公司成为焦点的概率就越大。

克莱默/Sabrient 隐形 ETF(代码：STH)跟踪 Sabrient 隐形指数。其与一般的观点相反，因为指数提供商寻找的是不受分析师关注的股票。这个指数的目标是捕捉在分析师视野之外的隐形股票，这类股票往往会有不错的增长，从而使指数基金有潜力能超越罗素 2000 指数。

行业轮动 ETF

行业轮动策略在许多方面被认为是主题投资的对立面。与主题投资不同，行业轮动 ETF 经常在不同的行业之间切换，而在主题投资中，投资者持有某一狭小市场的股票并等待长期获益。

不同的行业轮动指数采用不同的方法将资金在不同行业进行投资。一些指数供应商采用自上而下的经济模型来预测未来的领先行业，而其他的指数供应商依靠价格惯性和技术面分析手段确定强势行业。第十九章简要说明了这类主动管理策略。

克莱默/扎克斯行业轮动 ETF(代码：XRO)跟踪扎克斯行业轮动指数。该指数利用一个量化模型超配分析师看好的行业，并通过超配该类行业来获取超越标准普尔 500 指数的收益。

扎克斯使用多因子模型确定成分股。首先,分析师采用自上而下的宏观经济研究方法,以确认目前经济周期所在的阶段。然后,利用自下而上的方法来决定每个行业的配置比例,其中考虑的因素包括相对估值、内幕交易、价格趋势、盈利增长、预期盈利调整和超预期盈利等。每个行业在指数中的权重在 0～45%。单只股票的权重不超过指数的 5%。该指数每季度调整一次。

PowerShares 公司管理的价值线行业轮动 ETF(代码:PYH)跟踪价值线行业轮动指数。这个指数由 75 只成分股组成,这些成分股是基于价值线公司的投资时机等级及其所在行业的投资时机等级确定的。价值线公司从排名前 50 的行业中选取投资时机等级最高的股票,接着从排名后 25 的行业中再选取投资时机等级最高的股票。该指数每季度调整一次。

杠杆和空头贝塔 ETF

贝塔可以用来衡量基准指数的回报。接下来将介绍一类包括杠杆和空头贝塔的 ETF。杠杆指数基金创建的目的是为了获取标的指数的两倍收益(不包括分红),尽管也要承受两倍的日波动率。空头(反向)指数基金的收益则和标的指数的收益相反,杠杆空头 ETF 的日收益是标的指数日收益的−2 倍。

投资这类基金需要注意的是,由于日波动率翻倍,将降低基金的长期复合增长率。不要指望一只使用一倍(100%)杠杆的基金在一年内可以获得相对标的指数一倍的收益率。理论上,若每日数据存在波动,线性推演的结果不可能发生。

每日的波动将会影响年回报。一只基金短期内波动越大,则其长期复合回报率就越低。由于一倍杠杆基金的波动率是非杠杆基金的两倍,所以扣除费用后的长期回报率会远远低于价格回报率。ProShares 公司在其产品超级 ProShares ETF 的募集说明书中明确提到了该杠杆基金的关注点：

随着时间的推移，本基金净资产的累计增长率不论是负增长还是正增长，都将显著不同于标的指数的累计增长率，因为基金每天的损失和收益具有复合效应。只要持有时间超过一天，投资者就应该明白基金的净值增长率并不是双倍于标的指数的收益率。此外，在无趋势或震荡市场中，投资者应该理解基金的表现将低于其基准指数的两倍收益。（2006 年 6 月 19 日）

截至 2006 年底，市场中只有零星几只杠杆 ETF，且没有空头 ETF。到 2009 年 2 月份，已经有 106 只该类基金登记在册，还有很多这类基金正在注册发行。绝大部分市场基准指数已经有类似的两到三只基金产品在跟踪。大宗商品基金将是下一个热点。

杠杆 ETF 和空头 ETF 的另一个重要特点便是高费率。ProShares 公司每年收取 0.95％的费用，是 ETF 行业最高的费率。Rydex 公司的 ETF 系列的费用略低，但与其他 ETF 相比，还是高出许多。

杠杆 ETF 的运作原理相对简单。这些基金会选定一个标的指数，比如标准普尔 500 指数。该基金采用完全复制的方法持有该指数的成分股，如埃克森美孚、微软、通用电气等。为了实现日回报翻倍，基金会使用各种衍生品，如股票期货、指数掉期等。这些衍生品只需很少的现金投入。基金经理惯常的做法是质押基金中的股票融资来进行衍生品交易。衍生品工具提高了组合的杠杆水平，使其市场风险敞口是投资组合中个股的 2 倍。

股票价格指数的收益中不包括分红收益。出于实际操作目的，股票红利经常用来融资和支付其他费用。这也从另外一个角度说明，为什么杠杆基金的收益水平从长期看达不到指数总回报的 2 倍。

基准指数和行业指数现在都有了杠杆基金。基准指数的杠杆基金包括超级标准普尔 500 ETF（代码：SSO），以标准普尔 500 指数作为标的；超级 QQQ（代码：QLD），跟踪纳斯达克 100 指数。

ProShares 公司有十几只行业杠杆基金，这些基金跟踪道琼斯行业指数。比如超级原材料 ETF(代码:UYM)和超级技术 ETF(代码:ROM),这两只基金都希望在扣除费用后日收益正好是标的指数的 2 倍。

空头 ETF 和标的指数的变化反向而行。例如,空头标准普尔 500 ETF(代码:SH)寻求每日与标准普尔 500 指数相反的投资结果。ProShares 公司的空头 QQQ ETF 则追求每日与纳斯达克 100 指数相反的表现。

杠杆空头 ETF 是 ETF 行业中最深奥、风险最大的品种之一。其基本目的与空头 ETF 类似,但是波动翻倍。若标准普尔 500 指数一天之内下跌 1%,那么 ProShares 公司两倍杠杆的超级空头标准普尔 500 ETF(代码:SDS)将会上涨 2%;反之亦然。行业指数也可以进行反向杠杆操作,ProShares 公司同样也有跟踪道琼斯基本行业指数的反向杠杆基金。

购买杠杆空头基金可以帮助投资者对冲市场风险,也就是所谓的市场贝塔。假设投资者持有一只行业 ETF,但对整体市场持悲观态度,那么此时他可以在市场上买入一只杠杆空头指数基金来对冲行业基金固有的市场风险,并在市场下跌中让投资者的投资组合获取收益。严格地说,这样的操作属于投资组合贝塔净空头。理论上,这项交易听起来不错,但如果判断失误,也会实实在在地造成亏损。若股市走高,杠杆空头基金表现欠佳,投资者可能遭受双重打击。

任何高歌猛进的杠杆空头基金都不适合新手操作。投资者在投资前,应该深入地了解这些基金的运作机制,并理解在不同的市场情景下这类基金可能的表现。

用 ETF 对冲风险

不论市场上涨还是下跌,之所以被称为对冲基金,是因为其在设计之初的目的是为了取得正收益。然而,事实并非如此。对冲基金的投资策略有很多种,其中一些比股票市场的风险还要大得多。钱来得快,去得也快。

近些年来，对冲基金数量激增，到2006年顶峰时期，约有1万亿美元的资金投在近10 000只对冲基金中。每年都有大量的新基金成立，也有大量老基金清盘。这是一个高风险、快速更替的市场。

尽管有不少对冲基金进入市场，但除了实力雄厚的投资者外，对冲基金对普通投资者而言仍遥不可及。对冲基金的初始购买金额非常高，并且投资者需要花费大量的金钱购买投资咨询服务，之后才能进行妥善的分散投资。此外，大部分对冲基金还有一个较长的封闭期，在此期间投资人无法赎回基金。

对于富人而言，对冲基金不失为一种很好的投资品种，而对于普通投资者，ETF将成为替代对冲基金的更好选择。利用ETF，你就可以构建自己简单的对冲策略。不过，我相信在不久的将来还会出现更加复杂的基于对冲原理的ETF产品，以供大众购买。

目前市场上已经有一只类似的产品。2007年5月，巴克莱全球投资公司(BGI)扩展了旗下名为iPath系列的交易所交易票据产品线，推出了一款名为iPath CBOE标准普尔500 BuyWrite指数ETN(代码：BMV)。这个新产品跟踪CBOE标准普尔500 BuyWrite指数。

CBOE标准普尔500 BuyWrite指数于2002年推出，其目的是反映标准普尔500备兑开仓策略的业绩表现。在该策略下，投资者买入股票的同时沽出备兑看涨期权。基金可以从期权费中获利，而期权费通常是按季度支付。这种策略在市场横盘时能为组合提供一定保护措施，但在市场反弹行情中，该策略的表现则将远远落后于市场。

在ETF行业推出复杂的对冲基金品种还有待时日。然而，如今市面上有公司利用计算机模型来模拟对冲基金的回报，然后找到相应的ETF构成投资组合来复制对冲基金的表现。如高盛公司的INDEXIQ基金就是一个范例，还有其他的公司在这个领域探索。

IndexIQ正在向美国证券交易委员会申请其合成对冲基金产品系列的上市，这个产品系列利用数只ETF来跟踪10个可投资的Tremont对冲基金指数的表现。每只基金通过持有一定的股票和其他金融工具，在扣除各种费用和支出之前跟踪一个对冲基金指数的价格和收益表现。这些指数主要由其他的 ETF 和备选的金融工具池组成。这个产品系列希望通过整合低成本的基金和独立账户，来跟踪这 10 个对冲基金指数。

大多数人对对冲基金并不感兴趣。不过投资者还是可以利用 ETF 来对冲生活中的某些事件。

你对货币学感兴趣吗？你投资过稀缺的金币吗？历史上，由于金币非常稀少，所以其市场价格远远超过黄金本身的价值。如果运用 ETF，投资者可以对高估的黄金进行做空，同时继续持有金币，从而借助金币的稀缺性保留上涨潜力。

道富银行黄金追踪 ETF（代码：GLD）和安硕芝加哥商品交易所黄金信托基金（代码：IAU）分别跟踪扣除运营费用后的黄金价格和金条价格。这些 ETF 交易品种给投资者提供了一个成本低廉且投资便捷的做空黄金的机会（详见第十五章内容）。

想象一下，夏天去欧洲旅行却又担心美元贬值而不能尽兴游玩。你可以投资欧洲货币信托基金（代码：FXE），现在买入该基金就无需担心 7 月份欧元上涨。除此之外，还有税收优惠的 iPath 欧元/美元基金（代码：ERO）。对这两种基金投资需要支付货币市场利息（有关货币基金投资的更多详细信息，请阅读第十五章）。

特定股票 ETF 列表

表 13.1 中列出了在美国交易所常见的一些特定股票 ETF。这类基金品种众多，每周都有新的上市。表 13.1 提供的产品清单可以帮助投资者从中挑出满足自身需求的投资品种。想了解更完整的基金列表以及指数构造策略箱数据库的内容，请访问 www.theetfbook.com 和 www.etf-guide.com。

表 13.1 分成三个部分：第一部分是主题型 ETF，第二部分包括分析师指数、行业轮动和备兑期权型 ETF，第三部分包括杠杆和空头 ETF。

目标日期 ETF 在本章中已有讨论。上述所有基金都跟踪策略指数。

附录 A 是表 13.1 中用于每个指数的证券选择和加权方法的缩写指南。ETF 公司提供的各个基金的募集说明书是公众获取证券选择和加权方法相关信息的最佳途径。

小　结

特定股票 ETF 专注于一些在将来可能具有潜力的投资主题，这些主题有趣而不寻常。一般而言，主题投资是一种长期投资，因为该类投资从理念到实践需要很长时间。ETF 青睐的主题可以是环境友好、社会责任或者公司事件。无论是哪种主题，遵循这类主题并投资市场指数 ETF 都要收取昂贵的管理费。

行业轮动投资和分析师选股指数投资实则是主动管理。行业轮动投资是将资产在不同行业之间切换，以期配置盈利较高的行业，同时规避利润较低的行业。分析师选股指数投资则与主动投资的开放式共同基金非常类似。目标日期指数则根据生命周期来配置资产。

杠杆基金和空头基金为投资者提供了从市场上涨和下跌两个方向都可以获取更多利润的机会。杠杆基金的日回报约为标的指数收益的两倍，而空头基金则相反。杠杆空头基金可以比无杠杆的空头基金多出一倍的收益或者亏损。

面向普通投资者的对冲基金方兴未艾。一些 FOF 正在筹划将对冲基金的投资策略模拟成可投资产品。今天，已经有个人投资者为了增加收益或者对冲下跌风险，使用 ETF 对冲策略。

表 13.1　　特定股票 ETF

主题型 ETF							
策　略	ETF 名称	代 码	费 率	跟踪指数	策略箱	证券选择	证券权重
社会责任	iShares KLD Select Social Index	KLD	0.50%	KLD Select Social		SS	FS
社会责任	iShares KLD 400 Social Index	DSI	0.50%	Domini 400 Social		SS	FS
环境友好	Claymore LGA Green	GRN	0.60%	Light Green Advisors Eco Index		QQ	CF
环境友好	Global Alternative Energy ETF	GEX	0.65%	Ardour Global Index		ST	CF
环境友好	Claymore S&P Global Water	CGW	0.65%	S&P Global Water Index		ST	CC
环境友好	PowerShares Water Resources	PHO	0.60%	Palisades Water Index		ST	CF
环境友好	PowerShares WilderHill Clean Energy	PBW	0.60%	WilderHill Clean Energy Index		ST	CC
环境友好	PowerShares WilderHill Progressive Energy	PUW	0.60%	WilderHill Progressive Energy Index		ST	XM
环境友好	PowerShares Cleantech	PZD	0.60%	Cleantech Index		ST	XE
公司管理	IndexIQ Best Corporate Governance All Cap	NA	NA	IndexIQ Best Corporate Governance		QM	FQ
公司管理	IndexIQ Best Operating Companies All Cap	NA	NA	IndexIQ Best Operating Companies		QM	FQ
公司管理	IndexIQ Competitive Momentum Leaders All Cap	NA	NA	IndexIQ Competitive Momentum Leaders		QM	FQ
公司管理	IndexIQ Customer Loyalty Leaders All Cap	NA	NA	IndexIQ Customer Loyalty		QM	FQ

续表

主题型 ETF							
策　略	ETF 名称	代 码	费 率	跟踪指数	策略箱	证券选择	证券权重
公司管理	IndexIQ Fastest Growing Companies All Cap	NA	NA	Leaders IndexIQ Fastest Growing Companies		QM	FQ
公司管理	IndexIQ Most Elite Workforces All Cap	NA	NA	IndexIQ Most Elite Workforces		QM	FQ
公司管理	IndexIQ Most Innovative Companies All Cap	NA	NA	IndexIQ Most Innovative Companies		QM	FQ
公司管理	IndexIQ Most Powerful Companies	NA	NA	IndexIQ Most Powerful Companies		QM	FQ
公司管理	IndexIQ Most Productive Companies All Cap	NA	NA	IndexIQ Most Productive Companies		QM	FQ
公司管理	IndexIQ Most Sustainable Companies All Cap	NA	NA	IndexIQ Most Sustainable Companies		QM	FQ
公司事件	PowerShares Buyback Achievers	PKW	0.70%	Share BuyBack Achievers Index		SC	CC
公司事件	Claymore Clear Spin-Off	CSD	0.60%	Clear Spin-off Index		QM	CC
公司事件	First Trust IPOX100 Index Fund	FPX	0.60%	U. S. IPOX-100 Index		QM	CC
内部交易	Claymore Sabrient Insider	NFO	0.60%	Sabrient Insider Sentiment Index		SC	XE
私募股权	PowerShares Listed Private Equity	PSP	0.70%	Red Rocks Capital Listed Private Equity		SC	CC
专利保护	Claymore/Ocean Tomo Patent	OTP	0.60%	Ocean Tomo 300 Patent Index		FT	CF
专利保护	Claymore/Ocean Tomo Growth Index	OTR	0.60%	Ocean Tomo 300 Patent Growth Index		FT	CF
纳米科技	PowerShares LUX Nanotech	PXN	0.60%	LUX Nanotech Index		FT	CC
	平均费率		0.67%				

续表

分析师指数、行业轮动以及备兑期权型 ETF							
策　略	ETF 名称	代 码	费 率	跟踪指数	策略箱	证券选择	证券权重
分析师推荐	Claymore/BIR Leaders 50	BST	0.60%	BIR Leaders 50		QM	XM
分析师推荐	Claymore/BIR Leaders Mid-Cap Value	BMV	0.60%	BIR Leaders Mid-Cap Value		QM	XM
分析师推荐	Claymore/BIR Leaders Small-Cap Core	BES	0.60%	BIR Leader Small-Cap Core		QM	XM
分析师剔除	Claymore Sabrient Stealth	STH	0.60%	Sabrient Stealth Index		QM	XM
行业轮动	Claymore Zacks Sector Rotation	XRO	0.60%	Zacks Sector Rotation Index		PS	FF
行业轮动	PowerShares ValueLine Industry Rotation	PYH	0.65%	ValueLine Industry Rotation Index		QM	XE
行业轮动	First Trust ValueLine Equity Allocation	FVI	0.70%	ValueLine Equity Allocation Index		QM	XE
买股票卖期权	iPath CBOE S&P 500 Buy-Write ETN	BWV	0.75%	CBOE S&P 500 Buy-Write		PS	XN
	平均费率		0.68%				

续表

杠杆、空头和杠杆空头ETF							
策　略	ETF名称	代码	费率	跟踪指数	策略箱	证券选择	证券权重
杠杆	Ultra Dow 30	DDM	0.95%	Dow Jones Industrial Average (200%)		PS	XL
杠杆	Ultra Russell 1000 Growth	UKF	0.95%	Russell 1000 Growth (+200%)		PS	XL
杠杆	Ultra Russell 1000 Value	UVG	0.95%	Russell 1000 Value (+200%)		PS	XL
杠杆	Ultra Russell 2000	UWM	0.95%	Russell 2000 (+200%)		PS	XL
杠杆	Ultra Russell 2000 Growth	UKK	0.95%	Russell 2000 Growth (+200%)		PS	XL
杠杆	Ultra Russell 2000 Value	UVT	0.95%	Russell 2000 Value (+200%)		PS	XL
杠杆	Ultra Russell Mid-Cap Growth	UKW	0.95%	Russell Mid-Cap Growth (+200%)		PS	XL
杠杆	Ultra Russell Mid-Cap Value	UVU	0.95%	Russell Mid-Cap Value (+200%)		PS	XL
杠杆	Ultra S&P 500	SSO	0.95%	S&P 500 (+200%)		PS	XL
杠杆	Ultra Small-Cap 600	SAA	0.95%	S&P Small-Cap 600 (+200%)		PS	XL
杠杆	Ultra Mid-Cap 400	MVV	0.95%	S&P Mid-Cap (+200%)		PS	XL
杠杆	Ultra QQQ	QLD	0.95%	NASDAQ-100 (+200%)		SE	XL
杠杆	Ultra Basic Materials	UYM	0.95%	Dow Jones Basic Materials (+200%)		PS	XL
杠杆	Ultra Consumer Goods	UGE	0.95%	Dow Jones Consumer Goods (+200%)		PS	XL

续表

杠杆、空头和杠杆空头 ETF

策　略	ETF 名称	代 码	费 率	跟踪指数	策略箱	证券选择	证券权重
杠杆	Ultra Consumer Services	UCC	0.95%	Dow Jones Consumer Services (+200%)		PS	XL
杠杆	Ultra Financials	UYG	0.95%	Dow Jones Financials (+200%)		PS	XL
杠杆	Ultra Health Care	RXL	0.95%	Dow Jones Health Care (+200%)		PS	XL
杠杆	Ultra Industrials	UXI	0.95%	Dow Jones Industrials (+200%)		PS	XL
杠杆	Ultra Oil and Gas	DIG	0.95%	Dow Jones Oil and Gas (+200%)		PS	XL
杠杆	Ultra Oil and Gas	DIG	0.95%	Dow Jones Oil and Gas (+200%)		PS	XL
杠杆	Ultra Real Estate	URE	0.95%	Dow Jones Real Estate (+200%)		PS	XL
杠杆	Ultra Semiconductors	USD	0.95%	Dow Jones Semiconductors (+200%)		PS	XL
杠杆	Ultra Technology	ROM	0.95%	Dow Jones Technology (+200%)		PS	XL
杠杆	Ultra Utilities	UPW	0.95%	Dow Jones Utilities (+200%)		PS	XL
空头	Short Dow 30	DOG	0.95%	Dow Jones Industrial Average (−100%)		PS	XS
空头	Short Mid-Cap 400	MYY	0.95%	S&P Mid-Cap 400 (−100%)		PS	XS
空头	Short QQQ	PSQ	0.95%	NASDAQ-100 (−100%)		PS	XS
空头	Short Russell 2000	RWM	0.95%	Russell 2000 (−100%)		PS	XS

续表

杠杆、空头和杠杆空头 ETF							
策 略	ETF 名称	代 码	费 率	跟踪指数	策略箱	证券选择	证券权重
空头	Short S&P 500	SH	0.95%	S&P 500（−100%）		PS	XS
空头	Short Small-Cap 600	SBB	0.95%	S&P Small-Cap 600（−100%）		PS	XS
杠杆空头	UltraShort Russell 1000 Growth	SFK	0.95%	Russell 1000 Growth（−200%）		PS	XS
杠杆空头	UltraShort Russell 1000 Value	SJF	0.95%	Russell 1000 Value（−200%）		PS	XS
杠杆空头	UltraShort Russell 2000	TWM	0.95%	Russell 2000（−200%）		PS	XS
杠杆空头	UltraShort Russell 2000 Growth	SKK	0.95%	Russell 2000 Growth（−200%）		PS	XS
杠杆空头	UltraShort Russell 2000 Value	SJH	0.95%	Russell 2000 Value（−200%）		PS	XS
杠杆空头	UltraShort Russell Mid-Cap Growth	SDK	0.95%	Russell Mid-Cap Growth（−200%）		PS	XS
杠杆空头	UltraShort Russell Mid-Cap Value	SJL	0.95%	Russell Mid-Cap Value（−200%）		PS	XS
杠杆空头	UltraShort S&P 500	SDS	0.95%	S&P 500（−200%）		PS	XS
杠杆空头	UltraShort Small-Cap 600	SDD	0.95%	S&P Small-Cap 600（−200%）		PS	XS
杠杆空头	UltraShort Dow 30 ETF	DXD	0.95%	Dow Jones Industrial Average（−200%）		PS	XS
杠杆空头	UltraShort Mid-Cap 400	MZZ	0.95%	S&P Mid-Cap 400（−200%）		PS	XS

续表

杠杆、空头和杠杆空头 ETF							
策　略	ETF 名称	代 码	费 率	跟踪指数	策略箱	证券选择	证券权重
杠杆空头	UltraShort QQQ	QID	0.95%	NASDAQ-100（−200%）		PS	XS
杠杆空头	UltraShort Basic Materials	SMN	0.95%	Dow Jones Short Basic Materials（−200%）		PS	XS
杠杆空头	UltraShort Consumer Goods	SZK	0.95%	Dow Jones Short Consumer Goods（−200%）		PS	XS
杠杆空头	UltraShort Consumer Services	SCC	0.95%	Dow Jones Short Consumer Services（−200%）		PS	XS
杠杆空头	UltraShort Financials	SKF	0.95%	Dow Jones Short Financials（−200%）		PS	XS
杠杆空头	UltraShort Health Care	RXD	0.95%	Dow Jones Short Health Care（−200%）		PS	XS
杠杆空头	UltraShort Industrials	SIJ	0.95%	Dow Jones Short Industrials（−200%）		PS	XS
杠杆空头	UltraShort Oil and Gas	DUG	0.95%	Dow Jones Short Oil and Gas（−200%）		PS	XS
杠杆空头	UltraShort Real Estate	SRS	0.95%	Dow Jones Short Real Estate（−200%）		PS	XS
杠杆空头	UltraShort Semiconductors	SSG	0.95%	Dow Jones Short Semiconductors（−200%）		PS	XS
杠杆空头	UltraShort Technology	REW	0.95%	Dow Jones Short Technology（−200%）		PS	XS
杠杆空头	UltraShort Utilities	SDP	0.95%	Dow Jones Short Utilities（−200%）		PS	XS
	平均费率		0.95%				

第十四章　固定收益 ETF

到目前为止，第三部分的所有章节论述的都是股票市场的投资。本章要讨论的是金融市场另一个更大的组成部分：固定收益类。固定收益类产品因其稳定性和收益性，在大部分投资者的投资组合中起着至关重要的作用。平均而言，个人投资者将 50%以上的长期储蓄投资于固定收益类证券，这意味着固定收益 ETF 的分析和选择是投资组合管理的关键。

从金额来看，美国公开固定收益市场规模近 30 万亿美元，远远大于美国公开股票市场。但是，可供投资者选择的固定收益 ETF 数量却并不占优势。市场中只有不到 10%的 ETF 跟踪固定收益指数。2009 年是债券 ETF 的大年，因为各公司都争先恐后地想要弥补股票上的损失。

固定收益 ETF 发行量少的原因在于，使用 ETF 结构管理固定收益投资组合的难度更大。基金中的标的债券必须具有足够的流动性，以便于授权交易商能够轻松地交易这种证券(见第二章)。如果没有足够的流动性，包括活跃的衍生品市场，授权交易商就不可能创建完整的一篮子证券，并将各指数中的所有证券包含在内，买卖证券的成本就会太大，而这会反映在 ETF 的价差中。2008 年次贷危机期间，流动性差的债券的价差扩大造成了 ETF 交易价格剧烈震荡。2008 年 11 月流动性危机达到顶峰时，高收益债券 ETF 的交易价格为资产净值的 80%。

幸运的是，债券发行人要求指数供应商创建流动性好的指数，以解决流动性难题。这些新的固定收益指数和产品正在被成功引入 ETF 市场。新产品的成功将吸引更多的 ETF 供应商开发固定收益基金，从而创建一个更为强大的市场。

债券市场结构

美国固定收益类产品市场由许多证券类型组成，其中包括但不限于国债、政府部门债券、抵押贷款支持证券、公司债券、市政债券、资产支持证券和通货膨胀保值证券。

债券一般是按照类型、期限和信用评级来分类的。图 14.1 中的晨星固定收益风格图（Morningstar Income Style Box）显示了期限和信用水平在共同基金调研中是如何体现的。这是大部分债券分类的典型做法。

短期	中期	长期	
HS	HM	HL	高收益公司债券
IS	II	IL	投资级债券
GS	GI	GL	国债

图 14.1 晨星固定收益风格图

债券指数期限分为 3 个区间。短期指数所持债券的平均期限为 3 年或 3 年以下，中期指数所持债券的平均期限为 4～9 年，而长期指数所持债券的平均期限为 10 年或 10 年以上。如果一个指数的平均期限是 5 年，这并不意味着基金中的所有债券都在 5 年内到期。债券到期的时间可以是 1～10 年不等，或者是任意两种期限的组合。投资者读一读感兴趣的 ETF 的募集说明书，便能明白指数是如何设计的。

债券指数的平均久期是一个重要特征。久期是衡量利率风险的指标。如果利率提升，以久期较长的指数为基准的 ETF 和以久期较短的指数为基准的 ETF 相比，价格会下跌得更多。从长远看，由于久期长的债券风险更大，投资者期望久期长的债券指数能够产生高于久期短的债券指数的总回报率。

债券指数的信用风险比其利率风险更为复杂。信用风险是发行人金融实力的反映。信用风险越高，违约的可能性就越大，从而用于补偿该风险的利率就越高。美国政府债券和政府部门债券的信用风险很小。投资级的公司债券的信用风险要大些，而风险最大的是高收益垃圾债券。高收益债券基金投资低于投资级的债券，因而它们陷入困境的概率比较高。

图 14.2 显示了债券指数的风险与收益情况。债券指数的久期越长，信用质量越低，则指数的预期长期回报率就会越高，超额收益是用于补偿这些额外的风险。

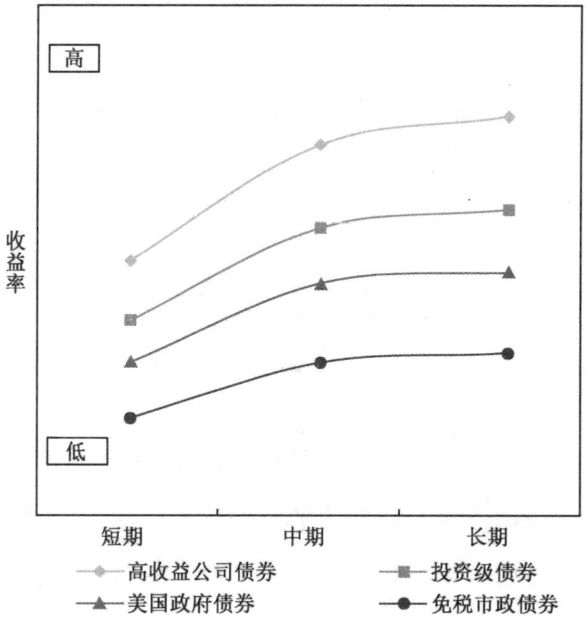

图 14.2 债券指数的期限风险、信用风险和预期收益

有几家供应商提供固定收益指数。ETF 市场的一个主要玩家是巴克莱兄弟公司(Barclays Brothers)。该公司创建了数百个固定收益指数，覆盖了全球债券市场。在这些指数中，越来越多的品种被用于构建 ETF。

美国投资级市场指数的基本结构如下：

1. 政府/信贷市场

(1)短期国债、中期国债和长期国债

①短期国债，包括通胀保值证券

②政府部门债券(FNMA 和 FHLMC 债券等)

(2)公司债券(投资级、BBB 级或以上)

①工业

②金融

③公用事业

④扬基债券(以美元交易的国外债券)

2. 房屋抵押贷款市场

(1)政府国民抵押贷款协会(Government National Mortgage Association，GNMA)

(2)联邦住宅贷款抵押公司(Federal Home Loan Mortgage Corporation，FHLMC)

(3)联邦国民抵押贷款协会(Federal National Mortgage Association，FNMA)

3. 资产支持证券

(1)信用卡应收账款

(2)汽车贷款

(3)银行贷款

(4)住房权益贷款

巴克莱要求债券的发行量至少为 1 亿美元，然后才会将其用于某个指数。但是，这个金额要求对于 ETF 管理来说也许还不够大。ETF 管理人一般都从各个指数中提取规模最大、流动性最好的债券作为样本。

固定收益市场抽样

大多数债券指数不是为了被用作 ETF 投资组合的基准而创建的。

债券指数被经济学家和分析师们用来衡量固定收益市场，并常作为债券主动管理策略的基准指标。

ETF公司很难跟踪许多为了其他目的而创建的指数。传统指数中的许多债券在市场上都无法获得，而由于债券将要到期和看涨期权的赎回，指数中债券换手率很高。巴克莱综合债券指数(Barclays Aggregate Bond Index)跟踪6 000多只固定收益证券，其中很大一部分交易很少。该指数平均每年的换手率超过30%。

由于不可能全面复制诸如巴克莱综合债券指数这样的传统债券市场指数，ETF经理采用了抽样的方法。基金经理们试图创建流动性好的证券投资组合，组合中的证券交易频繁并复制了债券指数的风险和收益特征。

抽样方法较为复杂，它要求基金经理使用多个因素，将一个指数中的每个债券分入不同的象限中，这些因素包括行业、发行规模、信用评级、期限、债券票息以及众多其他因素。挑选出来的债券与类似债券一起归入合适的象限中，然后，基金经理从每个象限中甄选出少数几个流动性好的债券来代表该象限里的所有债券。

一旦债券投资组合被创建之后，应立即对样本投资组合进行优化和测试，以确定投资组合过去的风险和收益，以及该投资组合与试图跟踪的指数是否存在显著差异。如果指数的跟踪误差过大，则该投资组合中的债券就要被替换掉。这一过程一直持续，直到该投资组合的跟踪误差达到可接受的范围。一个成功的抽样和优化策略，只需要数百只债券便可将跟踪误差压缩至可接受的水平。

国债指数

国债市场是全世界流动性最好的固定收益市场。美国国债品种每年的交易量达到数万亿美元。市场上有一些指数跟踪美国国债市场，巴克莱提供了最受欢迎的美国国债指数，被用作美国固定收益ETF的基准。

这些指数由雷曼兄弟公司管理，直到 2008 年雷曼倒闭。

先锋集团已向美国证券交易委员会提交了 3 只国债 ETF 的发行申请，这些 ETF 并不跟踪国债指数，虽然其结构非常接近。这 3 只 ETF 将成为先锋集团的开放式短期国债基金、中期国债基金和长期国债基金的一个类别。先锋 ETF 的样本是从开放式基金中的国债里进行抽取，并由这些国债品种的 40%～50%组成(有关先锋 ETF 结构的详细介绍，见第三章)。

巴克莱国债指数

巴克莱国债指数(Barclays Treasury Indexes)中的证券必须是以美元标价的公开发行的美国国债，并且须是收益率固定且不可转换品种。此外，入选债券的评级必须为投资级，发行面值达到或超过 2.5 亿美元。该指数中不包括州政府和地方政府的系列债券，也不包含那些已经被纳入指数的债券所剥离出来的票息债券。各指数均采用市值加权法，指数里的证券都在每个月的最后一天更新。

巴克莱国债指数按期限划分：1～3 年期美国国债指数，衡量的是所有公开发行的剩余期限大于或者等于 1 年，但小于 3 年的美国国债的表现；7～10 年期美国国债指数，衡量的是剩余期限大于或等于 7 年，但小于 10 年的债券；20 年以上期美国国债指数，衡量的是公开发行的剩余期限大于或等于 20 年的美国国债。ETF 的基准是上述所有指数。

有些基金公司跟踪各个巴克莱国债指数。巴克莱—安硕是唯一一家专门跟踪这些国债指数的 ETF 公司，颇为有趣的是，它还拥有雷曼的指数。美国证券交易委员会通常不允许 ETF 管理人和指数提供商为同一家公司。募集说明书中有如下解释：

标的指数是由巴克莱资本公司确定、组合和计算的，不涉及受托人或基金份额的所有人。巴克莱资本公司没有义务在确定、组合或计算标的指数时考虑巴克莱全球基金顾问公司(BGFA)或基金份额所有人的需求。

通胀保值国债

通货膨胀侵蚀着投资者投资组合的购买力，通胀保值国债（TIPS）提供了一种对抗通胀的方法。

TIPS 是美国财政部的直接债务，尽管它在很多方面不同于传统的国债。传统国债是按接近其面值发售的，在债券的存续期间定期支付固定利息，并在到期时支付债券的面值。TIPS 是按照发行时的通行面值销售，支付的利息随时间有所调整，以反映价格的上涨（通胀）或下跌（通缩），然后在到期时支付经过通胀调节的面值。

巴克莱美国 TIPS 指数（Barclays U. S. TIPS Index）衡量的是美国财政部公开发行的通胀保值债券的表现。该指数包含在美国发行的所有 TIPS，并被纳入巴克莱全球投资公司的安硕—巴克莱 TIPS ETF（代码：TIP）中。

美国道富环球投资公司（SSGA）拥有 SPDR 巴克莱资本 TIPS ETF（代码：IPE），该基金跟踪巴克莱美国政府通胀挂钩债券指数（Barclays U. S. Government Inflation-Linked Bond Index）。这个指数在成分上与巴克莱美国 TIPS 指数基本相同。有意思的是，SSGA 正在授权其竞争对手使用该指数。

美国先锋集团已经申请了 TIPS ETF，其密切跟踪 TIPS 市场。但它不是指数基金，不会受制于一个指数（详见第五章）。

房屋抵押贷款

政府国民抵押贷款协会（GNMA）和联邦国民抵押贷款协会（FNMA）是由政府监管的两家机构，出售代表着大量房屋抵押贷款部分所有权的过手凭证。

GNMA 房屋抵押贷款以美国政府的信用作保证。FNMA 和美国其他政府部门发行的证券并没有获得美国财政部的担保，但是存在隐性担保,因为在第二次世界大战之后政府成立了这些机构以刺激住房销售。

房屋抵押贷款的收益率高于直接政府债券是因为其存在提前偿还风险。当房屋所有人在利率下跌期间为抵押贷款再融资时,就会出现该类风险。投资房屋抵押贷款的投资者将以比预期更快的速度从抵押贷款中收回资金,并且只能以较低的利率进行再投资。当利率上升时,房屋抵押贷款的还款速度变慢,投资房屋抵押贷款的投资者被锁定在低于当前市场利率的水平上。

安硕—巴克莱 MBS 固定利率指数基金(代码:MBB)专门投资于房屋抵押贷款过手品种。它是以巴克莱抵押贷款支持证券固定利率指数作为基准。

资产支持证券

资产支持证券是一种以资产池为基础,或是以大范围标的资产池所产生的现金流为抵押的债券。将资产集中起来形成资产池,能够让规模较小且经济效益低的资产物有所值,同时,通过资产发行人的分散化来降低风险。通过贷款和租赁的证券化,这些证券就能面向更大范围的投资者。这些资产池可以由应收账款组成,包括信用卡还款、汽车贷款、房屋抵押贷款、飞机租赁、特许权转让使用费,甚至还可以包括好莱坞电影收入。

目前,没有任何一种 ETF 直接跟踪资产支持证券市场。然而,许多大盘债券市场指数都受到包含资产支持证券在内的固定收益 ETF 的跟踪。

投资级公司债券

第一只投资级公司债券 ETF 是在 2002 年 7 月发行的。iBoxx 美元投资级公司 ETF(代码:LQD)由巴克莱管理,该基金定价合理,每年仅收取0.15%的管理费用。

iBoxx美元流动性投资级指数(iBoxx U.S. Dollar Liquid Investment Grade Index)衡量的是固定数量、流动性很高且在美国交易的投资级公司债券的表现。该指数包含大约100只债券,其中有几只是扬基债券,由国外公司发售,并在美国交易所以美元进行交易。

巴克莱有一系列公司债券指数。巴克莱短期信贷指数(Barclays Short-term Credit Index)、中期信贷指数(Intermediate-term Credit Index)和信贷指数(Credit Index)均持有不同期限的投资级公司债券。先锋集团和巴克莱银行提供了几种以这些指数为基准的ETF。巴克莱之所以把这些指数称为信贷指数而不是公司指数,是因为其中包括了资产支持证券。信用卡债务和其他类型的资产支持证券不被认为是公司直接债务。

高收益公司债券

低于投资级的公司债券叫作高收益债券或垃圾债券。这种债券是固定收益产品中的投机类。大多数发行垃圾债券的主体财务状况都不佳。这些公司的评级并不是被标准普尔、穆迪和其他独立信用评级机构降低到垃圾级别的。由于这些发行人无法履行债务的风险较高,因此高收益债券以较高票息的形式提供高回报。各种垃圾债券集中在一起组成的高收益债券组合的预期回报率,将高于投资级债券但低于股票市场大盘指数的收益率。

2007年,安硕iBoxx美元高收益公司债券ETF(代码:HYG)是第一只面市的高收益ETF。它跟踪的是iBoxx美元高收益公司债券指数。该等权指数包含50只流动性较好的高收益公司债券。HYG的年管理费高达0.5%。

综合指数

固定收益综合指数将不同类型的债券组合成一个指数。巴克莱政府/信贷指数(Barclays Government/Credit Index)包括政府债券、公司债券、资产支持证券和扬基债券(无房屋抵押贷款)。指数里的所有证券都必须以美元标价,并且必须为固定利率,不可转换。指数为市值加权,指数中的证券在每个月的最后一天进行更新。

有几个投资级政府/信贷指数根据债券的平均期限来划分。1～5 年期政府/信贷指数包括期限在 1～5 年的债券,5～10 年期政府/信贷指数包括期限在 5～10 年的债券,长期政府/信贷指数包括期限超过 10 年的债券。

有一些先锋固定收益 ETF 投资于政府/信贷指数,采用抽样的方法。这些 ETF 由一系列证券组成,这些证券综合在一起能够在关键性风险因素和其他特征方面达到与完整指数相似的效果。

巴克莱综合债券指数

固定收益系列中最广泛、最流行的指数是巴克莱综合债券指数(Barclays Aggregate Bond Index)。该投资级指数跟踪 7 000 多种美国国债、政府部门债券、房屋抵押贷款、公司债券和扬基债券。该指数衡量的是美国投资级债券市场的表现,其中包括在美国公开发售的投资级美国国债、与政府相关的债券、投资级公司债券、房屋抵押贷款过手证券、商业不动产抵押贷款支持证券和资产支持证券。

巴克莱综合债券指数中债券的面额必须在 2.5 亿美元以上,并且剩余期限至少为 1 年。此外,债券应以美元计价,必须为固定利率且不可转换。该指数为市值加权指数,每月最后一天更新指数成分。

巴克莱综合债券指数中的债券平均期限约为 7 年,属于中期类别债券指数。指数中的债券平均评级达到了标准普尔 AA 级水平。综合债券指数中 70%以上的品种为美国国债、政府部门债券和政府担保房屋抵押贷款；将近 27%为投资级公司债券；约 3%为扬基债券。

有 3 只 ETF 跟踪巴克莱综合债券指数：安硕－巴克莱集合（代码：AGG）、先锋全市场债券 ETF（代码：BND）和 SPDR 巴克莱综合债券（LAG）。所有基金都采用同一种抽样技术来复制指数。上述几只 ETF 的表现差异取决于基金经理对指数有效抽样能力和管理费水平。安硕旗下的基金收取 0.20%的年费，SPDR 收取 0.134 5%，先锋仅收取 0.11%。

市政债券 ETF

安硕标准普尔国家市政债券 ETF（代码：MUB）跟踪标准普尔国家市政债券指数（S&P National Municipal Bond Index）。这是一个综合指数，包含投资评级在 BBB 或以上的州和地方市政债券。费率为 0.25%，指数提供商为标准普尔公司。

其他几家基金公司于 2007 年和 2008 年进入了市政债券 ETF 市场，其中包括 PowerShares、道富 SPDR 和 Van Eck Market Vectors 提供的产品。所有基金都跟踪定制指数，这种指数流动性更好。以上基金的管理费在 0.20%～0.30%。

国际性固定收益 ETF

第一只国际性和全球性固定收益 ETF 都是于 2007 年夏季在美国证券交易委员会登记的：SPDR 巴克莱国际国债 ETF（代码：BWX）和 SPDR 巴克莱全球 TIPS ETF（代码：WIP）。这两个品种都很热门。截至 2009 年，BWX 吸引了超过 7 亿美元的资产，WIP 则为 1.75 亿美元。

其他进入国际性固定收益领域的包括两个新兴市场债券品种：安硕 JPM 新兴市场债券 ETF（代码：EMB）和 PowerShares 新兴市场债券（代

码:PCY)。EMB 收取 0.50%的管理费,而 PCY 收取 0.60%。虽然这些基金相对于美国债券型基金来说价格昂贵,但远低于主动投资策略下的新兴市场债券型基金。

优先股 ETF

除了公司债券之外,金融公司常常发行优先股。优先股在公司资产负债表上介于固定收益和普通股之间。优先股跟公司债券一样,要提供很高的季度收益,但是该收益可能会享受到国税局的优惠税收待遇。

优先股股息可以在公司未出现违约的情况下减少或取消,这使得优先股在经济衰退期间处于极不稳定的境地。例如,2009 年 3 月,由于市场担忧银行将会取消优先股股息,优先股 ETF 的价格比新发行时的价格下跌了 75%以上。

与普通股一样,优先股代表公司的部分所有权,虽然优先股持有人并不享有普通股持有人的投票权。但与普通股不同,优先股获得的是不会波动(除非被减少或取消)的固定股息。从这个意义上说,它就像是一笔债务。然而,与债务类证券不同的是,优先股的股息支付通常必须由发行公司的董事会宣布。发行公司的董事会一般不承担支付股息的义务(即便此类股息已经有所累积)并可以随时暂停优先股的股息派发。

拥有优先股的好处包括股息带来的高收益。由于优先股的投资者在排序上不如债券持有人,他们应该获得更多的收益。尽管股息有可能被减少或取消,但优先股持有人总是能先于普通股持有人获得股息。第二个好处是税收优惠。合格股息收入(QDI)优先股所派发的股息享受税收优惠。股息的税率与普通股股息相同,即不超过 15%的联邦税率。但是,投资者要当心自己购买的是什么,并非所有优先股都满足 QDI 资格。

PowerShares 金融优先股投资组合(代码:PGF)是以 Wachovia 混合优先证券金融指数为基准。该指数包含 30 只证券,ETF 对该指数进行抽样,并试图只用 QDI 优先股。

PGF 的独特之处在于体现了 QDI 优先股的好处。但是,它也有两个缺点:

1. 管理费很高,每年为 0.6%。由于这些证券资本增值的可能性很小,高额管理费难以被市场接受。

2. QDI 优先股是由金融板块发行人主导,这意味着投资组合缺乏行业多样性。事实证明,在 2008 年和 2009 年,这种金融产品的高度集中性代价巨大。

安硕标准普尔美国优先股(代码:PFF)是以标准普尔美国优先股指数(S&P U.S. Preferred Stock Index)为基准。与 PowerShares 基金相比,PFF 的行业多样性程度更高,成本也比较低(0.48%)。然而,它的最大缺点是只有大约一半的证券适用于 QDI。该指数包括信托优先证券和各种其他混合品种,在应税账户持有该基金的投资者,需要为该部分缴纳一般所得税。

固定收益 ETF 清单

表 14.1 提供了在美国交易所上市的老牌固定收益 ETF 清单。可选的基金有不少,虽然很多基金都重叠。新的基金应该会在未来一段时间面市,清单中的成员也将会扩大。想要及时了解最新品种,请访问附录 B 中所列的网站。若想获取所有固定收益 ETF 的清单,请访问 www.etf-guide.com 或 www.indexuniverse.com。

附录 A 是表 14.1 中每个指数所使用的证券选择和加权方法的缩写指南。ETF 公司在各基金募集说明书中所提供的信息是投资者了解基金证券选择和加权方法的最佳途径。

小　结

在投资组合中增加固定收益风险敞口的一种方法便是投资跟踪债券

市场指数的债券 ETF。不幸的是，与蓬勃发展的股票 ETF 市场相比，固定收益 ETF 的数量较少。此外，有些 ETF 相互重叠。有 3 只基金跟踪巴克莱综合债券指数。幸运的是，供应商们已经开始关注这一重要的投资领域，并开始推出创新产品。优先股、高收益债券、市政债券和国际债券 ETF 都是近年来的创新领域，更多的创新品种不久也将面市。

表 14.1 **固定收益 ETF 举例**

类　别	ETF 名称	代　码	费　率	跟踪指数	策略箱	证券选择	证券权重
国债——短期	iShares Barclays Short U. S. Treasury	SHV	0.15%	短期美国国债		PS	CA
国债——短期	iShares Barclays 1-3 Yr U. S. Treasury	SHY	0.15%	1—3 年期美国国债		PS	CA
国债——中期	iShares Barclays 3-7 Yr U. S. Treasury	IEI	0.15%	3—7 年期美国国债		PS	CA
国债——中期	iShares Barclays 7-10 Yr U. S. Treasury	IEF	0.15%	7—10 年期美国国债		PS	CA
国债——长期	iShares Barclays 10-20 Yr U. S. Treasury	TLH	0.15%	10—20 年期美国国债		PS	CA
国债——长期	iShares Barclays 20+Yr U. S. Treasury	TLT	0.15%	20 年以上期限美国国债		PS	CA
通胀保值	iShares Barclays TIPS	TIP	0.20%	美国国债 TIPS		PS	CA
通胀保值	SPDR Barclays Capital TIPS	IPE	0.18%	巴克莱美国国债 TIPS		PS	CA
房屋抵押贷款	iShares Barclays MBS Fixed Rate	MBB	0.25%	美国 MBS 固定利率		PS	CA
政府/信贷——中期	iShares Barclays Intermediate Government/Credit	GVI	0.20%	中期美国政府/信贷		PS	CA
政府/信贷——长期	iShares Barclays Government/Credit	GBF	0.20%	美国政府/信贷		PS	CA
政府/信贷——短期	Vanguard Short Term	BSC	0.11%	巴克莱 1—5 年期政府/信贷		PS	CA

续表

类 别	ETF 名称	代 码	费 率	跟踪指数	策略箱	证券选择	证券权重
政府/信贷——中期	Vanguard Intermediate Term	BIV	0.11%	巴克莱 5—10 年期政府/信贷		PS	CA
政府/信贷——长期	Vanguard Long Term	BLV	0.11%	巴克莱长期政府/信贷		PS	CA
综合债券	Vanguard Total Bond Market	BND	0.11%	巴克莱美国综合		PS	CA
综合债券	SPDR Barclays Aggregate Bond	LAG	0.13%	巴克莱美国综合		PS	CA
综合债券	iShares Barclays Aggregate	AGG	0.20%	巴克莱美国综合		PS	CA
公司——短期	iShares 1-3 Yr Credit	CSJ	0.20%	1—3 年期美国信贷		PS	CA
公司——中期	iShares Barclays Intermediate Credit	CIU	0.20%	中期美国信贷		PS	CA
公司——中期	iShares iBoxx $ Investment Grade Corporation	LQD	0.15%	iBoxx U. S. Dealer Liquid 投资级		PS	CA
公司——长期	iShares Barclays Credit	CFT	0.20%	美国信贷		PS	CA
公司——高收益	iShares iBoxx $ High Yield Corporate	HYG	0.50%	iBoxx $ Liquid 高收益		PS	XM
优先股	iShares S&P U. S. Preferred Stock	PFF	0.48%	标准普尔美国优先股		PS	CA
优先股	PowerShares Financial Preferred	PGF	0.60%	Wachovia 混合优先证券金融		PS	CA
	固定收益 ETF 平均管理费		0.19%				

第十五章　商品和货币 ETF

ETF 的发行品种已经远远超出了股票和债券指数种类。现在已经有数只另类资产的 ETF，包括单个大宗商品、大宗商品期货、期货指数和外汇。这些新产品在组合管理中发挥着越来越大的作用。

在你的投资组合中增加一个诸如大宗商品的另类资产的好处在于，这种资产从长期来看，往往会表现出与传统的股票和债券较低的相关性（见第十七章）。两个资产类别之间的低相关性意味着，当其中一个资产价格上涨的时候，另一个资产价格也许不会随之上涨，并有可能朝反方向变动。这会降低整个投资组合的波动性。

此外，单个大宗商品板块与其他大宗商品板块之间的相关性通常较低。因此，理论上通过一个商品期货指数实现多样化投资各种大宗商品期货，有可能比拥有单一大宗商品 ETF 更加有利。

在投资组合中包含大宗商品类投资产品的劣势有很多。相较于股票和债券，投资大宗商品的成本较高。大宗商品缺乏可预期的长期收益（没有经通胀调整后的收益），而且大宗商品和期货产品的税收效率很低。

大宗商品基础知识

大宗商品是诸如食品、原材料以及与能源相关的日常会使用到的产品，其中食品包括食用糖、玉米和燕麦等，原材料包括钢铁、铝等，能源类交易产品包括原油、天然气和电力。另一个类别是贵金属，比如黄金，其几乎没有制造价值；还有白银，制造价值略高些。综上，这些资源构成了全球大宗商品市场，并可以以下方式进行分类：

- 能源：原油、燃料油、天然气、电力。
- 工业用品：铜、钢铁、棉花。
- 贵金属：黄金、铂、白银、铝。
- 家畜：活牛、瘦猪。
- 谷物和油料种子：玉米、大豆、小麦。
- 软商品：可可、咖啡、橙汁、糖。

全球大宗商品市场范围广且深度大。几乎在全世界每一个国家，商品都会被挖掘出来、制造出来或者种植出来，这造就了数百个市场和全世界范围内的交易。每周 7 天、每天 24 小时，都有商品在世界某地的某个市场被买入、卖出。如果你想在星期天晚上 10 点买一盎司黄金，那也可以。如果你想在星期二凌晨 3 点买进 1 万包棉花，只需要拿起电话，或者在你的电脑上点击几下。

根据定义，“商品”一词的意思是“丰富”。虽然有些大宗商品可能比其他商品稀有，但是供给始终有很多，而且更多的商品可以被种植、挖掘或者制造出来。某个板块类别的偶尔短缺会造成暂时的价格跳升，但是这种短缺往往都会随着时间的推移而被消除。如果玉米的价格因为乙醇厂商的需求增长而上升的话，农民就会在下一季种植更多的玉米，并且会持续种植玉米，直到供给大于需求，价格再次下跌(连同油价一起)。如果建筑活动的繁荣造成了钢铁的短缺，钢铁价格就会上涨，生产者就会开采更多的铁矿，小钢厂就会回收更多的边角碎料，全世界会出现很多新的生产者开工生产；然后随着建筑业的繁荣结束，钢价会大跌。任何时候只要某种商品的价格足够高、能产生的利润足够大，当前的供应商就会生产更多商品或者收割更多数量的商品，新的竞争者也会带来更多供给。

大宗商品新的供给可能需要数年时间才能满足市场需求。高昂的启动成本和新储量的发现需要时间，但是供给最终会跟上来，商品价格最终会降下来。价格的大幅上升对于长期的大宗商品生产商来说，往往不是好事，因为在大多数情况下，价格的大幅上升最终会导致过量的供给，而这就会导致价格的迅猛下跌和经营亏损，这就是商业繁荣破灭的本质。大宗商品的投资新手们已经在 2008 年痛苦地意识到了这一从繁荣到破灭的本质，当时大宗商品价格在 6 个月的时间里狂跌了大约 60%。

现货与远期合约

在从实践角度论述大宗商品和货币 ETF 之前，我们有必要先讨论一下大宗商品实物和即期价格，以及对大宗商品期货的求偿和远期价格。

大部分实物商品的交易对个人不是一个可以考虑的选择，除非你拥有一个粮仓可以储存 1 万蒲式耳玉米，或者有个大油库可以贮藏 1 000 加仑原油，否则大部分对大宗商品的直接投资都是不具有可操作性的。也有例外的情况，比如黄金和白银，但这仅仅是例外，并非惯例。为了使大宗商品投资具有可行性，大部分人投资锁定未来价格的合约，这种合约就是期货、远期或其他品种。

商品期货并不代表直接拥有实际的商品。它是一项以交易当天所约定价格在未来买入该商品的义务。一份合约是一项在未来交割日以合约交易时的价格买入或者卖出特定商品的标准化协议。只需要一小笔钱来保证合约的执行，这就为商品期货投资者提供了巨大的杠杆。

期货价格不同于即期价格，虽然期货价格被用来预测未来价格。期货价格从当前即期价格出发，然后根据利率、已知的影响供给与需求的季节性变化、可能的储藏成本和其他持有成本进行调整。

如果即期价格预期会在期货合约到期时远远高于当前的价位，那么当前的期货价格就会定在一个相对于当前即期价格较高的价格水平上，这就叫作升水(contango)市场。低于预期的未来即期价格会表现为当前较低的期货价格，这就叫作贴水(backwardation)市场。图 15.1 显示的是一个石油期货市场升水和贴水的例子，基于预期石油即期价格每桶 60 美元。

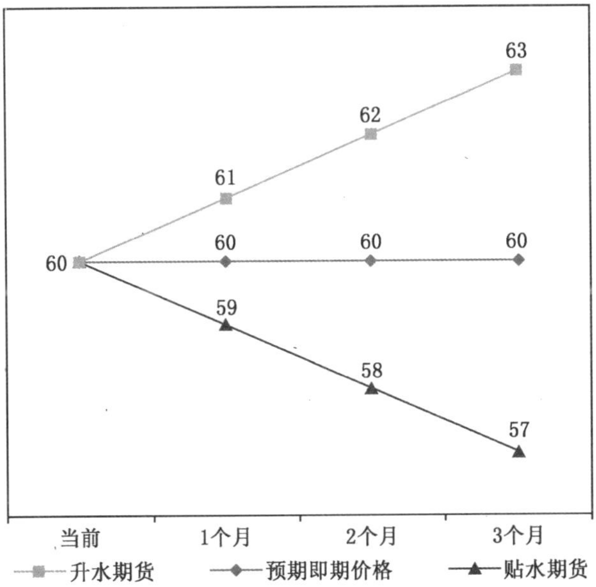

图 15.1 石油期货价格升水和贴水

当商品期货处于贴水时，买入低价格期货合约，并用现金买入国债，是有利可图的。相对于以即期价格买入商品，然后等待价格上涨而言，这样做的收益更高。

当商品期货处于升水时，买入大宗商品实物并支付现金，比溢价买入商品期货花费更少。你将为持有大宗商品实物付出一定的成本，但这些成本比在期货合约上支付的溢价要少。

投资期货是否能轻松赚钱?

围绕投资商品期货的价值有广泛的争论。有些研究表明，其收益与股票相当，尽管即期现货市场的收益没有实现这种情况。还有些学术研究显示，期货收益率往往更加接近于通货膨胀率。问题在于研究选取的时间段，以及进行这种研究的人。许多近期的研究表明，高收益率集中在过去的数十年，还有些研究则表明低得多的收益率。

从逻辑上来讲，如果商品期货价格一半时间处于升水，一半时间处于贴水，那么买入现货或者期货都没有什么优势。如果你买入大宗商品实物并储存起来，或者买入期货合约并将多出的原本用于购买实物商品的现金投资于短期国库券，两者的总收益应该是相同的。

投资期货的 ETF 必须将合约从这一个月展期到下一个月，以避免无数加仑的石油在期货合约到期日被送到基金公司的门口。展期收益率可能是正的，也可能是负的，这取决于下一个月的期货价格与临近到期期货价格之间的关系。简单而言，如果较远月份的合约比较近月份的合约价格低(贴水)，期货的买方就赚到了一笔利润；如果较远月份的合约比较近月份的合约价格高(升水)，期货的买方就赔钱了。

多年来，能源期货的买方因为石油市场陷入贴水状态而获得利润。根据巴克莱资本公司的数据，从 1983 年到 2007 年的二十几年间，石油在大约 57%的时间里处于贴水状态。然而，当 2006 年市场转变为升水状态时，原来的盈利状态便转变为亏损状态。ETF 的投资者受到了市场情况转变带来的伤害。美国原油基金(代码：USO)是美国市场上的第一只原油 ETF。USO 于 2006 年 4 月 10 日以 68.25 美元的价格开始交易，几乎等于当时的每桶原油价格。该基金在一年后的收盘价格为 52.01 美元，下跌了 23.8%。然而，同期美国原油基准价格仅仅温和下跌了 6.5%。USO 大部分额外亏损的原因是原油期货市场转变为升水状态所导致的负展期收益。

无法确定石油市场会保持升水状态多久。但无论持续多长时间，基于商品期货的 ETF 的投资者们都将承担负展期收益所产生的额外成本。

商品 ETF

大宗商品实际上是一种交易载体，不是长期投资的载体。时机就是一切。在过去的 30 年里，大宗商品价格只出现过两次大幅上涨。第一次发生在 20 世纪 70 年代的高通胀年份，与美国宣布美元与黄金脱钩同期；第二次发生在新千年的第一个 10 年间。图 15.2 显示了从 1977 年到 2006 年经通胀调整后的石油和黄金价格。两个波峰在图中十分明显。石油价格在 2009 年跌回其经通胀调整水平以下，且黄金价格开始下滑。黄金价格的下跌往往在价格大幅攀升之后滞后于石油价格的下跌。

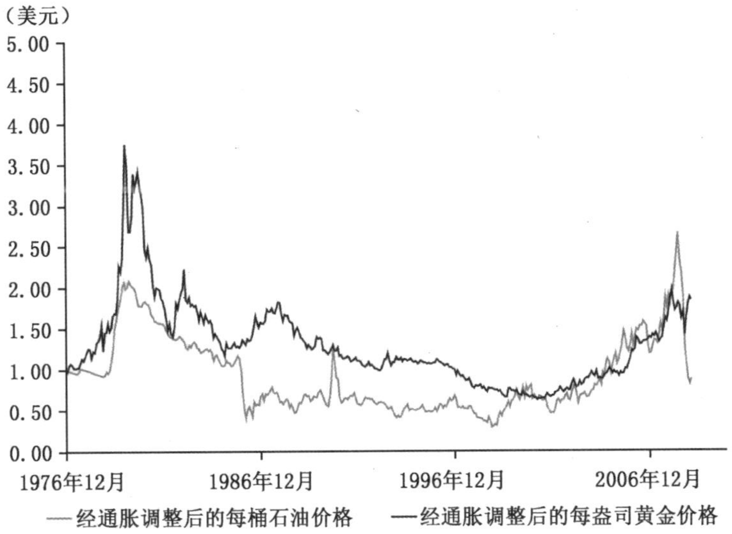

资料来源：Commodity Research Bureau.

图 15.2　1977～2006 年经通胀调整后的石油和黄金价格

善于择时的投资者有机会从商品中赚到比单纯投资于股票和债券更多的利润，但这不容易实现。尽管如此，在 2000～2007 年这段时间，商品价格的抬升仍吸引了个人和指数供应商的巨大兴趣，而 ETF 公司则乐于满足其在投资方面的需求。不幸的是，这些入局太晚的人在 2008 年受到了重创。

石油 ETF

美国原油基金（USO）的投资目标是，使其基金单位的资产净值反映西得克萨斯中质原油（WTI）的即期价格表现。USO 主要投资原油期货合约，致力于实现其综合资产净值在任何时候都接近原油期货合约的价值。我在前面讨论过，期货并不能一对一地跟踪反映即期价格。

iPath 标准普尔 GSCI 原油总收益 ETN（代码：OIL）跟踪非杠杆 WTI 期货的表现，并能从国债的抵押资产中获得收益。

德意志银行石油基金(代码:DBO)致力于跟踪德意志银行流通商品指数——最优收益能源超额收益指数(Optimum Yield Energy Excess Return Index)的表现。多拗口的名称！这是一个基于以一部分全球交易最活跃的能源商品为标的的期货合约按照一定规则构成的指数。

巴克莱 iPath 石油 ETN(代码:OIL)跟踪基于期货合约的高盛原油总收益指数(Goldman Sachs Crude Oil Total Return Index)。ETN 是债务相关工具,其交易与传统的 ETF 十分相似,主要的区别在于 ETN 并不实际持有标的商品或商品期货。ETN 是巴克莱的高级债务票据,巴克莱同意支付超过标的商品指数的超额收益,并每年扣减 0.75%的费用。

买入近月期货并在到期前转换为下一个近月期货的基金,在市场处于升水状态时,会造成投资者很大的损失。避免这种损失的一个办法是,买入较远月份的期货合约。美国 12 个月原油基金(代码:USL)即买入距离现在 12 个月的原油合约的同等仓位。延长合约的期限有助于减少升水市场对投资组合的影响,从而在升水市场期间提高投资者的收益。

黄金和白银 ETF

streetTRACKS Gold Shares(代码:BLD)为投资者提供了进入黄金市场但无须交割实物黄金,并能在受监管的股票交易所买卖该证券的一个途径。该信托基金持有黄金,发售用来交换黄金储备的份额,并按照份额的赎回要求交割黄金。每个 ETF 份额都代表着 1/10 盎司黄金,由金库里储藏的金条作担保。该信托基金的投资目标是要让基金份额体现黄金价格的表现,并扣减 0.40%的费用。

iShares Comex Gold Trust(代码:IAU)也相当于 1/10 盎司黄金。ETF 的受托人即纽约银行,会根据当天公布的 Comex 当月黄金期货合约的结算价格来对信托基金的黄金估值。基金的份额将体现信托基金所拥有的黄金的价值,并扣除费用和负债。每年管理费率是 0.40%。

iShares Silver Trust(代码:SLV)是由实物白银作担保,每一份额约等于 10 盎司白银。信托的托管人是摩根大通,白银本身存在英格兰银行的金库里。该基金年管理费是 0.50%。

通过 ETF 直接持有黄金和白银是有缺点的。由于信托基金没有收入,费用的支付要通过变现基金的一部分资产,意味着要卖出 0.40%的黄金信托基金和 0.50%的白银信托基金。结果,随着时间的推移,每一份额权益所代表的黄金和白银将会越来越少。如果没有创设新的份额,以每一份额 0.1 盎司开始的黄金基金,在 10 年以后就会变成每一份额代表略高于 0.095 盎司。顺便说一句,对于美国投资者来说,为了支付费用而进行的卖出属于应税项目。说到税收,直接投资黄金和白银的第二个缺点就是,在卖出份额实现获利的时候所需承担的较高的税负。不同于持有超过一年的股票 ETF 最高 15%的资本利得税,黄金和白银投资被认为是收藏品投资。因此,收益的税率是较高的 28%的资本利得税。请记住:要咨询你的税务顾问,以了解税法的变化。

你可以用投资于期货合约的基金来投资贵金属,有 3 只 PowerShares 基金以贵金属期货为基准。德意志银行黄金基金(代码:DGL)以德意志银行流通商品指数——黄金为基础,德意志银行白银基金(代码:DBS)以德意志银行流通商品指数——最优收益白银超额收益指数(Optimum Yield Silver Excess Return Index)为基础,德意志银行贵金属基金(代码:DBP)以德意志银行流通商品指数——最优收益贵金属超额收益指数(Optimum Yield Precious Metals Excess Return Index)为基础。这几只基金都是由黄金和白银的期货合约构成的基于规则的指数。这些基金的管理费是 0.79%。

商品指数

商品共同基金投资于大宗商品总收益指数的衍生品,因此,投资这些基金的投资者应该理解商品指数是如何构建的。市场上有一些相互竞争的大宗商品总收益指数,就像股票指数那样,每个商品指数供应商都有自己的计算收益的方法,并且都有自己的理由相信其系统方法优于其他人的系统方法。

有 3 个衡量商品期货价格的热门指数，分别为标准普尔的 GSCI(GSCI)、道琼斯—UBS 商品指数(Dow Jones-UBS Commodity Index，DJ-UBSCI)和德意志银行指数(DBLCI)。这些指数最重要的区别在于赋予每个商品板块权重的方法和定期再平衡这些权重的方法。

本章“指数”一词的使用比策略股票指数的应用还要随意自由。所有商品指数在某种意义上都是一种策略，至少有一个商品指数供应商根据其对市场的看法持续改变指数中各种商品的权重。有些指数供应商将全球大宗商品的产出和消费水平纳入考虑，按年度进行再平衡。还有些指数供应商根据事先制定的指数规则，定期进行权重的再平衡调整。

本节描述的商品指数都是期货价格指数，这些指数体现了商品期货价格的变化，而不是商品价格的变化，这是一个重要的区别。有很多因素各自驱动着每个市场，当现货价格没有变化的时候，期货价格却可能上涨或下跌；反之亦然。如果你看到燃气的价格出现跳跃式上升，你的商品基金却不一定会赚钱。

总收益指数是为了复制完全抵押的商品期货的收益而设计的。总收益是指商品期货的价格收益，加上展期过程中接近到期的旧期货合约与当天合约展期到下个月的新期货合约之间的价差，再加上作为抵押物的国债的收益。从本质上说，所有跟踪商品指数的 ETF 都是基于总收益指数的，收益计算依据的是前面提及的公式。

标准普尔 GSCI 总收益指数

标准普尔 GSCI 是高盛于 1991 年创建的，被普遍认为是受追踪最多的商品基准指数。在 2007 年，高盛把指数编制方法和权利卖给了标准普尔。该指数采用的是世界产量加权法，也就是说，指数中每种商品的数量取决于可获得的过去 5 年的平均产量，并经过了流动性的调整。权重每年重新设定一次，并于 1 月 1 日生效。

标准普尔 GSCI 指数跟踪 24 个商品的价格，依据的是总体市场价值，有 6 种能源产品、5 种工业金属、8 种农产品、3 种家畜产品和 2 种贵金属。用标准普尔 GSCI 方法所产生的指数赋予能源商品很大的权重，因为全球生产的石油的总价值比所有其他商品的价值都要大很多。原油价格的一个小小的涨幅就会对标准普尔 GSCI 指数产生显著影响。

安硕标准普尔 GSCI 商品指数化信托(代码:GSG)旨在扣除费用和负债前合理体现标准普尔 GSCI-ER 指数(S&P GSCI-ER Index)的表现。GSG 使用商品期货来实现这一目标。iPath 标准普尔 GSCI 总收益指数 ETN(代码:DJP)是与标准普尔 GSCI 总收益指数挂钩。与其同类产品不同的是，DJP 提供的是用巴克莱发行的无抵押债务所构建的指数收益的风险敞口。

道琼斯—UBS 商品指数

道琼斯—AIG 商品指数(DJ-AIG Commodity Index，CI)策略于 1998 年创建，接受大量个人和机构投资者的跟踪。该指数参考 20 个不同商品期货的价格变动，其下还有一些子指数。

在 2009 年 AIG 陷入金融困境，将其商品指数业务卖给了 UBS。通常，名称会随之改变。2009 年 5 月，AIG 的名称在这个商品指数家族中被 UBS 取代。

DJ-UBSCI 并不是一个基准指数，因为它并不衡量广泛的商品期货市场价值的盈亏情况。然而，该指数是一种投资策略。它有严格的规则来设定各行业板块和证券的固定权重。没有一个商品板块会在年初的时候有超过 33%的仓位(例如能源)，组别中的任何一个商品都不得超过该组别的 15%或指数的 2%(例如 WTI 原油)。指数的权重在每年 1 月份进行再平衡。根据假设数据，道琼斯声称它的投资策略的表现超过了商品期货的被动型基准指数。

iPath 道琼斯—UBS 商品指数总收益 ETN(代码:DJP)与道琼斯—UBS 商品指数总收益指数挂钩。它是为了实现构成该指数的实物商品的期货合约的投资收益，加上投资指定国债作为现金抵押物所获得的利息，并且未扣除费用。

德意志银行流通商品指数

德意志银行流通商品指数创设于2003年，其初衷是为了体现那些在全球交易中最有流动性的商品的表现。该指数中的商品的权重设定为：原油（35%）、燃料油（20%）、铝（12.5%）、玉米（11.25%）、小麦（11.25%）和黄金（10%）。指数所包含每种商品的比例与全世界的产量和库存的历史水平成比例。德意志银行表示，有限的商品种类并不重要，因为相同板块里的商品的价格走势往往具有高度的相关性。

德意志银行商品指数跟踪基金（代码：DCB）是基于德意志银行流通商品指数。该指数有个不同寻常的再平衡策略：能源期货的仓位，也就是WTI原油和燃料油，每个月进行再平衡，而其他4种商品合约的仓位每年进行一次再平衡。这种双重的再平衡策略预期可以提高展期的收益，或降低期货合约展期所产生的负面影响。

新基金的进展

商品指数基金的发行正从基于广泛的商品指数自然发展为基于商品板块或子板块。BGI将要管理两只板块基金：安硕GS商品工业金属指数信托跟踪由铜、铝、锌、镍和铅产量加权的指数；安硕GS商品家畜指数信托旨在提供对商品领域中家畜部分的敞口。

降低能源比重是另外两个BGI基金的目标。安硕标准普尔GS商品轻能源指数信托将标准普尔GSCI的能源敞口从77%减少到仅有39%。安硕标准普尔GS商品非能源指数信托更进一步，将能源商品全部剔除，从而使投资者可以跟踪商品总收益指数中非能源部分的表现。

2008年急剧动荡的商品市场导致了第一批空头基金的诞生。新发行的ETN与德意志银行流通商品指数（最优收益）挂钩。顾名思义，ETN

的名字指双倍做空，这就意味着其月度收益是指数表现相反方向的两倍。这些基金有：DB 商品加倍空头 ETN（代码：DEE）、DB 商品加倍多头 ETN（代码：DYY）、DB 商品空头 ETN（代码：DDP）和 DB 商品多头 ETN（代码：DPU）。

商品 ETF 的缺点

在投资组合中持有商品类产品有几个缺点，其中包括投资该资产类别的成本、该资产类别预期长期收益的缺乏和商品现货与期货税收效率的低下。投资商品 ETF 的平均成本为每年 0.75%（参见章末表 15.2）。这使得商品 ETF 成为所有 ETF 品种中最昂贵的一个。

没有实际收益的资产类别

商品投资的支持者认为，将这种资产加入股票和债券投资组合中会有分散化的益处，因为它降低了整体投资组合的风险。但是，商品 ETF 是一种良好的投资品种吗？

从长期来看，一项对于实物商品和单个商品期货的投资所产生的收益，相当于扣除税费之前的国库券收益率。该数据最近被西部信托公司（Trust Company of the West）的克劳德 · B. 厄尔布（Claude B. Erb）、杜克大学（Duke University）和国家经济研究局（National Bureau of Economic Research）的坎贝尔 · R. 哈维（Campbell R. Harvey）所证实。在他们于 1996 年 1 月 12 日发表的研究报告“商品期货的战术和战略价值”中，厄尔布和哈维回顾了商品研究的历史，并计算了相关数据。他们的结论认为，“从历史上看，单个商品期货所产生的平均年化超额收益接近于零。”

我相信，商品对那些关心被动投资管理的投资者而言并不是一项好的长期投资（见第十七章）。降低投资组合风险是个崇高的目标，但不该以降低预期收益为代价。华尔街有一句话完全适用于我对长期投资商品的看法:“靠风险调节收益,是吃不饱饭的。”

大宗商品投资在有些投资者的投资组合中占一席之地。商品基金对于希望采用主动投资策略的投资者来说,是非常好的交易工具(见第十九章)。如果时机掌握得好,用商品 ETF 和 ETN 是可以赚到很多钱的。

税收问题

商品投资者需要意识到税收问题。商品期货的收益是无法递延的,国税局要求所有合约在年底时按市值计价,该处理与出售合约的效果一样。该要求涉及 ETF 中所含的期货合约,但不适用 ETN 投资(见第三章)。

一个会计年度的损益或从盯市中产生的任何收益或亏损,都需要缴纳 60%的长期/40%的短期利得税,无论持有的时间长短。这就构成了最高 23%的资本利得税率——高于股票,但低于收藏品,就像在前文中提到的那样。利息收入也要纳税,因为它是直接得到的。

税法变得很快,在你采取任何有可能影响到你的国税报表的投资行动之前,请先咨询你的税务顾问。

货 币

机构投资者传统上一直主宰着外汇市场。有了 ETF 和 ETN,个人投资者现在可以方便地投资那些仅以体现基金所持有货币价格为目标的基金。

交易所交易投资组合只提供一个很低的利率,但是基金主要的吸引力仍然是货币风险敞口。如果某个基金持有的货币相对于美元升值了,而某个份额持有者卖出了份额,那么份额持有者将获得一笔利润。如果某个基金持有的货币相对于美元贬值了,而某个份额持有者卖出了份额,那么份额持有者就会产生亏损。

货币 ETF

2005 年 12 月，莱德斯投资公司(Rydex Investments)在纽约证券交易所推出了第一只货币 ETF——欧元货币信托(Euro Currency Trust)。从那以后，莱德斯还推出了很多以其他货币为基准的 ETF，包括许多美国的贸易伙伴的货币。每只 ETF 都在摩根大通银行的一个海外分行持有一种不同的外国货币。这些基金根据美联储午间买入价跟踪其标的货币的价格。

德意志银行美元看多基金(代码：UUP)和德意志银行美元看空基金(代码：UDN)是分别基于德意志银行多头美元期货指数(Deutsche Bank Long USD Futures Index)和德意志银行空头美元期货指数(Deutsche Bank Short USD Futures Index)。USDX 期货合约的设计目的是要复制做多或做空美元兑其他货币，如欧元、日元、英镑、加元、瑞典克朗和瑞士法郎的表现。

巴克莱银行于 2007 年 5 月扩大了它的 ETN 阵容，推出了 3 个货币产品：iPath 欧元/美元(代码：ERO)、iPath 英镑/美元(代码：GBB)和 iPath 日元/美元(代码：JYN)。这些票据分别提供了对欧元、英镑和日元的风险敞口。

ETN 可以按照外国的现行利率赚取利息收入，再扣除 0.40%的管理费。然而，你并不能拿到现金。我们在第三章中讲过，ETN 不派发红利或任何利息——这些都是总收益的载体。票据的价值随着持有期的延长而上升。相比之下，CurrencyShares 每月派发的红利作为一般收入需要缴纳一般所得税。表 15.1 列举了一个假设 iPath 票据付息和 CurrencyShares 付息的例子，这个表格来源于 www.indexuniverse.com，是 ETF 投资者一个很好的资源网站。收益率数据在 2007 年 5 月 8 日有效。

表 15.1　　iPath 和 CurrencyShares 利息比较

货币基金比较	利　率
iPath 英镑/美元(CBB)	5.0%
CurrencyShares 英镑信托(FXB)	4.9%
iPath 欧元/美元(ERO)	3.6%
CurrencyShares 欧元信托(FXY)	3.5%
iPath JPY/USD(JYN)	0.3%
CurrencyShares 日元信托(FXY)	0.3%

资料来源：www.indexuniverse.com，2007 年 5 月 8 日数据。

这一产品有一段非常有趣的历史。iPath ETN 最初推出时的卖点是，具有长期收益方面的税收优势。巴克莱银行相信，它的货币 ETN 对于指数来说是预先付款的合约。根据这一观点，ETN 投资者在卖出或者赎回票据前都不需要缴税，而这种收益将适用长期资本利得税率(目前最高为 15%)。

相比之下，美国国税局将所有货币收益都视作一般收入。这就意味着 CurrencyShares ETF 的所有收益都适用一般所得税，其税率目前为 35%。

因此，如果你投资 1 000 美元于 CurrencyShares，然后在一年后以 1 080 美元的价格卖出基金，加上赚取的 20 美元利息，你就必须把总共 100 美元收益视同一般收入。税收要占到 35 美元——假设适用 35%的联邦税率。这样，税后收益就是 6.5%。与买入 1 000 美元 iPath 货币票据，再以 1 100 美元价格(包含了利息)卖出的情况相比较：你必须把那 100 美元收益视同长期资本利得，其税率为 15%。这样，税后收益就是 8.5%。

美国国税局没有让巴克莱银行如愿。如果你买了一只 iPath 货币基金，就适用一般所得税率——只有这些 ETN 适用一般所得税。

多/空货币投资

德意志银行 G10 货币收获基金(代码：DBV)是一个非常有趣的货币/

利率 ETF,该基金的基准是德意志银行 G10 货币收获指数(Deutsche Bank G10 Currency Harvest Index)。这个指数的构成是做多 G10 货币中利率最高的 3 种货币期货合约,以及做空 G10 货币中利率最低的 3 种货币期货合约。现金投资美国政府证券。该基金不会建立美元期货合约的多头或空头仓位,因为那是基金的本币。该指数每个季度对利率进行再评估,并根据评估结果重新设定期货合约的权重。

在每次重新设定权重之后,指数会立刻反映出一个 2∶1 杠杆率的对 3 个多头期货合约和 3 个空头期货合约的投资。通过建立多头和空头仓位,指数预期会提供比仅仅持有多头货币仓位或仅仅持有空头货币仓位更加一致和低波动率的收益。

期货 ETF 的未来

目前,ETF 提供商正开始发行基于有趣的另类资产指数的新产品,这类产品发展的关键在于,基金公司正在努力推出的产品是否有一个活跃的衍生品市场。如果有一个活跃的衍生品市场,就可能出现成功的可交易 ETF。

未来会有哪些新的进展呢?跟踪你所在城市的住房平均市场价格的共同基金如何?凯斯—席勒(Case-Schiller)指数代表全美 10 个主要都市的住房价格变动:波士顿、芝加哥、丹佛、拉斯维加斯、洛杉矶、迈阿密、纽约、圣地亚哥、旧金山和华盛顿特区。

2006 年第二季度推出的期货合约跟踪的是凯斯—席勒指数,也许住房的买方和卖方不久就可以选择对冲他们所在城市的房屋价格上涨或下跌的风险了。

商品和货币基金清单

表 15.2 提供的是在美国交易所挂牌的老牌商品和货币 ETF 及 ETN

清单。该清单分为两个部分:第一部分罗列的是货币基金,第二部分是商品基金。

货币和商品 ETF 与 ETN 的数量在不断增长,挂钩新的另类资产的基金也将会在未来几年推出。要想掌握最新动态,请访问附录 B 中所列网址。要想获得所有商品和货币 ETF 与 ETN 的清单,包括指数构造策略箱数据库,请访问 www. theetfbook. com 和 www. etfguide. com。

附录 A 是表 15.2 中每个指数所用的证券选择和加权方法的缩写指南。有关指数描述、证券选择和加权方法是根据可获得的信息得出的最优匹配。

小　结

另类资产 ETF 近年来出现了爆发式增长。低成本基金如今可见于单个商品、商品指数和货币相关的产品。随着竞争驱动压缩成本,这些新的机会未来将有可能在投资组合管理中发挥更大的作用。

在投资组合中增添另类资产的 ETF 既有优点也有缺点。优点之一是,商品投资往往表现出与传统股票和债券投资之间的低相关性。这样会降低投资组合的整体风险。然而,这么做的缺点包括存在投资成本,缺乏一个扣除管理费和通胀率后的实际预期收益,以及低税收效率。

随着金融市场中创新层出不穷,更多的另类资产 ETF 将会出现。其中有些产品将会进入新的、激动人心的市场,比如房地产或者艺术品市场。希望投资这些产品的费用会降到足够低的程度,从而使买入—持有型投资组合和主动交易型投资组合都能获益。这些产品使愿意冒险进入商品和货币交易的人更容易进行投资活动。

表 15.2 货币和商品基金

货币 ETF 和 ETN							
类别	ETF 名称	代码	费率	币种	策略箱	证券选择	证券权重
单一国家	CurrencyShares 澳元信托	FXA	0.40%	澳元		PA	CA
单一国家	CurrencyShares 英镑信托	FXB	0.40%	英镑		PA	CA
单一国家	CurrencyShares 加元信托	FXC	0.40%	加元		PA	CA
欧元区	CurrencyShares 欧元信托	FXE	0.40%	欧元		PA	CA
单一国家	CurrencyShares 日元信托	FXY	0.40%	日元		PA	CA
单一国家	CurrencyShares 墨西哥比索信托	FXM	0.40%	墨西哥比索		PA	CA
单一国家	CurrencyShares 瑞典克朗信托	FXS	0.40%	瑞典克朗		PA	CA
单一国家	CurrencyShares 瑞士法郎信托	FXF	0.40%	瑞士法郎		PA	CA
欧元区	iPath 欧元/美元 ETN	ERO	0.40%	欧元		PA	CA
单一国家	iPath 英镑/美元 ETN	GBB	0.40%	英镑		PA	CA
单一国家	iPath 日元/美元 ETN	JYN	0.40%	日元		PA	CA
美元—多头	PowerShares 德意志银行美元指数牛市基金	UUP	0.50%	德意志银行多头美元期货指数		PA	CA
美元—空头	PowerShares 德意志银行美元指数熊市基金	UDN	0.50%	德意志银行空头美元期货指数		PA	XS
多币种—多头/空头	PowerShares 德意志银行 G10 货币收获基金	DBV	0.75%	德意志银行 G10 货币期货收获		PA	XN
	货币基金平均管理费		0.44%				

续表

商品 ETF 和 ETN							
类　别	ETF 名称	代 码	费 率	币　种	策略箱	证券选择	证券权重
贵金属	安硕白银信托	SLV	0.50%	白银即期价格		PA	CA
贵金属	安硕 Comex 黄金信托	IAU	0.40%	黄金即期价格		PA	CA
贵金属	streetTRACKS 黄金股份	GLD	0.40%	黄金即期价格		PA	CA
贵金属期货	PowerShares 德意志银行白银基金	DBS	0.54%	DBLCI—OY 白银超额收益		PS	CA
贵金属期货	PowerShares 德意志银行贵金属基金	DBP	0.79%	DBLCI—OY 贵金属 ER		PS	CA
贵金属期货	PowerShares 德意志银行黄金基金	DGL	0.54%	DBLCI—OY 黄金超额收益		PS	CA
商品期货	PowerShares 德意志银行农业基金	DBA	0.91%	DBLCI—OY 农业超额收益		PS	CA
商品期货	PowerShares 德意志银行原材料基金	DBB	0.78%	DBLCI—OY 国际金属超额收益		PS	CA
商品期货	PowerShares 德意志银行能源基金	DBE	0.78%	DBLCI—OY 能源超额收益		PS	CA
商品期货	巴克莱 iPath 石油 ETN	OIL	0.75%	GS 原油总收益		PS	CA
商品期货	德意志银行石油基金	DBO	0.54%	DBLCI—OY 原油超额收益		PS	CA
商品期货	美国原油基金	USO	0.50%	西得克萨斯中质原油现货		PS	CA
商品互换	MACROshares \$100 Oil Up	UOY	1.50%	Bull-NYMEX Light Sweet Ftr		PS	CA
商品互换	MACROshares \$100 Oil Down	DOY	1.50%	Bear-NYMEX Light Sweet Ftr		PS	CA
总收益指数	安硕标准普尔高盛商品指数信托	GSG	0.75%	标准普尔 GSCI 总收益		PS	CA
总收益指数	PowerShares 德意志银行商品指数跟踪基金	DBC	0.83%	德意志银行流通商品		PS	CC
总收益指数	道琼斯—UBS 商品指数总收益 ETN	DJP	0.75%	道琼斯—UBS 商品指数总收益		PS	FA
总收益指数	iPath 标准普尔 GSCI 总收益指数 ETN	GSP	0.75%	标准普尔 GSCI 总收益		PS	CA
	商品基金平均管理费		0.75%				

第四部分

用ETF进行投资组合管理

第十六章　组合管理策略概述

第四部分的所有章节旨在帮助读者选择和管理 ETF 投资组合。本章将介绍 4 种基本的投资组合管理方法，使读者能够比较、对比各种策略。本章所提供的信息可以作为研究和分析的起点，在你就哪种策略最适合自己做出最终决定之前，建议先进行进一步的研究，附录 B 为读者寻找更多信息提供了一个关键清单。

本章讨论的 4 种投资策略涵盖了被动投资、生命周期投资、主动投资和特殊目的投资。我们为每种策略都构建了 ETF 投资组合，所挑选的 ETF 都是举例，不代表任何投资观点。许多优秀的 ETF 因篇幅受限未纳入本书，而市场却是瞬息万变的。每个投资者都应该在最终决策前研究市场中的数个基金产品，这样才能确定哪些基金与自己的特定情形最符合。

当然，读者总有一个亘古不变的选择是聘请一家专业投资顾问公司来帮助你筛选 ETF 和管理投资组合。受过良好教育的投资专家当然能够解释不同类型和风格的 ETF 之间的差别，包括其各自跟踪的指数的优劣。

被动投资

第十七章将详细论述“买入并持有”这种优雅且有效的被动型投资策

略。这是任何个人投资者都可以采取的简单而有效的策略。无数的个人投资者都选择了这种低维护成本的方法。

被动投资是一种简单明了的投资策略。首先，需要选择一些适合你的长期财务目标的大资产类别；然后，用这些与你的目标一致的资产构建一个目标资产配置；接下来是挑选能够代表这些所选资产类别的低成本的ETF，并在你的投资组合中买入适当的数量。通过定期再平衡来维持目标资产配置，从而始终使投资组合和你的目标一致。采用被动投资策略无需预测市场时机，也无需预测市场哪些板块未来具有上涨潜力。

买入、持有、再平衡的方法管用的一个原因是其成本低。许多被动投资者选择跟踪市场指数的ETF，这种基金的费用大大低于跟踪定制指数的ETF。佣金成本也很低，因为被动投资管理并不要求频繁的交易活动，除了资产类别偶尔需要重新调整。

被动管理的一个衍生策略叫作核心/探测方法或核心/卫星方法。采取这一策略的投资者以一个收费很低的市场指数ETF作为其投资组合的核心，然后再增加一些跟踪定制指数的ETF以试图从风格或板块轮动转换中交易盈利。其理念是，策略的后半部分会实现超过市场指数的超额收益，同时，整个投资组合并不会大幅度偏离市场收益水平。

生命周期投资

生活将随着时间的流逝而发生变化，投资态度也是如此。生命周期投资是随着投资者进入不同的人生阶段而调整投资组合，而不是长期在特定资产类别上维持固定的资产配置。生命周期投资是一种被动方法，资产配置在每个阶段都会保持不变。

人们往往在年轻的时候投资起来不计后果，而随着进入人生后期会变得越来越保守。年轻人可以承担更激进的后果。他们往往手头资金不多，而且有很多时间可以弥补错误。这种态度在中年前后将发生改变，因为此时他们认识到了生命的有限和退休生活的临近。到了退休年龄，投资的驱动因素是为了提供足够的我们所需的现金流。在退休后，人们常常在收入需求和增值需求之间找到了平衡。

我过去曾在《始终保护你的财富》(*Protecting Your Wealth in Good Times and Bad*，2003)一书中，把投资者划分为四大年龄组别：存款期、中年积累期、临近退休期和退休期。这个分类是第十八章中投资组合建议的基础。

主动投资

主动投资策略就是要实现超过金融市场的收益。对于有些投资者来说，这是终极目标。不幸的是，要跑赢市场是十分困难的。很少有人能做到考虑时间和费用之后持续不断产生超额收益。尽管如此，如果你充满雄心，并且不断的失败不会让你受挫，也不会影响你的生活，那么主动投资策略也许是合适的。

用 ETF 来超越市场的方法有很多，从根据经济预测大幅调换股票和债券配置，到基于价格动量的板块轮动策略。在征服市场的征途中，你可能会发现一种新的战胜市场的方法。如果出现了这种情况，不要告诉任何人。一旦消息泄露，你的交易系统注定会沦为平庸，因为其他人也在利用这个方法。

名义收益和风险调整收益

跑赢市场并不仅仅是实现高于市场的收益。投资者有两种办法可以衡量投资绩效：名义收益和风险调整收益。跑赢市场从名义上看，意味着在百分比上的超越；更好的风险调整收益意味着要在考虑投资组合风险因素之后战胜市场。

名义收益是大部分个人投资者衡量自己是否成功的标准。如果美国股票市场在一年中的总收益为 10%，而你的投资组合实现了 12%的收益，你就在名义上跑赢了市场。我敢斗胆揣测，99%的个人投资者在决定是否购买某个投资产品的时候都只看名义收益。

风险调整收益是衡量投资组合或基金表现的一个更加成熟的方法。如果美国股票市场在一年中的总收益为 10%，而你的投资组合实现了 12%的收益，但是假如用价格波动衡量的组合风险显著高于股票市场的风险，那么你的投资组合表现就可能输给了市场。然而，如果你的投资组合仅仅取得了 8%的收益，而市场却实现了 10%的收益，但投资组合的风险远远低于市场整体风险，那么你的投资组合表现以风险调整的标准就可能超过了市场表现。计算风险调整收益的一个指标是夏普比率。有关夏普比率的公式将在本书第十九章中出现。

主动投资策略也许能实现超越市场的目标。然而，有关主动投资策略的一个事实却是确定无疑的——这种策略比被动策略成本更高，具体表现在以下 4 个方面：

1. 跟踪定制指数的 ETF 收费高于跟踪市场指数的 ETF。如果你打算用跟踪定制指数的 ETF 来跑赢市场的话，你就要支付更多费用。

2. 主动投资策略使得投资组合中的 ETF 换手率更高，这就造成了更高的佣金。

3. 主动投资策略很费时，需要许多时间研究和分析，以厘清与你的积极投资策略有关的信息。

4. 不要忘了感情成本。毋庸置疑，主动投资意味着要根据模糊的信息频繁地作出决定。在迷雾重重的金融战场上，许多决定都有可能出错，而错误决定不仅会造成财务上的损失，还会造成情感上的痛苦。

本书第十九章将论述运用不同方法实施主动投资管理的基本知识，其中前两个方法为基本面分析，后两个方法为技术分析。自上而下法是从鸟瞰全球经济开始，逐步深入各个国家、各种资产类型和各个产业。自下而上法是从每个行业或国家的基本面分析开始，逐步上升到战术性资产类型选择和动态国别配置。动量投资通过盈利加速趋势和价格趋势来预测未来收益。技术分析，也称为图表分析，是通过观察历史价格数据形成的既定图形模式来预测未来价格水平。

主动策略与基准指数的比较

主动投资组合策略的目的是战胜市场。为此，任何一种主动投资策略的收益都应该与适合的市场基准指数进行比较，基准指数采用的是被动证券甄选和市值加权办法。

基准指数有可能是单一指数，比如标准普尔 500 指数，也可以是基于投资组合中资产配置的数个指数的组合。例如，一个投资组合持有一个美国大型公司 ETF、一个国际发达市场 ETF 和一个普通债券市场 ETF，该组合可能选择的基准是一个可比的混合型基准指数，包括标准普尔 500 指数，摩根士丹利资本国际欧洲、澳大拉西亚和远东指数（简称 MSCI EAFE），以及巴克莱综合债券指数。

主动投资者可能会采用市场时机预测或战术性资产配置，来超越混合型基准指数。市场时机预测包括股票、债券和现金的批发式买入卖出，而战术性资产配置是资产类别之间逐步的小幅变动。虽然投资组合将会随着投资人的看法发生变化，但基准指数却不会发生变化。基准指数中资产类型的配置是按固定比例的。

例如，一个战术性资产配置投资组合可以从股票 70％、债券 30％的配置比例转变成股票 30％、债券 70％。然而，基准指数却永远保持在中间点：50％股票和 50％债券。由于基准指数的静态性质，可以精确到用一个固定数字来衡量投资者把握市场时机的水平。

图 16.1 显示了投资者在使用各种投资组合管理策略时，可以预计到的与基准指数的偏离程度。图的两端分别表示买入、持有、再平衡和市场时机预测。一个买入、持有、再平衡型投资者应该能被预期与基准指数的跟踪偏差微乎其微，因为他在努力实现市场收益。预测市场时机的策略会产生很大的跟踪偏差，因为投资者是在努力通过大幅调整资产配置来战胜市场。

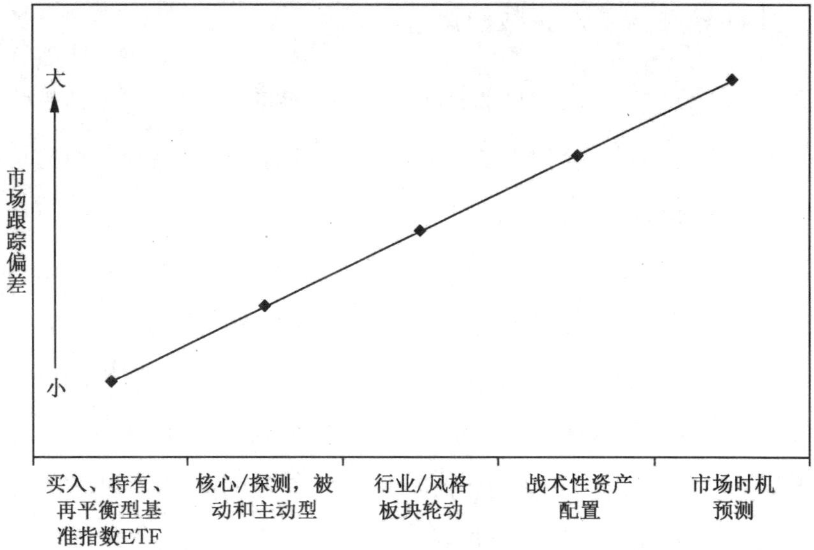

资料来源：Portfolio Solutions，LLC.

图 16.1 ETF 投资组合策略与跟踪偏差

特殊目的投资

我们将在第二十章讨论 ETF 在特殊情形中的使用。你也许会发现，可以把 ETF 当作填补资产类别空白的工具，也就是你的其他投资工具所没有涵盖的部分，以对冲流动性很差的股票仓位，或者用来管理货币风险。

填补空白是行业型和国家型 ETF 的常见用途。例如，加拿大股票约占全球股票市场的 5%，但是你在跟踪热门的 MSCI EAFE 的 ETF 持仓中找不到对于这个国家股票的持仓（请参阅本书第十一章）。这时，你可以配置一小部分安硕 MSCI 加拿大基金（代码：EWC）来填补此项空白。

ETF 可以用来对冲流动性很差的股票仓位。例如，你可能持有被限制卖出的公司股票，或者持有的股票成本太大，如果卖出就会构成沉重的税负。在以上这些情况下，做空该股票所在行业板块的 ETF 就可以对冲股票的下跌。如果这个行业整体下滑，并且连带着仓位所集中的公司股票价格下跌，那么该空头仓位的价值就会上升，抵消掉一部分损失。

货币 ETF 在投资组合管理和个人财务规划方面都有很多用途。假设你正准备明年夏天去一趟德国，并且担心美元兑欧元在你去之前会贬值，那么，你可以买入几千美元的 CurrencyShares 欧元信托（代码：FXE）或 iPath EUR/USD（代码：ERO），从而锁定今天的汇率。如果欧元确实走强，你为德国旅行准备的钱就得到了对冲保值。

给 ETF 投资者的小贴士

我们将在第二十一章为 ETF 投资者提供一些有用的建议，讨论几个可以降低投资费用、减少管理时间并提高投资收益和投资满意度的交易方法，同时也分析了聘用专业投资经理人帮助管理投资组合的利与弊。

ETF 是在证券交易所买入卖出的，而你选择在什么地方进行交易是十分重要的。挑选一个合适的经纪人可以为你省钱省时。选择折扣经纪公司的成本较低，但一般来说，其提供的服务少于全面服务型经纪公司。虽然成本是选择经纪公司的一个重要因素，但不能成为唯一的因素。全面服务型经纪公司拥有研究人员，为客户提供书面的专有信息和交易策略。这些服务也许对于更为主动的 ETF 投资者来说非常重要。

税负是投资者的一笔必要费用。ETF 由于其运作模式的缘故，本身就有很高的税收效益。此外，有几个投资组合管理方式可以用来进一步减轻税负，这些方式包括资产区位法和减税收益法。

很多人宁可花钱请人做投资研究和投资组合管理。付费型投资顾问是根据账户价值而不是交易过程中产生的佣金来获取报酬。市场上可供选择的顾问公司有很多，包括我自己的公司——位于密歇根州特洛伊的投资组合解决方案公司。专业管理公司的收费标准各不相同。我建议聘用一个比较容易合作且价格较合理的顾问公司。

小 结

第四部分将运用 ETF 进行投资组合管理的所有要素都集中在了一起。这些要素包括各种策略和节省成本的投资组合管理理念。本章讨论的投资策略提供了许多不同的方法，虽然它们仅仅涉及皮毛。使用 ETF 的方法有很多，投资者可以根据自己的想象力使用各种方法。

本章讨论的 4 种投资策略是：被动投资、生命周期投资、主动投资和特殊目的投资。为被动型买入—持有策略挑选 ETF，是最受欢迎的策略，该策略涉及一个静态的资产配置和偶尔的投资再平衡；生命周期投资策略是随着一个人一生中 4 个财富积累阶段而改变资产配置；主动投资则更加复杂，成本也更高，但是成功的投资者可以实现更高的收益。

挑选合适的经纪人，可能的话，聘请一家合适的投资管理公司，可以使 ETF 的管理更容易。交易佣金是选择经纪人的一个重要因素，但不应该是作出决定时的唯一因素。需要考虑的其他因素包括：所提供投资研究的深度和顾问建议的质量。如果你决定不靠自己管理资金，那么你可以支付一笔价格合理的年费来聘请一个合格的投资顾问，为你创建、维护一个审慎的 ETF 组合，使该组合能满足你的特定需求。

第十七章　被动投资管理

被动投资是一种简单而有效的投资组合管理技术，但是，它也很难维持，因为该策略必须有严格的约束条件。要想成为成功的被动投资者，你必须坚定不移地相信这一策略从长远来说是有效果的。

被动投资就是持有一个 ETF 的投资组合，这些 ETF 大部分是跟踪低成本基准指数的，组合的构建是基于投资者的长期目标，并且该组合是要被长期持有的。被动投资者并不尝试通过预测经济变化或编制价格走势图来预测市场时机，也不会为了寻求巨额收益而在各个市场板块或风格中转换。投资组合的唯一交易活动是进行资产类别再平衡或追加、提取资金。

被动投资的目标是要实现市场的收益。成功的被动投资者意识到，全球股票和债券市场的自然收益都是值得追求的。他们也理解跑赢市场有多么困难，实际上没有几个人能成功地在有生之年实现打败市场的伟业。

不幸的是，一般被动投资最初的想法都很不错，却并非总是以这种状态结束。要维持一个固定的配置多年，需要有信念和情绪管理上的纪律。许多原本能够成功的被动投资者在某个时刻偏离了自己的信念，因为他们觉得该策略可能不会奏效——这种情况往往出现在市场形势不好的时候。正是在这些时候，信念不那么坚定的投资者放弃了这一策略，转而寻找更有希望的地方。然而，在市场条件不佳的时候改变投资策略往往是错误的举措，会导致收益更低和比维持被动投资方法更高的风险。

被动投资是直截了当的。根据你的长期财务目标来选择你希望纳入投资组合的资产类别，然后选择低成本的 ETF 来代表这些资产类别。随着时间流逝，全球金融市场会朝着各个不同方向发展，该投资组合也会偏离其最初的配置比例。保持配置一致性，定期对投资组合进行再平衡，从而把投资组合内的配置调整到最初的比例。

理解被动投资策略但不打算跟踪全市场的投资者，可以将自己的投资组合划分为只使用那些跟踪基准指数的 ETF 和更为激进的 ETF。核心/探测技术（也称作核心/卫星技术）是指投资者持有一个由低成本的基准指数 ETF 组成的核心组合，同时买入少量昂贵的跟踪策略指数的 ETF。这种做法是希望通过核心投资组合来实现市场表现，而定制部分实现超额收益。在最糟糕的情况下，投资组合总收益不会远远低于基准指数的收益。

买入、持有、再平衡

买入、持有、再平衡（BHR）策略，可以不言自明。根据你的投资目标，创建一个由低成本跟踪基准指数的 ETF 构成的分散化投资组合，并长期持有。交易活动每年只有一次，以再平衡投资组合，使之回到目标资产配置，或者发生在增加或者提取资金的时候。你无须试图去预测任何一个市场的收益，或通过投资风格和板块的转换去追求额外收益。

在 BHR 策略下，你需要做出的最重要的长期决定就是，股票和债券指数基金的长期混合比例。这一决定将能够解释投资组合在长期主要的风险和收益。因此，在使用 BHR 策略时，在一开始的时候选择一个良好的配置比例是非常重要的。

什么是资产配置

资产配置是“不要把你的鸡蛋放在一个篮子里”的一种优雅的说法。覆盖多种投资类型的全球性多样化是这一策略的核心。选择哪些投资品种对投资组合长期收益预期至关重要。而这一决定的中心问题是收益分析和资产类别相关性分析。本章只是简单介绍资产配置中使用的基本工具和概念,关于更高深的解析,请参阅我的著作《资产配置宝典》。

相关性是指一种投资产品影响另一种投资产品走势的倾向性。如果一种投资产品与另一种投资产品的变动协调一致,那么两者就是正相关;如果两种投资产品朝着相反方向变动,那么两者就有负的相关性;如果两种投资产品的变动彼此独立,那么两者就没有相关性。

对于投资者的挑战往往在于要找到所跟踪指数的 ETF,并且它们在未来彼此的相关性较弱。如果能够做到这一点,那么投资组合中就会出现各种投资产品走势不同,而这将会降低整体投资组合的风险。

分别投资于两个跟踪同样资产组合且具有高度正相关性的 ETF 是没有好处的。例如,如果你已经持有了先锋全美股票市场 ETF(代码:VTI),再买入安硕罗素 3000(代码:IWV)就没有意义了。这两个 ETF 的标的证券品种基本相同,因而应该具有高度相关性。

图 17.1 显示了投资于两个拥有相似风险收益特征的 ETF 的投资组合。ETF A 和 ETF B 为正相关。假设再平衡是每年进行的,那么 50%投资于 ETF A、50%投资于 ETF B 的投资组合就没有降低风险。投资组合的表现与这两个投资产品中的任何一个都相同。

如果能找到两个表现出收益负相关性的 ETF 就会非常好。图 17.2 显示了 ETF A 和 ETF B 朝着相反的方向变动,且两者从长期来看都能产生正收益。50%投资于 ETF A、50%投资于 ETF B 的投资组合按年度再平衡产生的收益,比单独投资这两个投资产品中的任何一个都更平滑。

如果两个 ETF 各自的走势都是随机的,两者之间的相关性就很低。无关的资产类别之间的低相关性,比两个资产类别之间有固定的负相关性的情形要常见得多。图 17.3 就是两个资产类别表现出低相关性的一个例子。两个 ETF 大部分时候是各自独立运行的。如果各自都能实现超过通货膨胀率的长期收益,那么这就是投资组合中可以配置的一组良好的投资产品。

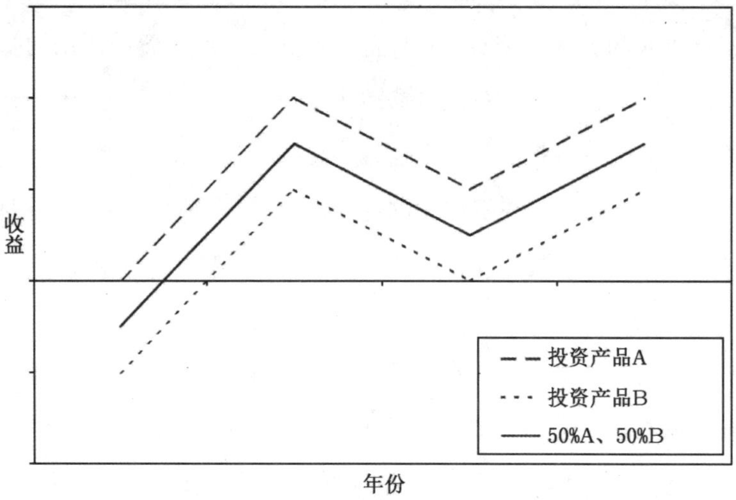

图 17.1　ETF 之间的正相关性

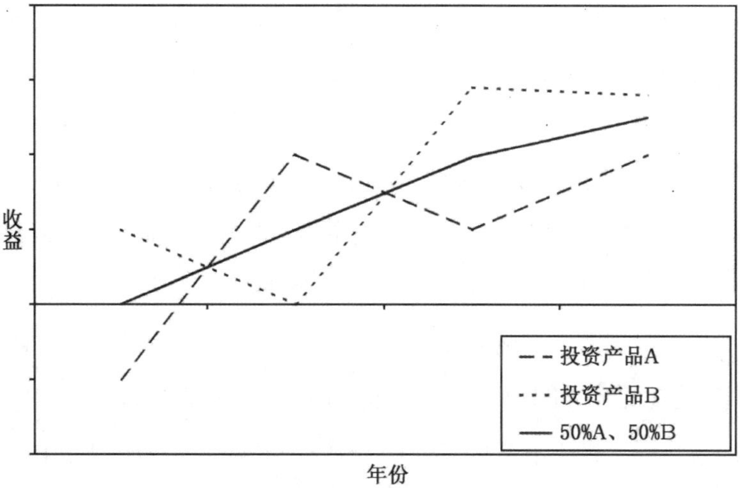

图 17.2　ETF 之间的负相关性

现实中的相关性

在实践中，并没有太多 ETF 可以在所有时期都表现出持续一致的低相关性，并且产生超过通胀率的长期正收益。它们要么表现出变化的相关性和正实际收益，要么表现出低相关性和扣除通胀后没有实际预期收

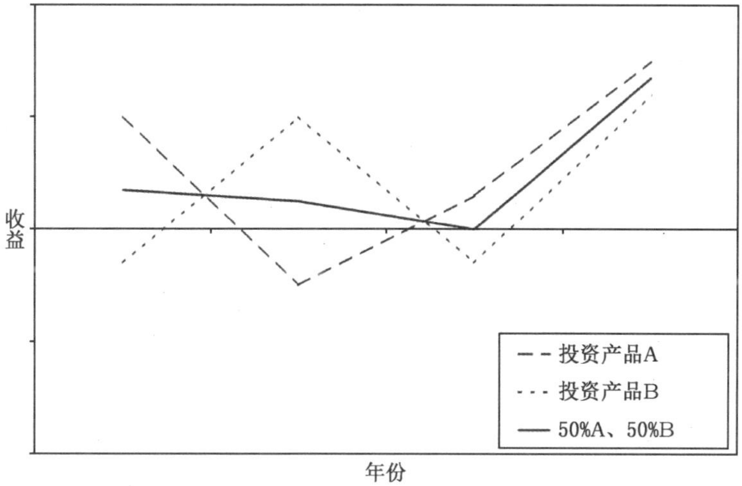

图 17.3　ETF 之间的低相关性

益。你能做到的最好的情况是找到一些 ETF 能够在部分时期表现出低相关性或负相关性，且在所有时候都能产生正的预期长期收益。

图 17.4 显示的是美国股票收益与美国中期国债收益之间的 3 年滚动相关性。当曲线处于图的上半部分（0 值以上部分）时，相关性为正；当曲线处于图的下半部分（0 值以下部分）时，相关性为负。你可以看到，相关性随着时间的推移不断地在正负之间游走，这是许多其他资产类别的典型表现。只要资产类别的收益预期在扣除通胀率后为正，且该资产类别与另一个资产类别之间的相关性不断变化，那么就应该被纳入投资组合中。

以下是关于相关性和资产类别选择的 3 种现实情形：

1. 要找到表现持续一致负相关或低相关，且预期能产生高于通胀率的收益的资产类别是不可能的。

2. 资产类别之间的相关性可能会发生变化，有时变化频繁且突然。一度产生过良好分散化收益的投资品种，在未来可能会失去这种收益。

3. 在危机期间，主要资产类别之间的相关性会上升（例如，全球股票）。在 2008 年金融危机期间，全世界的股票都下跌了 40％或者更多。

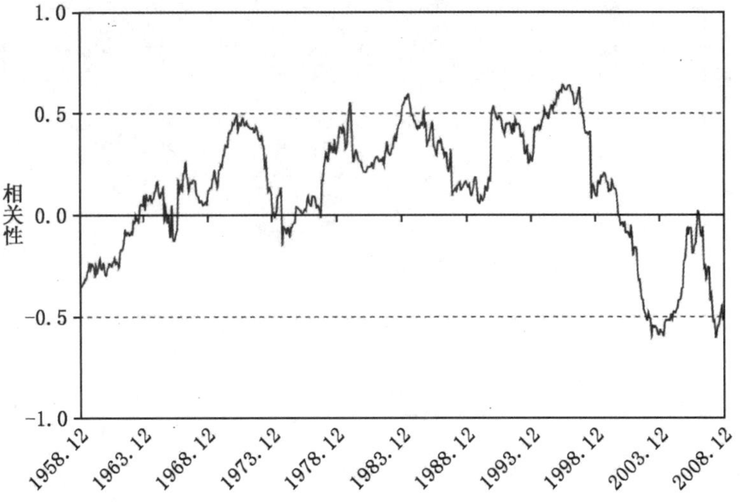

资料来源：Portfolio Solutions，LLC.

图17.4 标准普尔500与国债之间的3年滚动相关性

全球性的股票分散化投资在那场危机中并没有起到作用。

资产配置这一话题并不像一些投资顾问宣扬的那样简单明了。没有一个数学公式是永远管用的。在现实世界中构建一个BHR投资组合，要求更多的是常识，而不是量化的数字计算。关键是要创建一个良好的配置，并执行该配置，然后保持这一配置。其他所有事情都会逐渐水到渠成。

BHR投资组合案例

一个投资组合的股票和债券配置，能够解释投资组合大部分的长期表现。因此，在固定收益产品和股票之间选择一个合适的配置，是投资者应该做出的最重要的决定。接下来要讨论的资产配置，是使用低成本市场ETF买入、持有、再平衡策略的基础。图17.5中的5种配置策略代表了5种不同水平的风险和预期收益（有关资产类别的预期收益的计算方法，详见本章的最后部分）。

配置策略和ETF选择并不适用于所有人，却是创建一个符合你需求

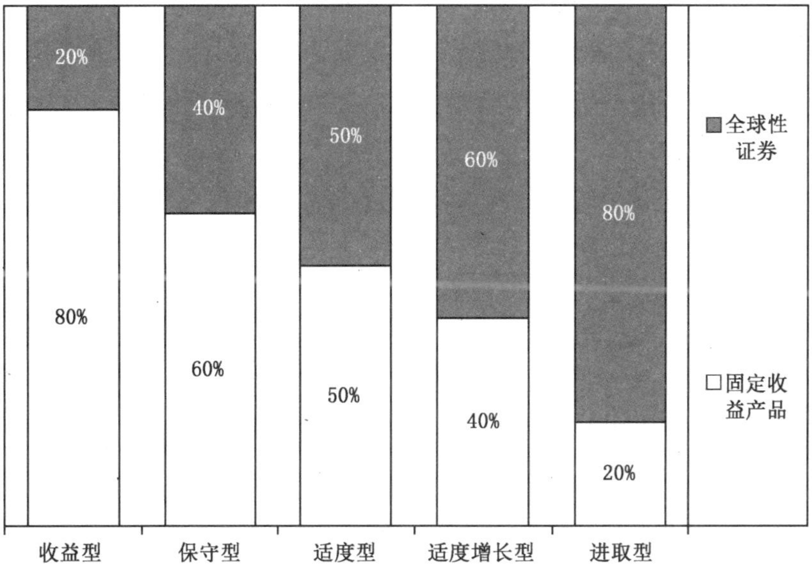

图 17.5 5 种配置策略

的投资组合的很好的起点。收益预测根据的是本章最后部分提供的我自己对各资产类别风险和收益的历史分析。通胀因素包含在所有资产类别的收益之中，计算预期收益时假定的长期通胀率是 3%。如果通胀率上升的话，预期收益就会提高；反之亦然。

1. 收入导向型。特征——最低的波动性和最高的现金流量。扣除费用后的税前预期长期总收益大约为 5.8%，投资于分散化的固定收益类产品 ETF 的配置大约为 80%，对股票 ETF(包括房地产类在内)的配置约为 20%。

2. 保守型。特征——低波动性和现金流量适度较高。扣除费用后的税前预期长期总收益大约为 6.4%，投资于分散化的固定收益类产品 ETF 的配置大约为 60%，对股票 ETF(包括房地产类在内)的配置大约为 40%。

3. 适度型。特征——波动性可控，中等现金流量。扣除费用后的税前预期长期总收益大约为 6.7%，投资于分散化的固定收益类产品 ETF 的配置大约为 50%，对股票 ETF(包括房地产类在内)的配置大约为 50%。

4. 适度增长型。特征——市场困难时中等的波动性和低现金流量。扣除费用后的税前预期长期总收益大约为7.0%，投资于分散化的固定收益类产品ETF的配置大约为40%，对股票ETF(包括房地产类在内)的配置大约为60%。

5. 进取型。多数时期的高波动性和最低的现金流量。扣除费用后的税前预期长期总收益大约为7.7%，投资于分散化的固定收益类产品ETF的配置大约为20%，对股票ETF(包括房地产类在内)的配置大约为80%。

使用表17.1所列的策略性资产配置和单个ETF品种构建投资组合是一个简单的过程。无论股票类的策略性配置是多少，用这个数乘以股票配置比例即可。对固定收益类配置可使用相同的方法。例如，在表17.1中，REIT的配置为10%。如果你选择的策略性配置中股票为50%，那么REIT的配置就只有5%(10%×50%=5%)。

表17.1　　投资组合中的基准指数型ETF举例

投资组合(100%)中的股票部分		ETF名称	代　码	管理费
45%	美国整体股票市场	先锋整体市场ETF	VTI	0.07%
15%	美国小盘股市场	安硕标准普尔600小盘股ETF	IJS	0.25%
10%	房地产市场	先锋REIT ETF	VQN	0.12%
12%	欧洲市场	先锋欧洲指数ETF	VGK	0.18%
12%	环太平洋市场	先锋太平洋指数ETF	VPL	0.18%
6%	新兴市场	先锋新兴市场ETF	VWO	0.30%
投资组合(100%)中的固定收益部分		**ETF名称**	**代　码**	**管理费**
60%	整体债券市场	先锋整体债券市场ETF	BND	0.11%
20%	公司债券	iBoxx $ InvesTop Invest Grade Corp.	LQD	0.15%
20%	通胀保值证券	安硕—巴克莱TIPS债券基金	TIP	0.20%

资料来源：Portfolio Solutions，LLC.

核心/探测策略

有些对完全被动型 ETF 投资持反对意见的人认为，该策略的问题是，它实现的仅仅是市场平均收益，没有获得超额收益的机会。这些评论意见是正确的。没有一个被动型投资组合可以战胜市场。同时，扣除管理费后的收益也会差于市场表现。如果投资者愿意承担更多风险并考虑其他投资选择的话，核心/探测策略是被动管理与主动管理之间的一个很好的折中。

核心/探测(或称核心/卫星)策略将简单的、低成本的基准指数 ETF 与采用主动策略获得的跑赢市场的机会结合在一起。探测的途径有以下两个：

1. 将一部分比例配置到你认为无效的全球金融市场领域中的策略指数 ETF。

2. 尝试使用多种跟踪行业板块、风格板块或者国家的 ETF 预测交易时机。

投资组合中探测部分的成本会高于核心部分。跟踪策略指数的 ETF 的费用比例，可以高达基准指数 ETF 的 5 倍。如果在探测部分使用了预测板块轮动策略或预测市场时机策略，交易频率就会提高，相应的佣金也会随之上升。不管怎么说，探测策略在给你的投资组合带来收益前，应该先要抵补更高的支出。

被动投资组合的实际收益

在使用被动方法管理 ETF 时，长期投资组合的收益是有可能预测到的。通过各资产类别风险和收益的长期关联性并分析市场与长期预期经济增长的关联性，可以估计长期投资组合的收益。

预测市场收益的方法有很多，没有哪种是最精确的，预测数字最多也就是接近实际值。尽管预测不属于精密科学，但我们还是必须进行预测，从而使我们可以根据预测来进行资产配置。如果你的预测很保守，那么你将更容易实现自己的财务目标。我认为与其抱有不现实的预期，然后眼看财务目标落空，不如保持低预期，反而可能收获惊喜。

预测未来收益的第一个办法是，将过去的表现和风险根据当前利率、公司盈利水平和税率等因素调整得到对未来的预测；第二个市场预测方法是，从经济预测开始，然后根据这种预测来评估市场收益实现的概率；第三个方法是，结合过去的市场数据与长期经济增长率做出保守预测。

没有人能够确定金融市场将来的收益是多少。将过去市场收益的技术面内容和经济预测中的基本面因素综合在一起，也许是形成一个观点的最佳途径。表17.2中所示的市场预测就是基于这种综合结果。

表17.2 基准指数ETF收益的30年预测

预期ETF长期收益*	实际收益	加上3%通胀率
政府担保固定收益ETF：		
美国中期债券	1.5	4.5
美国长期债券	2.0	5.0
GNMA房屋抵押贷款	2.0	5.0
中期免税型(AA评级)	1.0	4.0
公司债券ETF：		
中期高级公司债券	2.0	5.0
优先股	3.0	6.0
高收益公司债券	4.0	7.0
美国证券ETF：		
美国大盘股	5.0	8.0
美国微盘股	7.0	10.0
美国小盘股	7.0	10.0
REIT(房地产投资信托)	5.0	8.0
国际证券ETF：		
发达国家国际股	5.0	8.0
小国国际股	6.0	9.0
新兴国家国际股	7.0	10.0

续表

预期 ETF 长期收益*	实际收益	加上 3%通胀率
商品 ETF	0.0	3.0
国内生产总值增长率	3.0	6.0

* 收益仅为预测数字，没有任何收益保证暗示或表示。

资料来源：Portfolio Solutions，LLC.

所有预期均含通胀率

没有一个理性的人会将资金投入一项明知预期收益会低于通货膨胀率的投资。通胀率是所有投资产品预期收益的一部分，其被附加于各种市场预期风险溢价之中。

自 20 世纪 80 年代中期以来，年通胀率平均在 3%上下。这个数字略微高于几个世纪前的约 2%的年均通胀率。预测通胀水平并不是一件容易的事。我们在表 17.2 的分析中假设通胀率为 3%，并提供了市场收益的预估。

预期股票收益

股票价格背后的主要驱动因素是公司盈利。公司盈利越多，股东们赚的钱也就越多，股票的价值便会上升。

预测收益增长的一个办法是从整体经济活动的预期增长水平入手。国内生产总值（GDP）是衡量经济活动的最佳单项指标。实际 GDP 是指经过通胀调整后美国一年所生产的所有商品和服务的总和，它由 4 个部分构成：消费者支出、政府支出、企业支出和净出口。GDP 增长率与企业盈利增长率之间存在直接且持续的关系。图 17.6 显示了盈利增长随 GDP 增长变化的情形。

现金红利：计算股票收益的第二步，是要考虑股票红利的现金派发。如今，股利占总收益的比例不像过去那么大，但从长期来说，仍然对股票表现十分重要。根据标准普尔 500 指数计算，美国股票如今每年的股利

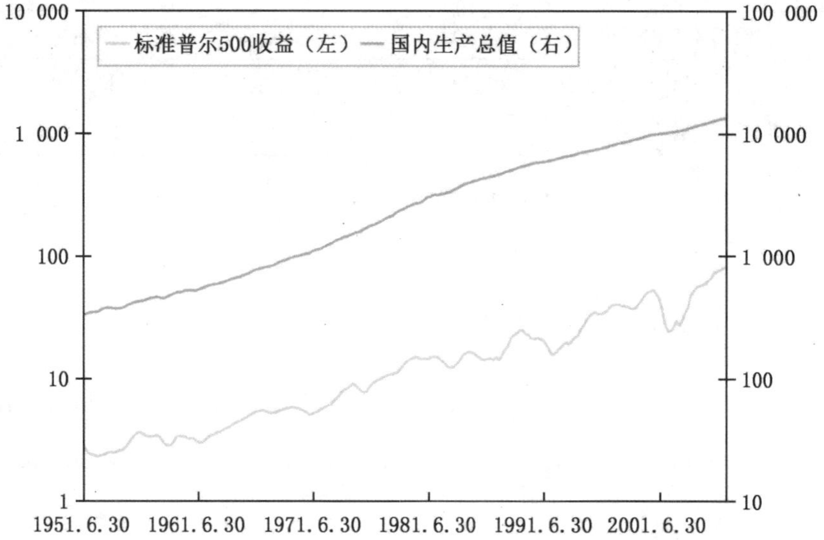

资料来源：美联储、标准普尔公司。

图 17.6　GDP 增长率与标准普尔 500 公司收益增长率

收益率不到 2%。

投机(市盈率的扩张与收缩)：总收益的第三个驱动因素是投机。如果大部分投资者认为公司的盈利增长速度会高于平均水平，股票的价格就会因为更好的盈利水平预期而上涨。这就是网络股在 20 世纪 90 年代后期不断走高，房地产股在近 10 年间不断膨胀的原因。这些股票的价格只是简单地根据分析师和投资者的盈利预期进行调整。以网络股为例，当实际盈利结果远远低于预测的时候，这个行业的股票价格就崩溃了。

投机行为造成的市场波动近十倍于实际盈利水平的变化，近百倍于股利水平的变化。如果你能占卜未来，预测大众的想法，那么你就能从变动的市场估值中大发横财。从个人角度来说，我从来没有过这种运气。

从短期来说，投机行为会造成股票价格波动；但从长期来说，投机噪音往往会抵消股票价格中经济增长驱动的影响。投机是无法预测的，因此没有必要试图将这一变量因素纳入长期预测之中。我们不可能预测投资者在下个星期、下个月或明年会如何看待市场，更不用说 30 年以后了。

在后面的预测中，我们假定股票市场的市盈率一直保持在当前水平，从而剔除了投机噪音。

债券收益预期

债券的预期收益比股票的预期收益更容易得到。国债预期收益等于支付的利息，加上利息的再投资，再加上或者减去债券到期前预期通胀率的意外变化。在对公司债券进行估值的时候，还有第四个和第五个定价因素：公司债券的信用质量和发行人的看涨期权。

所有债券的价格与通胀率之间存在着直接的反向关系。当通胀率上升的时候，债券价格就会下跌；而当通胀率下降的时候，债券价格就会上升。图 17.7 特别展示了长期通胀与中期国债收益之间的关系。

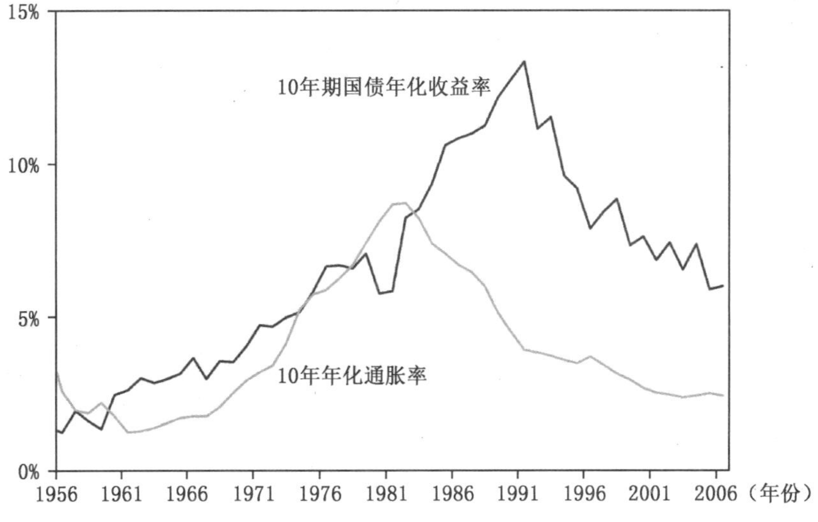

资料来源：美联储。

图 17.7 10 年年化通胀率和国债收益率

图 17.7 展示了美国债券市场历史上最具波动性的时期之一，通胀率在 20 世纪 80 年代早期飙升到两位数，利率也紧随其后。从长期来说，中期国债取得了超出通胀率 2%的收益，尽管因为通胀率的变化，其收益有一定滞后。

超出通胀率2%的收益被称为债券风险溢价。这是我们在表17.2中用于预测的数字。ETF是有投资成本的，假设该成本为每年0.5%，那么中期国债ETF从长期来说可以预期实现扣除费用之后1.5%的实际收益。

由于公司债券有违约的可能性，所以其风险高于国债，而它的预期收益也更高。违约风险溢价历史上比同期限国债的收益高0.5%～0.8%。因此，扣除管理费用后公司债券ETF的预期风险溢价会高出通胀率2%。

预　测

表17.2的预测是用市场收益率的主要驱动因素来计算的：通胀水平、盈利增长、历史风险溢价、利息和股利。如要细致论述表中所采用的预测方法背后的运作原理，我们需要的篇幅远远超过本书。虽然该表可能会有纰漏，但可以是一个起点。

本章中的所有投资组合都不含商品或货币ETF，因为我认为纯商品和货币投资会降低投资组合的长期预期收益。有关商品收益率的学术研究得出的结论非常不一致，从而很难断定过去的表现如何，更不用说预计未来收益了。在本书中，商品和货币被看作交易工具，而不是长期投资品种。商品投资被纳入本书第十九章有关主动投资组合管理策略的论述中。

被动投资主要采用的是静态股票和债券配置。表17.2可帮助你预测基准指数ETF的资产配置所能够产生的收益。如果你创建了一个核心/探测投资组合，那么你探测的成分越大，成本也就越高，且并不能保证产生更高的收益。你也有可能选择合适的探测策略，在组合风险增加的同时，增加收益。

小　结

所谓被动投资，就是长时间持有大部分成分为基准指数 ETF 的投资组合，并且只有在投资组合的再平衡，或新增资金或赎回基金的时候才进行交易。被动投资组合的收益目标是实现市场收益，而不是试图跑赢市场。

被动投资的做法直截了当。根据你的长期财务目标，选择你希望纳入投资组合中的广泛市场中的资产类别，然后挑选能代表这些资产类别的低成本 ETF。不要试图通过预测经济变化或编制价格走势图来预测市场时机。市场会发生变化，投资组合也会偏离其最初的配置。应通过定期的 ETF 再平衡维持配置的一致性，从而将投资组合拉回到最初的配置比例。

许多人并没有准备好实施完全被动型投资策略。这时，核心/探测策略就能助他们一臂之力。希望通过承担稍微多一点风险来试图跑赢市场的投资者，可以将他们的投资组合分为基准指数 ETF 和进取型策略，目标是要在核心部分实现市场表现，在探测部分跑赢市场。通过使用核心/探测策略寻求实现更高收益是值得追求的目标，虽然难度很大，而且成本更高。

第十八章　生命周期投资管理

生命短暂且充满变数。最适合你当下需求的 ETF 投资组合不一定是你 20 年后所需要的。生命周期投资的方法是随着你在人生的不同阶段来调整你在各种资产类别上的 ETF 配置。

生命周期投资这种方法非常直观,因为它遵循的是一种风险收益偏好会随着我们年龄的增长而发生变化的投资组合管理理念。本章所提供的跟踪基准指数的 ETF 投资组合样本,是构建投资组合的一个很好的起点。该投资组合可以根据不同需要进行调整。这些样本并不是适合所有投资组合模型,因为它们没有考虑到每个人生活和独特财务境况中的诸多细微差别。

本书第十七章介绍了资产配置和被动投资理论。学术研究已经表明,长期来看,资产配置可以解释绝大部分的投资组合风险和收益。因此,资产配置是你在投资组合管理中唯一需要做出的最为重要的决定。

生命周期投资是在不同生命阶段调整投资组合资产配置的技术方法。当人们年轻的时候会表现得更激进,因为他们可以投入的资金不多,往后还有很多年的工作时间可以来弥补任何损失。当投资者进入中年的时候会变得保守,因为意识到了生命的局限性。在接近退休的时候,则变得更加保守。为退休做准备常常包括卖掉企业或者从养老金中提取大量资金。年迈的退休者面临很多其他问题,比如家庭财富的传承。

生命周期模型

进取型和保守型投资的定义因人而异。一个40岁的人可能会觉得把65%的份额配置给股票很具进取性，而另一个40岁的人可能认为80%的股票配置属于保守。本章采取中间路线。每个人生阶段的资产配置建议对于该年龄段而言，既不是过度保守也不会过度激进。相反，我们建议的是一种适中的配置。你的配置有可能与别人迥然不同，只有你才能决定什么样的配置对于你的偏好来说属于过于保守或过于进取。

不同年龄的人的财务需求和投资看法各不相同。我在已出版的一本书《始终保护你的财富》中，把投资者按年龄划分为四大组别：储蓄期、积累期、临近退休期和退休期。本章的论述采用的是类似的年龄周期分类，只是略微做了些修改。

如果你对核心/探测策略感兴趣，投资组合中的许多基准指数ETF可以由策略指数ETF来替代。差别在于，与基准指数相比，策略指数ETF的投资成本更高，对基准指数的跟踪误差更大。

人生四大投资阶段

本章要讨论人生四大投资阶段：早期储蓄阶段、中年积累阶段、临近退休阶段和成熟退休阶段。临近退休阶段还包括退休前的一个5年期间。

早期储蓄阶段：该阶段的投资者正处于事业和家庭的起步阶段，他们开始安排自己的储蓄计划，虽只有少得可怜的资产，却有很大的雄心。这个年龄段通常是20～39岁。早期储蓄者应该在他们可以接受的范围内尽可能积极地进行资产配置。该年龄段的风险是，过度扩大了投资组合的风险，从而超出了心理承受范围。

中年积累阶段：该阶段的投资者已成家立业。他们在很多东西上有所积累——从汽车、住房、资产到子女。年龄在40～59岁的积累者知道自己的事业和家庭如何，很清楚自己未来需要什么。一般来说，中年积累者开始减少有较大风险的资产敞口，特别是在他们 55、56 岁至接近 60 岁的时候。

临近退休阶段：该阶段的投资者已经临近退休，是正享受自己劳动成果的活跃退休者。这是财富积累速度降低或停止的第一个阶段，也是财富传递的开始。因此，这是资产配置中需要现金部分的第一个阶段。这个阶段一般包括 60～75 岁的群体。

成熟退休阶段：该阶段的投资者，也叫完全退休投资者，不再像过去那样活跃。他们有着不同的需求——从长期护理到不动产规划等问题。在这个阶段，经济事务常常与子女和其他家庭成员共同决定。赠予继承人和慈善捐赠是常见情形。

各个阶段的投资者有一些相似的财务目标和关切。相似的财务目标包括，对财务安全的渴望和对缴付更少所得税的期望；相似的关切包括，对无钱可花的担忧和缺乏充足的医疗保健。无论是哪个年龄段，这些共同的目标和关切在每一种资产配置中都会被考虑到。

投资者的不同之处比相似之处更多。不同之处包括，个人投资经验、事业挑战、教育水平、健康状况、家庭状况、风险承受能力差异、性格优缺点，有时还有法律意识方面的不同。

图 18.1 用股票、债券和现金的配置代表了典型生命周期投资模型。图中只显示了流动性退休资产，没有包含应急现金和住房所有权。这些模型都属于中间路线，并不适合所有人。对你来说，合适的资产配置应该是有最大可能实现你的财务目标，同时又在你可承受的财务风险范围之内的任何一种组合。

人生各阶段的 ETF 投资组合

我们为生命周期的每个阶段都提供了两个投资组合：第一个只使用低成本基准指数 ETF，第二个只使用策略指数 ETF。基准指数 ETF 投资

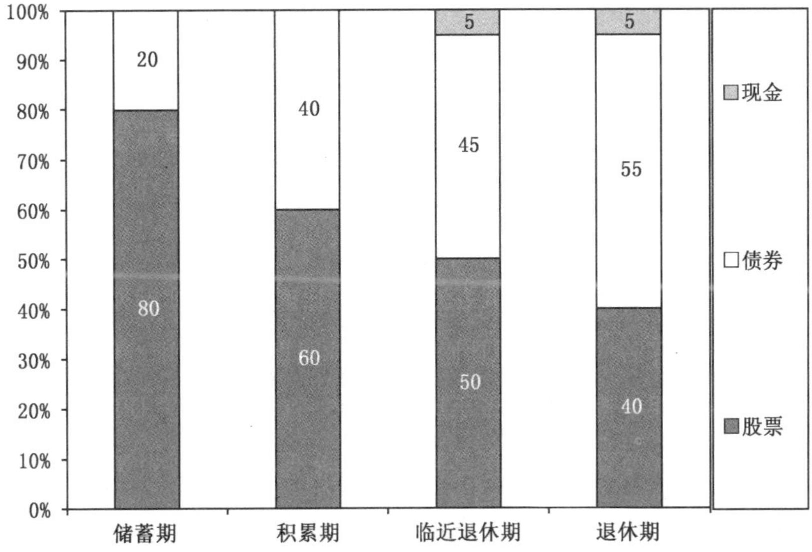

图 18.1　生命周期资产配置指南

组合包含了每个类型或风格的基于市场的低成本指数基金；策略指数 ETF 投资组合代表的是另类投资选择，虽然其成本高于基准指数 ETF 投资组合。

在第二个投资组合中，每个阶段所选择的策略指数 ETF 代表的是可以替代基准指数 ETF 的投资产品类型的范例。希望采用核心/探测策略的投资者可以把第一个投资组合和第二个投资组合结合在一起。更激进的投资者可以选择一个完全由策略指数 ETF 构成的投资组合。

对策略指数 ETF 的选择在生命周期投资策略中的各阶段会逐渐趋于保守。早期储蓄者的投资组合会选择激进成长型 ETF 作为股票基金，而保守的分红型 ETF 作为重要的一部分被放在临近退休者的投资组合中。对固定收益类品种的选择也会逐渐趋于保守，虽然许多固定收益基金仍然跟踪基准指数，只有少量固定收益 ETF 跟踪的是策略指数。

投资组合中的策略指数 ETF 代表的是可以使用的基金品种。本书提及这些基金并不应被认为是对这些产品的背书。虽然我相信其中有许多 ETF 都是很不错的产品，包括有些非常独特的主题基金，但是这些基金会不会实现它们所声称的超越基准指数表现的目标，却是无从得知的，尤其是这些基金还涉及较高的成本。

本章中的基准指数投资组合，对于刚开始准备设计一个适合你自己的混合基金而言是一个不错的起点。首先，将资产配置按照你的需求进行调整；然后，再增加或剔除某些基金，以匹配你的个人需求。

投资选择需考虑的因素至少应反映你的收入水平、储蓄率、税率、固定职工退休计划期权、不动产计划问题、特殊家庭情形和对投资风险的容忍度。关于这些议题的更多信息，包括详细的投资组合设计和资产配置建议，可参阅我的另一本书《资产配置宝典》。

本章中的所有投资组合都不包含商品或货币 ETF，原因与在第十七章论述被动投资时不将其纳入的原因相同。我相信，纯商品和货币投资产品会降低投资组合的长期预期收益。商品投资作为主动投资组合管理策略下的交易工具的一种，将在本书第十九章中论述。

第一阶段：早期储蓄阶段

积累财富的关键是储蓄的持续性。对于早期储蓄者而言，投资的最重要组成部分就是一个持续储蓄计划。对这些储蓄的管理也十分重要，但是首先要有一个定期储蓄计划。理想的情况是，年轻人在开始他们第一份全职工作的同时就开始一个储蓄计划。

年轻的投资者可以且应该在他们的投资配置上更具进取心，因为等到他们退休使用这些钱还有许多年。更为进取性的投资组合预计能实现更高的复合增长率，从而在退休的时候能有更多的钱。

年轻的投资者还有时间上的优势，允许他们弥补过去在投资上犯的错误。他们还有一个退休者已经不再有的宝贵财富：他们的人力资本。年轻人可以且应该投资他们的教育和培训，从而提高他们最具价值资产的收益率，也就是他们的劳动力价值。

然而，不幸的是，年轻的投资者往往是市场上最缺乏经验的投资者，而这一点常常使他们付出昂贵的代价。新投资者对自己的金融风险容忍度不清楚。许多年轻的投资者觉得自己能应付成长型股票所有的波动。但是,极少有人能够在任何时候都可以承受成长型股票的所有波动,这可能导致在市场低迷的时候做出错误的投资决策。

早期储蓄者也许应该把自己的股票配置限定在长期投资品种的80%。对股票80%的配置、固定收益类产品20%的配置,与100%配置于股票的长期收益基本相同,但是波动性更小。80%的股票仓位同时也能让投资者在股票市场下跌的时候通过再平衡买入更多股票,见表18.1所示。

表18.1　　早期储蓄阶段的ETF建议

早期储蓄阶段基准指数ETF投资组合举例				
资产类别	百分比(%)	基准指数ETF	管理费	代　码
美国股票和REIT	45			
美国整体市场	25	先锋整体市场ETF	0.07	VTI
小盘价值型	15	安硕标准普尔500小盘价值型	0.25	IJS
微型市值	5	第一信托DJ精选微型市值	0.50	FDM
房地产	10	先锋REIT ETF	0.12	VNQ
国际股票	25			
环太平洋	10	先锋太平洋ETF	0.18	VPL
欧洲	10	先锋欧洲ETF	0.18	VGK
新兴市场	5	先锋新兴市场ETF	0.30	VWO
固定收益类	20			
美国整体债券	10	先锋整体债券ETF	0.11	BND
通胀保值型	5	安硕—巴克莱TIPS	0.20	TIP
高收益公司债券	5	安硕iBoxx高收益公司债券	0.50	HYG
早期储蓄阶段策略指数ETF投资组合举例				
资产类别	百分比(%)	策略指数ETF	管理费	代　码
美国股票和REIT	45			
定量基金	30	PowerShares Dynamic Aggressive Growth	0.60	PGZ
主题基金	10	Claymore Ocean/Tomo Patent	0.60	OTP
小盘	5	PowerShares Zacks 微型市值	0.60	PZI

续表

早期储蓄阶段策略指数 ETF 投资组合举例				
资产类别	百分比(%)	策略指数 ETF	管理费	代　码
房地产	10	SPDR DJ Wilshire 国际房地产	0.59	RWX
国际股票	25			
全球主题	10	SPDR FTSE/Macquarie Global Infrastructure	0.60	GII
国际小盘	10	SPDR 标准普尔国际小盘	0.60	GWX
新兴市场	5	Claymore BNY BRIC ETF	0.60	EEB
固定收益类	20			
高收益公司债券	10	安硕 iBoxx 高收益公司债券	0.50	HYG
优先股	10	安硕标准普尔美国优先股指数	0.48	PFF

资料来源:Portfolio Solutions, LLC.

第二阶段:中年积累阶段

随着步入中年,人会在身心、事业和经济上成熟起来。中年投资者对他们的财富所持态度不同于早期储蓄阶段。此时,需要用不同的资产配置根据变化的环境来为他们定制投资组合。

中年时期,大部分人看到了事业、生活方式和私人事宜都是有天花板的。人们在 45 岁之前已经度过了自己职业生涯的一半,他们已经全职工作了 20 多年,很可能还会全职工作 20 年。他们得到的报酬正在增长,退休储蓄正在积累。

此外,他们可能在数个行业做过几份工作。他们犯下过投资错误,目睹过经济衰退,看到过利率和股市的上蹿下跳。

中年是人生的中间点,人们比过去能更加清晰地看到自己未来的经济情况。他们对退休后的情况第一次形成了合理的想法,开始盘算自己需要多少钱才能保证退休后的舒适生活。

中年积累者只要通过非正式地总结一下自己的经济状况,就能改变储蓄和投资计划,以便更加适合自己的长期目标。伴随这种变化的是投资组合的调整,投机性投资行为一般都会消失,投资组合中的核心部分会更加突出。表 18.2 列举了中年积累阶段可能持有的投资组合。

表 18.2　　　　中年积累阶段的 ETF 建议

中年积累阶段基准指数 ETF 投资组合举例				
资产类别	百分比(%)	基准指数 ETF	管理费	代　码
美国股票和 REIT	30			
美国整体市场	15	先锋整体市场 ETF	0.07	VTI
小盘价值型	10	安硕标准普尔 600 小盘价值型	0.25	IJS
微型市值	5	第一信托 DJ 精选微型市值	0.50	FDM
房地产	10	**先锋 REIT ETF**	**0.12**	**VNQ**
国际股票	20			
环太平洋	8	先锋太平洋 ETF	0.18	VPL
欧洲	8	先锋欧洲 ETF	0.18	VGK
新兴市场	4	先锋新兴市场 ETF	0.30	VWO
固定收益类	40			
美国整体债券	26	先锋整体债券 ETF	0.11	BND
通胀保值型	7	安硕—巴克莱 TIPS	0.20	TIP
高收益公司债券	7	安硕 iBoxx 高收益公司债券	0.50	HYG

中年积累阶段策略指数 ETF 投资组合举例				
资产类别	百分比(%)	策略指数 ETF	管理费	代　码
美国股票和 REIT	30			
房地产	10	SPDR DJ Wilshire 国际房地产	0.59	RWX
国际股票	20			
全球价值型	10	PowerShares International Dividend Achievers	0.50	PID
小盘价值型	5	智慧树国际小盘红利	0.58	DLS
全球主题	5	全球另类能源 ETF	0.60	GEX
固定收益类	40			
公司债券	20	安硕—巴克莱信贷	0.20	CFT
房屋抵押贷款	20	安硕—巴克莱 MBS 固定利率	0.25	MBB

资料来源:Portfolio Solutions, LLC.

第三阶段:临近退休阶段

临近退休阶段分为两个时期:退休前规划期和退休后享受期。人一般在退出全职工作之前的 2～5 年进入退休前规划期。退休前那段时期既是一个态度调整期,又是一个经济变化过程。

在退休之前,有很多问题需要回答,其中有些让人困惑。你有足够的钱让你退休吗?你的钱会不会在离世之前提前耗尽?你每年应该或者能够提取多少钱?你还能为你支持的慈善机构捐助吗?你能不能帮助支付你孙子辈的教育费用?由于这些问题的答案最多也就是个预估,人们在临近退休的时候会变得最为保守。

临近退休者都把自己的投资组合调整为他们自认为最适合自己未来情况的保守型投资产品。有时,这一转变过于保守。有些人把很大一部分储蓄配置到低收益的现金和短期固定收益类投资产品,然后在他们舒舒服服过上退休生活的时候,又把自己的部分资产重新投入股票市场。这种并非计划之中的对市场时机的把握,并不可取。临近退休者需要根据退休以后一两年的情况相应地配置自己的投资组合。

退休时期大部分人会遇到的一个问题是,在不涉及本金的情况下,他们可以从投资组合中取出多少钱?有数项针对这一问题的学术研究都认定提取比例约为 4%。然而,这个比例的前提条件是你打算在自己一步步进入老年的时候,每年的花费经过通胀调整后都是相同的数目;它还假定你打算把自己的经过通胀调整后的全部退休资产都传给你的继承人。这两项假定条件可能都不准确。大多数人在退休的头几年花钱较多,之后花钱则较少。此外,如果你并不打算把自己的退休储蓄传给继承人,那么在退休期间花费本金是没有问题的。退休期间通过投资组合来产生现金收入的方法有很多种,利息和股利收入就是两个来源。另外,还有投资组合的每年再平衡,你可以轻而易举地算出投资组合能为你产生多少收入,然后在再平衡中提取任何差额。

从全职工作转向退休标志着投资组合的一个新的阶段的开始。投资组合将从积累转向分配，这就意味着投资者不久之后就会停止投入资金，并开始从中提取资金。相应地，刚刚退休的人可能会希望减少他们在风险比较大的资产上的配置比例，并预留一部分现金。表 18.3 突出显示了基于刚进入退休期和处于早期退休时期适宜的资产配置的两个 ETF 投资组合。

表 18.3　　临近退休阶段的 ETF 建议

临近退休阶段基准指数 ETF 投资组合举例				
资产类别	百分比(%)	基准指数 ETF	管理费	代　码
美国股票和 REIT	30			
美国整体市场	23	先锋整体市场 ETF	0.07	VTI
小盘价值型	7	安硕标准普尔 600 小盘价值型	0.25	IJS
房地产	5	先锋 REIT ETF	0.12	VNQ
国际股票	15			
环太平洋	6	先锋太平洋 ETF	0.18	VPL
欧洲	6	先锋欧洲 ETF	0.18	VGK
新兴市场	3	先锋新兴市场 ETF	0.30	VWO
固定收益类	45			
美国整体债券	30	先锋整体债券 ETF	0.11	BND
通胀保值型	10	安硕—巴克莱 TIPS	0.20	TIP
高收益公司债券	5	安硕 iBoxx 高收益公司债券	0.50	HYG
现金	5			
临近退休阶段策略指数 ETF 投资组合举例				
资产类别	百分比(%)	策略指数 ETF	管理费	代　码
美国股票和 REIT	30			
大盘价值型	18	First Trust Large Cap Value Opprt. AlphaDEX	0.70	FTA
小盘价值型	7	Rydex 标准普尔 600 小盘纯价值型	0.35	RZV
技术型	5	PowerShares DWA Technical Leaders Portfolio	0.60	PDP
房地产	5	iShares Cohen & Steers Realty Majors	0.35	ICF

续表

临近退休阶段策略指数 ETF 投资组合举例				
资产类别	百分比(%)	策略指数 ETF	管理费	代　码
国际股票	15			
国际价值型	5	智慧树 DIEFA	0.48	DWM
全球成长型	5	Claymore/Robeco Developed World Equity	0.65	EEW
小盘价值型	5	智慧树国际小盘红利	0.58	DLS
固定收益类	45			
国债	20	Ameristock/Ryan 5 年期国债	0.15	GKC
公司债券	20	安硕—巴克莱中期信贷	0.20	CIU
通胀保值型	5	先锋 TIPS ETF	0.11	(TBD)
现金	5			

资料来源:Portfolio Solutions,LLC.

第四阶段:成熟退休阶段

好消息是美国人活得更长了;坏消息是我们所有人早晚都会离开人世。“青春之泉”仍然没有找到。这就意味着我们最终都需要处理好我们的财务事项,以便在我们不能照料自己的时候已找好照料我们的人,并且有可能让继承人继承我们留下的财富。

挑选一个人或数个人来接管我们的财务是需要提前很久做的事,也就是趁你还有能力做出这种决定的时候。一旦找到帮手,你就应该充分告知你的财务状况,包括所有保险计划和你可能已经安排好的长远的商业计划。了解你的财产计划也至关重要,尤其重要的是你的遗嘱、信托资料和其他重要文件的安放位置。

成熟退休阶段的投资组合的资产配置可能因人而异,取决于其中到底有多少钱,以及谁将得到这些钱。有关这一问题的经典思路是,用一种保守管理的投资组合来帮助退休者度过余生。

有关晚年财富管理的更深层次的看法涉及财富管理的所有方面。投资组合的资产配置是其中的一部分。如果退休者退休后不需要全部持有流动资产，那么投资组合配置也许应该部分反映将要继承该投资组合的继承人的投资目标。在这种情况下，资产配置和投资选择就应该同时考虑退休者和继承人的需求。

我们举个综合资产配置的例子。假设有一位75岁的退休者指定了两个成年孩子作为他退休投资组合的受益人。两个孩子的年龄分别是41岁和43岁。该退休者合适的资产配置也许应该是40%的股票以及60%的债券和现金。对于受益人来说，合适的配置可能是60%的股票和40%的债券。假设退休者不需要从投资组合中提取现金，因为他有其他收入来源，那么50%的股票、50%的债券的平均配置可能比40%的股票、60%的债券的配置更为合适。这种配置体现了退休者最低收入需求和受益人长期增长需求之间的平衡。

表18.4提供了成熟退休阶段的两个ETF投资组合的例子。第一个投资组合假定配置时只考虑了退休者的需求，第二个投资组合假定投资组合为退休者和继承人进行了分配。两个投资组合中都包含了现金，以便应对账户持有人的应急需求。

表 18.4　　成熟退休阶段的 ETF 建议

成熟退休阶段基准指数 ETF 投资组合举例				
资产类别	百分比(%)	基准指数 ETF	管理费	代　码
美国股票和 REIT	30			
美国整体市场	20	先锋整体市场 ETF	0.07	VTI
小盘价值型	5	安硕标准普尔 600 小盘价值型	0.25	IJS
REIT	5	先锋 REIT ETF	0.12	VNQ
国际股票	10			
环太平洋	5	先锋太平洋 ETF	0.18	VPL
欧洲	5	先锋欧洲 ETF	0.18	VGK
固定收益类	55			
美国整体债券	45	先锋整体债券 ETF	0.11	BND
通胀保值型	10	安硕—巴克莱 TIPS	0.20	TIP
现金	5			

续表

分割配置基准指数 ETF 投资组合举例				
资产类别	百分比(%)	基准指数 ETF	管理费	代　码
美国股票和 REIT	35			
大盘价值型	23	先锋整体市场 ETF	0.07	VTI
小盘价值型	7	标准普尔 600 小盘纯价值型	0.25	IJS
REIT	5	先锋 REIT ETF	0.12	VNQ
国际股票	15			
环太平洋	6	先锋太平洋 ETF	0.18	VPL
欧洲	6	先锋欧洲 ETF	0.18	VGK
新兴市场	3	先锋新兴市场 ETF	0.30	VWO
固定收益类	53			
美国整体债券	38	先锋整体债券 ETF	0.11	BND
通胀保值型	10	安硕—雷曼 TIPS	0.20	TIP
高收益公司债券	5	安硕 iBoxx 高收益公司债券	0.50	HYG
现金	2			

资料来源;Portfolio Solutions, LLC.

小　结

生命周期投资是一种非常可靠的投资组合设计和管理方法,该策略尤其适合想要积累中等数量财富并保留到退休时的人们。把生命周期投资作为终身投资计划的支柱能使投资组合有组织性和连续性。

年轻的投资者可以更激进地使用自己的储蓄,因为他们还有很多年可以弥补错误。同时,年轻的投资者没有太多的资本,因为他们还没有积累起大量的财富,他们所拥有的最重要的资产是他们的时间。

投资者的风险偏好随着年龄的增长而发生变化。到了中年的时候,人们开始期待并且第一次开始考虑退休问题。投资者在接近退休年龄和退休后的第一年最为保守。许多步入成熟退休阶段的人需要从他们的投资组合中提取收入。有些已经拥有足够的资金来维持自己的生活方式的人,常常为了他们的继承人而将投资组合进行分割配置。

第十九章　主动投资管理

运用 ETF 进行主动投资组合管理是旨在超越市场基准表现而选择 ETF 的策略。主动投资策略与前面章节中为了实现接近市场基准的收益而选择 ETF 的被动投资策略形成鲜明对比。

主动投资组合管理如今仍然在金融市场投资方法中占据主流地位。然而,颇为讽刺的是,主动投资与被动投资的比较结果显然更支持被动投资。超过基准指数表现是非常困难的,尽管如此,大量投资者依然相信自己总会有一天能够找到持续产生卓越效益的主动投资方法。

用 ETF 实施投资组合主动管理的方法数不胜数,不可能在有限的篇幅内讨论所有这些方法,不过,我已经尝试把其中的一些方法归纳成几个基本的类别。

本章讨论的四大主动管理策略是:自上而下法、自下而上法、动量法和技术法。自上而下的分析是从在决定买入哪些 ETF 时研究全球经济展望开始;自下而上法聚焦于一个行业盈利的质量,从而确定最具价值的品种;动量投资者买入的是收益最高、基本面在加速改善的 ETF;技术分析涉及 ETF 价格趋势和形态的研究,以便做出投资决策。

这四种主动策略往往都会以某种形式相互重叠。例如,如果某个行业按照自上而下分析已经进入成熟增长期,那么它的盈利和基本面一般都在改善,这意味着盈利和价格运动趋势存在动量,且它们的股价走势图表现出有利形态。主动投资者可能会综合运用几种方法来对 ETF 进行关注，并最终买入。你可能运用自上而下或者自下而上的分析找到具有吸引力的投资品种，然后用动量指标和价格形态决定交易时机。

所有主动投资策略都有奏效的时候，但没有一种策略会在所有时候都有效。无论你决定采用哪种主动策略，你都需要保持一致、留意成本、维持耐心，现实地看待战胜市场的前景。

名义收益与风险调整收益

投资者有两个战胜市场的途径：名义上和在经风险调整后取胜。ETF 或 ETF 投资组合的收益，如果没有同时用名义上的和经风险调整后的合适的被动市场基准表现来比较的话，就可能会被误解。

名义收益是财经媒体报道的数字。名义收益胜过市场意味着仅仅在百分比上超过了市场表现。例如，如果某个 ETF 获得了 12％的收益，而可比的基准指数收益为 10％，那么该 ETF 就是名义上超出市场表现 2％。大部分人是根据这一信息给出对该 ETF 积极的判断的。

比较名义收益只是评价的一半，另一半是风险。在评价主动投资策略相对于市场基准的表现时，投资风险是一个重要的考虑因素。风险调整收益是在两个层面上比较 ETF 和市场基准的表现。如果 ETF 获得了 12％的收益，但是波动性巨大，而可比基准指数获得的收益是 10％，波动性很低，那么从风险调整角度来说，该 ETF 的表现可能逊于指数。如果某个 ETF 仅仅实现 8％的收益，而市场实现了 10％的收益，但该基金的波动性远远低于市场的话，ETF 的表现有可能跑赢了市场。

衡量一个投资组合的风险调整收益的方法有很多。表 19.1 表明了采用夏普比率的差异，这是 1990 年诺贝尔经济学奖获得者威廉・F. 夏普(William F. Sharpe)开发的一个风险调整收益的衡量指标。夏普比率是将一项投资的风险/收益与一个合适的指数的风险/收益进行比较。胜出的投资所实现的单位风险收益大于相应基准。

表 19.1　　名义收益与风险调整收益

	年度收益	标准差	夏普比率	名义收益	风险调整收益
投资组合 A	8	10	0.40	最低	最高
投资组合 B	12	30	0.27	最高	最低
基准	10	17	0.33		
国债	4				

计算夏普比率[$S(x)$]的公式是：

$$S(x)=(rx-RF)/\text{StdDev}(x)$$

其中：x 是一项投资；rx 是该投资的年均收益率；RF 是国债的收益率；StdDev(x)是按照标准差衡量的 rx 的波动性。

主动投资组合管理有一个目标：跑赢基准。是否实现了这一目标，应该同时用扣除所有费用后的名义收益和风险调整收益来衡量。理想情况下，你选择的主动策略能够实现名义收益和风险调整收益的同时胜出。如果仅仅是风险调整收益胜出，那也不错；但是如果名义收益不够高的话，你有可能实现不了你的财务目标。

自上而下策略

自上而下型投资者仿佛是从太空船上俯瞰全球经济。其理念是要发现全球市场宏观经济的趋势，尽量确定哪些国家、哪些行业将从这些趋势中获益最大。然后，ETF 投资者挑选能够代表这些行业和国家的基金。如果分析正确的话，该投资组合就会实现超过基准的表现。

证券市场的价格变化与经济的变化有一定关系，这使得公共机构发布的经济数据和私人研究公司成为对于自上而下型投资者来说十分重要的信息来源。这些机构公布的内容包括大范围的数据，比如工厂产值、就业趋势、货币政策数据、财政税收数据、贸易收支数据、商品供应量和批发价格等。

随着宏观经济轮廓的形成，投资主题开始显现。例如，假设石油的全球供应正在上升，价格正在快速下跌。石油价格的下降会导致能源公司的经营利润下滑。因此，你可能会决定通过卖出与能源相关的 ETF 或者买入某个做空能源股票的 ETF，从而降低能源公司在投资组合中的权重。石油价格下跌的受益者是交通、运输和公用事业公司。如果你的分析正确的话，增加航空公司、汽车制造和公用事业股票的权重有可能会产生额外的收益。

按国别配置是利用全球石油供应信息的另一个方式。石油价格的下跌会伤害一些商品驱动型经济体的出口，有利于进口石油的国家。中美洲、加拿大和俄罗斯都是自然资源驱动型经济体，会因为自然资源价格的下跌而受损，而西欧、日本和美国却是石油和其他自然资源的最大进口地。投资者可以卖出或者做空加拿大、中美洲和俄罗斯 ETF，买入日本和欧洲 ETF 或加大美国 ETF 的敞口。

大宗商品价格仅仅是自上而下分析中很小的一部分，如果分析正确的话，宏观层面上的许多主题都可以运用。其中有些主题是关于众多国家的人口老龄化，科技是如何改变商业和贸易的，全球变暖和其他环境问题，以及政治上的变化及其对商业、贸易和税收的影响。从太空船视角俯瞰全球经济有助于你利用全球性变化配置你的投资组合仓位，从而可能在不承担额外风险的情况下产生高于被动基准的收益。

经济周期分析

全世界每个国家都会出现从繁荣到崩溃的经济周期，发生的时间、持续时间和变化幅度各不相同。就连发达的大国也会从繁荣走向衰退，然后又复苏至繁荣。新兴经济体的周期波动性往往更大，因为其经济的多样化程度不如发达市场。在有些国家，经济下滑已经持续了数年，甚至数十年。

经济周期是用国内生产总值（GDP）来衡量的，即一个国家的商业产出水平。一个国家的 GDP 从来都不稳定，要么增长加速或减速，要么紧缩。

GDP 周期可以用一种波浪形态来表示，该波浪分为 4 个阶段：扩张期、繁荣期、收缩期和衰退期。经济进入收缩期以后会出现衰退，然后又出现增长，进入扩张期。图 19.1 显示的就是该经济波浪。不同资产类别的买卖点位将在本章的后半部分讨论。

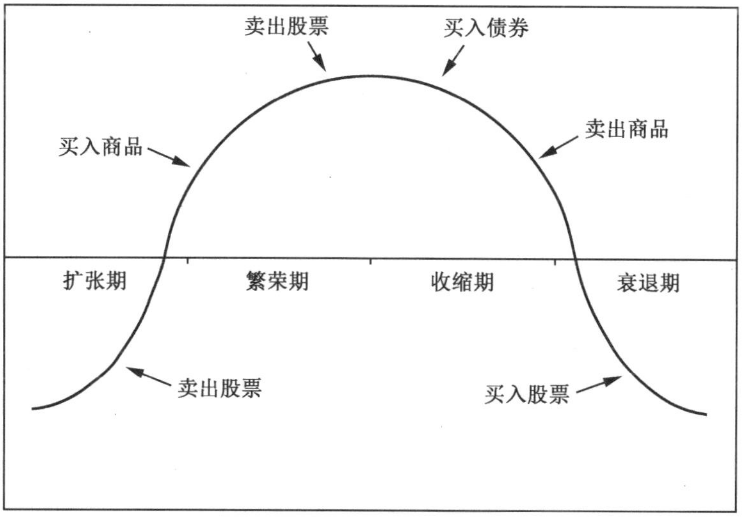

资料来源：Portfolio Solutions，LLC.

图 19.1 经济周期

经济周期各个阶段的特征表现为：变化的就业率、工业生产率和利率。资产价格变化有时会领先于商业周期，有时会同步变化。由此，经济周期就提供了跟踪、预测经济活动并进行适当资产类别投资的方法。

典型的经济周期演变过程如下：

繁荣期。经济表现强劲，人们拥有工作机会并在赚钱，对商品和服务的需求上升。在某个时刻，需求会超过供给，从而造成消费者物价的普遍上涨（通货膨胀）。随着价格上涨，人们要求提高工资和福利。随着这一周期的发展，更高的员工成本演变成所出售产品和提供服务的价格加速上升。

收缩期。当价格压力加大的时候，美联储会提高利率使经济增长降温。借款利率的上升减缓了消费者和企业的开支。结果，需求的下降导致经济增长的放缓，价格开始稳定。

衰退期。如果利率保持在高位的时间太长，需求下降太多，公司就会减少生产，工人会被辞退。裁员进一步降低需求，因为有工作的工人们开始担心自己的工作，因而推迟消费。这就导致了更多的裁员，最终造成国内产值的实际下滑。

扩张期。美联储通过降低利率使得信贷更容易获得。当价格变得足够低并且借贷成本下降的时候，需求再次开始上升。需求的提高要求市场提供更多的商品和服务。各公司开始招聘人员，人们变得乐观起来，开支增加，再次开始新的周期。

当经济周期的进展不平稳时，有可能出现灾难性后果。美国从 1929 年到 1932 年的大萧条，就是 20 世纪 20 年代增幅太大、增速太快的结果。高通胀率和低失业率，加上国会对贸易伙伴施加的一系列不合时宜的税负，导致美国陷入了一段漫长的衰退时期，也就是人们更为熟悉的萧条时期。在推行了大规模的政府借贷和开支计划之后，美国于 20 世纪 30 年代初走出了萧条。

政府通过两种方式管理经济：政府掌控的财政政策（税收和开支）以及美联储制定的货币政策（利率调整）。如果出现通胀上升太快的情况，美联储（美国负责货币政策的中央银行）就可能决定提高利率来抑制消费者和企业的开支。此外，总统和国会也可能会决定通过提高所得税率从经济中抽走资金，并抑制企业扩张和雇用更多工人。然而，如果经济的表现很糟糕，美联储有可能会降低利率，政府有可能减少税收，以便刺激支出和增加企业投资。

利率在左右经济活动方面起着至关重要的作用。借贷成本的变化最终也会反映在股价上。各公司不得不付出更大的成本才能筹借到资金购买设备以及为企业日常运营提供资金。个人要为房屋抵押贷款和其他诸如购买汽车这样的产品而产生的贷款付出更大的成本。提高的借贷成本减少了可用于经济其他领域的资金，这就减慢了整体经济的增速，也使股市降温。此外,随着利率的提高,投资者的偏好从股票收益的不确定性转向债券更高的收益率。这给股市带来了更大的压力。

市场与经济周期

理解经济周期是做出资产配置时的宏观决策的一个关键因素。在正确的时候进入正确的市场能使你在股价上涨的时候赚钱,在股价下跌的时候保护资金。投资股票、债券和商品有时机的好坏之分。如果你能预测经济处于周期何处并会在何时转变,那你可以相应地调整投资组合仓位,并可能超过被动买入并持有策略的表现。

图 19.1 显示了那些重大资产配置将会发生变化的周期时间点。战术性资产配置策略是,试图把资金从预期表现不佳的资产类别转移到预期会有更好表现的资产类别。

在运用经济周期来实施战术性资产配置时,有一个要点:没有任何确凿证据表明资产类别会如图 19.1 所示总是追随着经济周期,而且不要基于资产类别的表现假设经济所处的周期位置。华尔街有一句老话:“股票市场在过去的 4 次衰退中被预测到了 10 次。”

经济周期中的板块轮动

有些投资者需要保持一个持续一致的股票和债券的资产配置,他们没有能力(或者不被允许)按照图 19.1 所描绘的那样在资产类别之间切换。板块轮动的目标是,根据经济周期的不同阶段来变换对于不同风格、类型的股票和债券的风险敞口,以期实现超过采用基准指数的被动投资策略的表现。

随着经济的扩张和收缩,价值型股票和成长型股票的表现各不相同,类似于大盘股与小盘股的表现差异。债券的期限和类型也表现出与经济周期相关的周期性。长期债券在经济发展到顶峰的时候会立刻作出反应。在经济已经扩张了几个季度的时候,短期债券能保持财富价值。如果在正确的时机在公司债券和国债之间转换,投资者也能从缩窄的信贷利差中获利。图 19.2 显示了一个以股票风格指数和固定收益指数为基准的用 ETF 创建的简单的轮动策略。

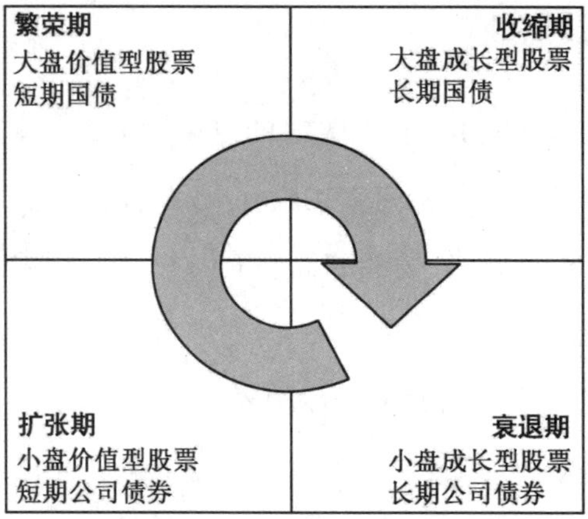

图 19.2　将经济周期应用于股票和债券风格

表 19.2 显示了所选行业板块相对于其他板块在实现最高收益时所在经济周期的大约时间点。行业轮动策略就是在收益最高的时期超配特定行业 ETF，在表现不佳的时期避开这些行业 ETF。这个策略在投资行业非常流行并被广泛采用。最后，需注意每个人都期望的事情通常不会发生。

表 19.2　行业板块 ETF 的时机

扩张期	繁荣期	收缩期	衰退期
工业	商品	金融	医疗保健
耐用消费品	能源	服务	金融
能源	原材料	运输	科技
房地产	房地产	公用事业	运输
科技	服务	医疗保健	公用事业

自下而上的分析

像沃伦·巴菲特这样的公认的专家一般都喜欢用自下而上的方法来

进行投资选择。自下而上型 ETF 投资者对行业和国家进行广泛的研究，从而形成基于价值的观点。经济因素固然重要，但是基本面因素更加重要。事实上，股票市场的下行可以为自下而上型投资者购买具有吸引力的行业 ETF 提供安全边际。

经济基本面分析是一项动态工作，包括研究盈利增长驱动因素、产品竞争力、股本收益率和股利收益率。基本面分析的一个重要内容是，行业或国家未来几年的增长潜力。理想情况是，投资者希望拥有成长前景被低估的行业或国家的 ETF。

以下是自下而上型行业 ETF 投资者的几个分析要点：

销售额、利润和账面价值。用目前的市销率、市盈率和市净率与行业的长期平均水平进行比较。需要买入的是低于历史平均水平的行业 ETF，而需要避免的是远远高于历史平均水平的行业 ETF。

资产负债表。清晰的或正在改善的公司资产负债表是自下而上型行业投资的一个考虑因素，因为它显示了管理的有效性和审慎的资本配置。负债权益率下降的行业更佳，应回避负债权益率上升的公司。

现金流。行业的自由现金流大，表明该行业的公司有能力在不增加更多债务的情况下为自己的运营提供资金，为未来潜在的股利增长提供了空间。

自下而上型行业分析的一个办法是，用基本面条件的相对指标来进行比较排名。表 19.3 提供了一个采用评分系统的自下而上板块轮动策略的例子。每个行业都获得每个类别的一项评分，5 分意味着行业在其正常的长期估值水平上交易，低于 5 分说明行业在高于其正常估值水平上交易，而高于 5 分说明行业在低于其正常估值水平上交易。根据自下而上的基本面分析，总分最高的行业被认为是最具吸引力的。

表 19.3　　用自下而上策略实施 ETF 行业轮动

	原材料	周期性	能源	金融	工业	房地产	服务	科技	运输	公用事业
市售率	4	5	3	7	6	2	7	9	7	6

续表

	原材料	周期性	能源	金融	工业	房地产	服务	科技	运输	公用事业
市净率	4	6	4	7	6	4	7	5	5	4
自由现金流	5	6	7	8	5	4	8	7	4	5
红利收益	6	6	5	6	3	4	6	5	5	5
负债率	5	7	5	4	4	1	9	5	3	6
股本回报率	5	4	7	5	5	3	8	7	4	5
总平均得分*	4.6	5.6	4.9	6.1	5.1	3.0	7.6	6.4	5.1	5.0

*买入最高得分，卖出最低得分。

资料来源：Portfolio Solutions，LLC.

投资风格（大盘/小盘/成长型/价值型）也可以用相对估值法来衡量。当某种风格的交易高于其正常估值时，它就被认为是高估了；当它的交易低于其正常估值时，它就被认为是低估了。

图 19.3 显示的是比较小盘股与大盘股市净率得出的比率。在 20 世纪 90 年代的大部分时间，大公司股票的估值相对于小公司股票而言变得非常高。到了 2000 年初，大盘股的估值相对于小盘股来说达到了历史最高。然而，价格是不可能涨到天上的。在峰值之后的 5 年里，大盘股表现逊于小盘股，并且按市净率比较，实际上跌到了历史正常水平之下。

图 19.3 罗素 1000 市净率和罗素 2000 市净率对比

运用基本面分析把握行业和风格的顶部与底部是非常困难的。即使数据告诉你某个风格或行业很有吸引力，但是出现逆转可能要等到数年之后。当其他人继续在价值高估板块赚钱的时候，要做好你自己的投资组合表现弱于市场的准备。最终，你的估测有可能是正确的。但要想用这种主动投资方法来赚钱，你必须要有坚定的信念和耐心。

动量投资

对动量投资策略的最佳解释是牛顿第一定律：在没有施加于物体的外力的情况下，物体总是静态恒静、动态恒动。对于动量投资者来说，趋势就是你的朋友。当某个行业正在经历高于平均水平的销售和盈利增长时，这些趋势往往会持续下去。

动量投资是一种价格时机策略。动量投资者等待的是一个由利好消息支撑的已经确立的价格上升趋势。利好的盈利动量会出现在行业增长加速并超出华尔街分析师预测的时候。

一种衡量相对价格动量的方法是，根据价格上升给每个行业评分。使用 100 分作为市场基准线，高于 100 分意味着该行业的价格动量更高，低于 100 分意味着价格动量低于平均水平。

图 19.4 显示了电信服务业的 12 个月期相对强度分数为 115。这一得分说明，电信服务业的表现在截至 2007 年 6 月的 12 个月内超过了市场。作为一种技术指标，200 日移动平均线也包含在了图中（详见下一节）。电信服务业是可选技术板块 SPDR（代码：XLK）的一个子板块。

价格动量往往在短期（少于 12 个月）内最强。因此，动量策略要求不断监控 ETF 价格和频繁的板块切换。当价格动量成为交易的主要驱动力时，某个行业 ETF 投资组合每年的换手率超过 100%并不少见。

盈利动量是与价格动量一起组合使用的一种常见投资策略。盈利是股票价格背后的关键驱动力，而盈利动量往往能确认价格动量。华尔街的分析师们会先预测行业未来的盈利和增长率；然后，将各个板块按照盈

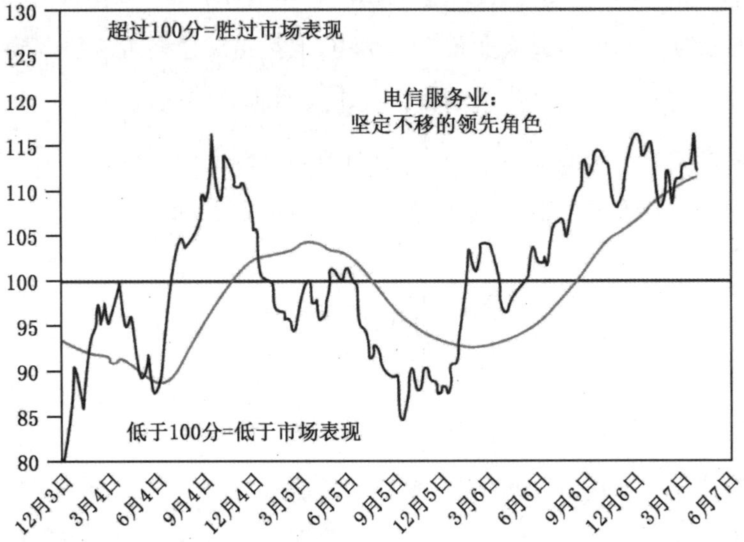

资料来源：标准普尔公司。

图 19.4　标准普尔电信服务业相对强度

利增长率从最高到最低进行排名。当某个行业的盈利增长速度高出分析师的预测时，这就是一个很好的信号，预示该行业的股票价格会继续其上行趋势。

动量投资有一个风险，当越来越多的投资者参与到一个上升趋势中时，会人为地推高价格。当这个行业的盈利动量减小并符合分析师的预期甚至低于预期时，所有动量投资者都会同时退出。不幸的是，并非所有人都能及时脱身。巨大的抛售压力会打压股票价格，导致一个影响该行业所有股票的螺旋下行趋势。这会造成短时间内的巨大损失。

技术分析

技术分析是通过对股票价格形态的分析预测未来价格趋势。价格走势图是技术分析的主要工具。一个价格走势图能形象地代表一定时间段内价格的波动。交易量也可以被包含在内，以确认一个趋势的力度。

技术分析的最简单用途是监控某个 ETF 的上升趋势。上升趋势线是连接一段上升运动低点的直线，如图 19.5 显示的可选能源 SPDR(代码:XLE)。趋势线的重要性随着每次价格调整发生以及趋势延续而增加。趋势线持续的时间越长，它的意义就越大。突破趋势线对于技术投资者而言是一种打破趋势并提示卖出的信号。

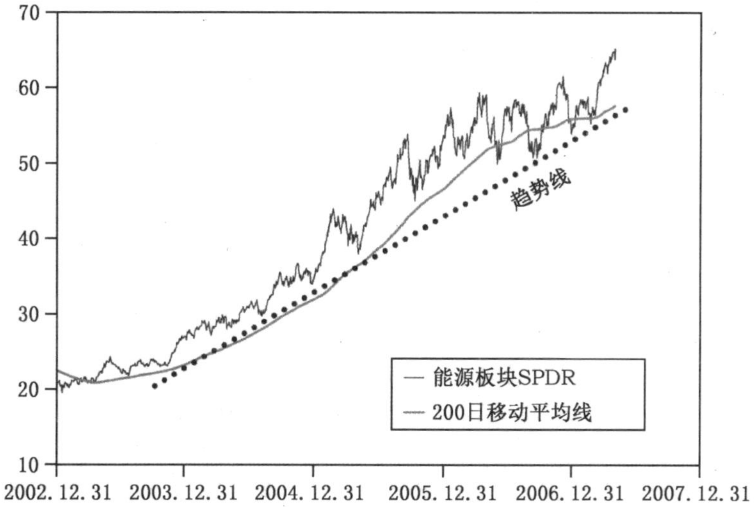

资料来源:美国证券交易所。

图 19.5 可选能源 SPDR 价格走势图和趋势

许多技术投资者喜欢用移动平均线来确认某个趋势或某个趋势的突破。例如，200 日移动平均线就是一个流行的技术指标。只要收盘价格位于其 200 日移动平均线之上，投资组合就持有该 ETF；如果跌破了 200 日移动平均线，它就会被卖出。图 19.5 显示了可选能源 SPDR 的 200 日移动平均线。

走势图的形态

历史是会重演的，至少使用技术分析的投资者是这么希望的。当特定的形态在股票走势图中出现时，需要做出对未来价格的预测。如果这些形态得以保持并且被发现得足够及时，就能赚到利润。其中有些结构预示了趋势反转(反转形态),有些则预示趋势的延续(整理形态)。

形态有很多种,有时名称听起来很奇怪。像头肩、杯碟、圆底、三角形、上升三角形、旗形和跳空缺口等,不过是奇怪名称中的一部分,虽然最古老的形态是艾略特波浪(Elliott Wave)。

拉尔夫·内尔森·艾略特(Ralph Nelson Elliott,1871—1948 年)是一个执业会计师,也是敏锐的市场观察家、制图家。艾略特深信,股票市场活动是规范所有人类活动的一个大法则的一部分。他声称股市遵循着周而复始的上升和下跌律动(见图 19.6)。每个推动波都可以划分为一个五浪结构(1—2—3—4—5),而校正波可以划分为一个三浪结构(A—B—C)。

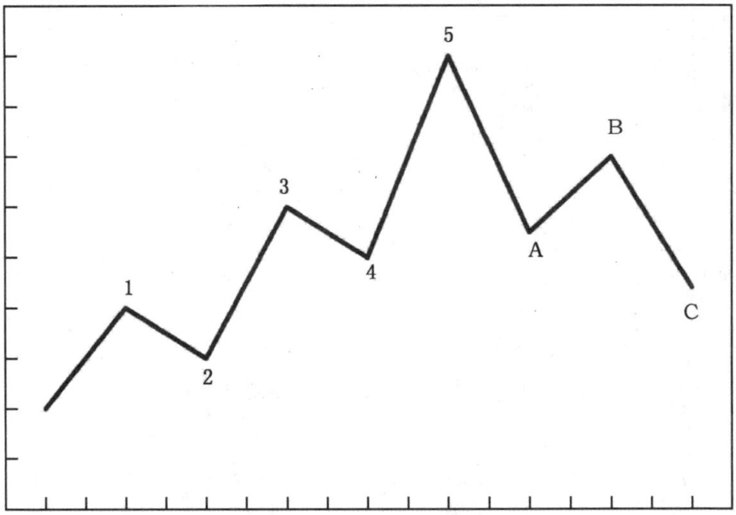

图 19.6 艾略特波浪理论

波浪理论的深度远不止于此,还有细分浪,也就是波浪中的波浪,以及波数计算规则等。时至今日,还有些人深信艾略特的波浪理论。

头肩是一个常见的技术形态,当其形成时,暗示股票很可能会朝着先前趋势的相反方向运动。头肩顶是股票价格将要下跌的信号,通常在一个上行趋势的顶峰处形成。第二个版本,即头肩底(也叫反向头肩),是股票价格将要上升的信号,一般形成于下行趋势中。图 19.7 就是可选金融板块 SPDR(代码:XLF)从 2006 年 6 月到 2006 年 9 月形成的一个反向头肩形态。

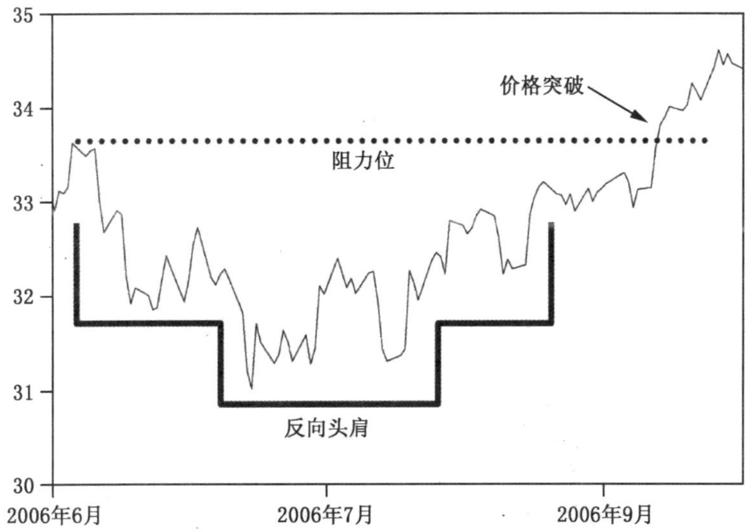

图 19.7 XLF 反向头肩形态

对技术分析的批评

如果说技术分析具有争议性，那就太轻描淡写了。几乎没有哪个学术大师相信股票价格的技术形态能够透露未来的价格趋势。普林斯顿大学教授、经济系主任伯顿·G. 马尔基尔(Burton G. Malkiel)在他的经典著作《漫步华尔街》中，系统性地将技术分析批判得体无完肤。马尔基尔展示了过去的价格走势如何不能给出有关未来会发生什么的有用指示，即使是在很短的时间内。著名价值投资者、沃伦·巴菲特的导师本杰明·格雷厄姆(Benjamin Graham)在他的经典著作《聪明的投资者》中是这么描述技术分析的：

我们在自己 50 多年的股市经验和观察中，没见过任何一个人通过这种“跟踪市场”的方法持续或长久赚到钱。我们毫不犹豫地宣告，这种做法的谬误程度绝不逊色于其受到的追捧。

技术分析对你会奏效吗？在投入资金之前，要想不看一看图形是很困难的。我们都希望相信，图形能够给我们提供一些有关未来的启示。实事求是地说，谁能知道未来呢？我就从来没有成功过。

切记谨慎

主动投资策略能奏效吗？能，总有策略会在有些时候奏效；不能，任何策略不会在所有时候都奏效。有的时候，你可以指着某个你青睐的主动策略说它奏效了。但是，同样会有很长时期那种策略没有效果。

本章讨论的各种策略都只是供大家参考，本书并不支持也不推荐这些策略。我个人在自己的投资组合中并不使用主动投资策略，我的公司在为客户管理的投资组合中也不使用主动投资策略。

如果你确实相信有哪种主动投资策略能够长期为你赚钱的话，请不要把你的所有鸡蛋都放在同一个篮子里。核心/探测是使用主动管理策略时的一个更加审慎的方法(参阅第十七章)。核心/探测策略能确保至少你的投资组合的一部分能够在你尝试用其他部分战胜市场时，实现扣除少量管理费后的市场收益。

小　结

主动投资策略就是要赚取超过金融市场的收益。这个目标的实现可以是名义收益上的，也可以是经过风险调整后的结果。理想的话，主动投资组合会从名义上和经过风险调整后的收益角度都超过市场。这样，你就不会以牺牲较低的名义收益来获得更高的风险调整收益，从而导致你的财务目标无法实现。

用主动投资策略来管理ETF投资组合的方法有无数种，本章概述的4个基本策略只是冰山一角。基本面分析可以自上而下，也可以是自下而上。动量分析是对价格和盈利加速的研究。技术分析研究的是价格形态。

如果你决定用主动投资策略来管理你的投资组合，就必须做大量的研究、全身心地投入，并且最重要的一点是要有耐心。核心/探测法也许是最为审慎的方法，因为它能确保分散化。但是即便如此，也是没有保证的。主动投资策略唯一确定的是其成本会高于被动策略。如果你决定要走主动投资这条路，那要做好自己频繁犯错、时常蒙羞、偶尔获得回报的准备。

第二十章　特殊投资组合管理策略

ETF 的演变提供了越来越多的投资机会。ETF 有多种用途，可以用作期权，可以做空，可以对冲，可以与其他证券捆绑在一起。这些特征已经产生了一大批策略，是传统型开放式共同基金所无法轻易实现或行得通的。本章将讨论 4 种特殊用途，具体如下：

1. 对冲策略，以减少投资组合在某一行业的敞口过大的风险。这一做法适合在某一行业工作、薪酬中包含该行业受限证券或公司股票期权的人们。

2. 通过配对交易来实施的投机策略，具体操作是买入你认为价格会上升的某个 ETF，卖出你认为价格会下跌或涨幅没那么大的同等数量的另一个 ETF。其结果是从两者的表现差异中实现小额收益。

3. 用 ETF 和 ETN（交易所交易票据）进行的货币交易是人们越来越感兴趣的领域。该策略可以为全球旅游者和在国外从事买卖交易的企业对冲货币风险。货币投机者也可能发现 ETF 和 ETN 交易起来更加方便，且比直接购买货币更加经济。

4. 税负交换是提高应税投资组合税后表现的一条简单而有效的途径。如果在你的投资组合中某个 ETF 出现了亏损，很有可能你可以交换另一个类似的基金。卖出、买入行为会造成损失，可以根据税法规定用来抵消未来的资本利得，也可以用来减少应税的一般收入。

以上只是 ETF 的少数几种另类策略，还有更多潜在的用法可提高投资组合的收益或对冲其他金融风险。随着 ETF 数量的增长，其广泛用途将会产生更多的投资思路和策略。

ETF 独一无二的特征

ETF 具有一些大部分开放式共同基金所没有的特征。这些特征能够产生新的、有趣的交易策略。ETF 可以加杠杆或做空，而且很多可以与期权配对。以下对这些特点做一简要说明：

加杠杆。ETF 可以通过保证金来增加杠杆。保证金是从经纪公司借入的、用来买入证券的资金。美国证券交易商协会、纽约证券交易所和各个经纪公司都要求并实施最低账户资金水平。如果买入证券所产生的利润超过了利息支出和佣金成本，那么保证金投资对于投资者来说就可能有利可图。

期权。虽然不是实际意义上的 ETF，但 ETF 期权可以让投资者用极少的前期资本来控制大量的 ETF 份额。然而，期权使用了大量的杠杆，因而意味着显著的较高风险。期权有两种类型：看涨期权和看跌期权。看涨期权赋予投资者在特定时间、以商定价格买入一定数量 ETF 的权利；看跌期权赋予投资者在特定时间、以商定价格卖出一定数量 ETF 的权利。期权的价格由其内在价值和投机溢价组成，投机溢价随着期权临近到期日而逐步消失。

做空。ETF 可以像个股那样做空。做空就是投资者因为预期某个 ETF 的价格会下跌而卖出自己不拥有的借来的份额。如果该 ETF 的确出现了价格下跌，卖空方可以以较低的价格买回，这样就产生了利润。你可以买入你做空的 ETF，这种做法避免了额外的经纪公司书面流程，以及你借入卖空的股票被股票所有人召回的可能。

用 ETF 来降低行业风险

很多投资者把行业板块 ETF 当作对冲工具。它们对只集中在某个行业的投资者来说尤其有用。也许你是某公司的员工，而该公司付给你的一部分薪酬是股票期权或限售股票；也许你在一个股票上拥有很大的仓位，但是因为税负缘故不愿意卖出。假如你面临此类处境的话，用某个行业 ETF 或 ETN 来对冲，就可能降低你的风险。

对冲在某个公司上的大量仓位的一个办法是，建立一个“围绕”该仓位的行业 ETF 的投资组合。假如你的流动净资产中有 10%是在某只科技股上，你是在数年前以低得多的价格买入该股的，此时卖出的话会产生巨大的税负债务。那么，除了卖出股票，你也可以建立一个“围绕”该仓位的非科技类行业 ETF 投资组合。这就构成一个保留单一股票仓位的同时，紧密跟踪股票市场的投资组合。

图 20.1 显示的是以上围绕—创建投资组合的举例。我们还是假设持有某只科技股的大量股份，占投资组合的 10%。美国股票市场上有 10 个基本行业(参阅第十二章)，根据围绕—创建策略，按照除了科技行业以外的每个行业的市场权重(采用 2007 年权重)买入行业 ETF。由于所持科技公司个股占了投资组合的 10%，它成了科技行业仓位的一部分。假设科技行业占美国整体股票市场的 16%，那么该投资组合的 6%就配置给了科技行业 ETF。

一旦建立了围绕—创建投资组合之后，行业权重就可以根据需要进行调整了。此举的一个目标是，是否有机会通过在一个行业板块的损失而获益，并通过卖出集中持有的个股仓位抵消以上损失。利用投资亏损获利的解释将在本章最后给出。

很多人都面临在他们工作的行业里有过大的金融风险敞口。股票期权和受限股票常常是全部工作薪酬的一部分，而这就给个人财富增添了特别的风险。此外，按照薪水、奖金和工作稳定性来衡量的人力资本面临

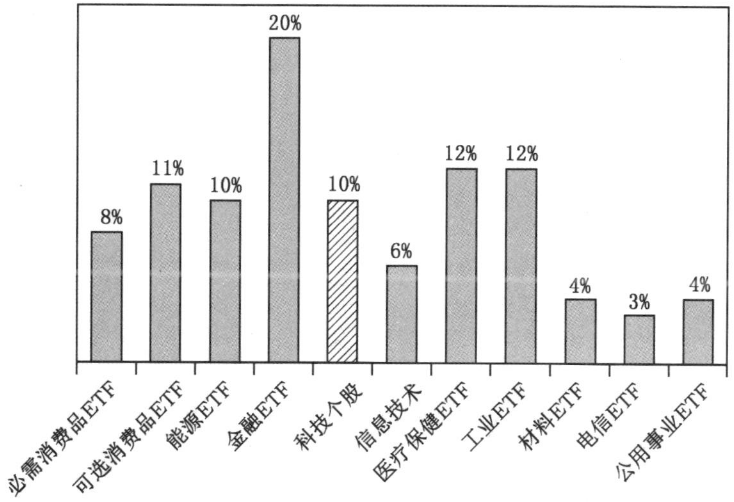

资料来源:Portfolio Solutions,LLC.

图 20.1 根据一个集中仓位的围绕—创建

同样的行业风险。对冲行业风险的一个办法就是做空该行业的 ETF。做空一个行业的 ETF 有助于规避风险,同时也不违反关于公司期权和受限股票的严格的交易规定。

图 20.2 提供了用 ETF 做空一个行业仓位的例子。假设你有流动净值 50 万美元,其中大约有 10 万美元是某个科技公司的受限股票仓位。交易规定禁止你卖出该股票,但是你可以卖出含有该股票的科技行业 ETF。图 20.2 显示了卖出 10 万美元科技行业 ETF,买入 50 万美元分散化的美国整体市场 ETF 的情形。该策略不是完美对冲,但是的确针对科技行业的下跌提供了一些保护。

还有其他办法可以通过 ETF 来降低行业风险敞口。投资者可以不做空 ETF,而是买入某个为你做空该行业的 ETF。ProShares 和 Rydex 有数个做空行业板块的反向 ETF。

另一个防御措施是使用 ETF 的期权。买入某个行业的保护性看跌期权就能部分保护组合不受到该行业价格下跌的影响。

最后一点,目前正在推出的 ETF 剔除了某些行业。比如,第一信托

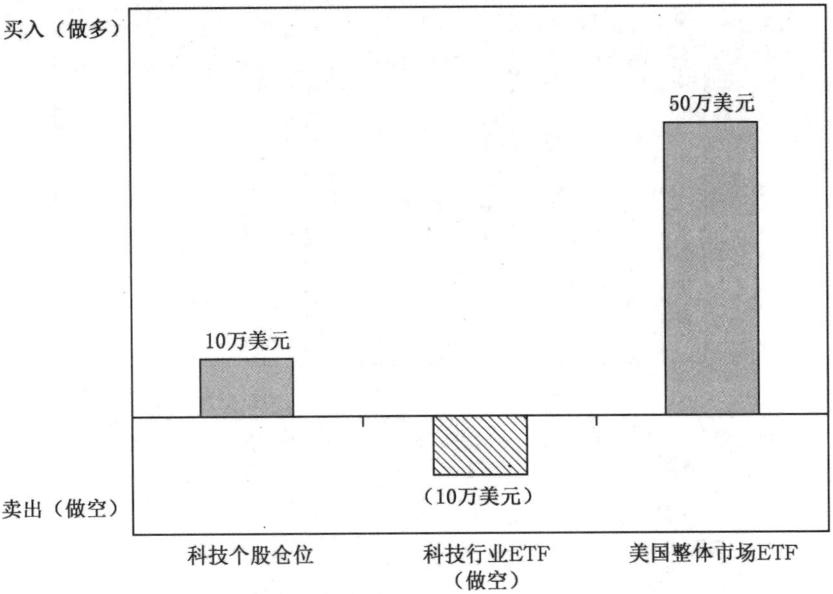

资料来源：Portfolio Solutions，LLC.

图 20.2　通过做空行业 ETF 来降低风险

纳斯达克 100 非技术板块 ETF（代码：QQXT）投资于除了科技股以外的所有纳斯达克 100 股票。投资者可以用某个已经剔除了科技股的基金来对冲个股持仓。

这些策略有些使用时的注意事项。如果你卖空某只 ETF，就必须支付基金派发的红利。如果你买入一份看跌期权来对冲行业风险，你就必须随着期权的到期不断地买入新的看跌期权。这就意味着每次要付出一个投机溢价和佣金，而这些成本会慢慢侵蚀你的利润。

配对交易和市场中性策略

由于市场上出现大量 ETF，采用配对交易和市场中性策略已经变得容易起来。这两个策略都是做空一个或数个 ETF，买入一个或数个其他 ETF，策略的目的是要从总收益的差异中挣钱。

配对交易就是卖空某个类别的 ETF,同时买入等量的另一类别。当你买人的 ETF 的表现超过你卖出的 ETF 时,你就挣了钱。图 20.3 显示了两个配对交易的例子。第一个例子是行业板块轮动,第二个例子是债券收益率方法。

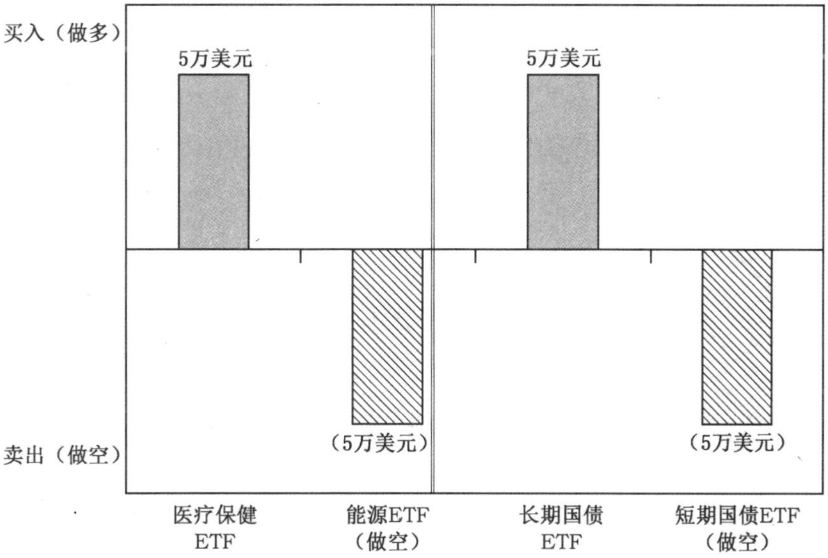

资料来源:Portfolio Solutions,LLC.

图 20.3　ETF 配对交易举例

在第一个配对交易案例中,你预期经济正开始下滑。在经济收缩期开始的时候,医疗保健股的表现一般都比能源股好。为了利用这种差异,你做空一个能源 ETF,同时买入一个医疗保健 ETF。如果你对时机判断正确,你的利润就是这两个 ETF 的总收益之差。

在第二个配对交易例子中,你相信央行会继续提高短期利率,尽管你预期经济会出现下滑。如果你的分析是正确的,长期债券的收益率就会下跌(长期债券价格上升),短期债券的收益率会上升(短期债券价格下跌)。如果你是对的,投资长期债券的 ETF 的表现就会超过投资短期债券的 ETF 的表现,而你的利润就是两者的差额。

市场中性策略与配对交易相似，唯一不同的是，卖空的是一个泛市场 ETF，而不是一个行业 ETF。当你相信某个行业的表现会超过市场的时候，你就可以实施该交易。如果你的直觉是对的，你就会赚取跟踪某个行业的 ETF 的较高收益与跟踪市场基准指数的某个 ETF 的收益之差。该交易会产生一个市场中性的投资组合，意味着所有的股票市场风险都从交易中剔除了。

创建市场中性策略的第二个方法是，做空你认为表现会很差的某个行业的 ETF，买入跟踪市场基准指数的某个 ETF。如果你对行业表现与市场表现差异的看法是正确的，你就能在基准指数的表现超过该行业的时候获得利润。

图 20.4 是市场中性策略的一个举例。你认为医疗保健股和科技股与股市其他品种相比价格被低估了，因此，你买入医疗保健 ETF 和信息技术 ETF，卖出相应数量的美国整体市场 ETF。如果你对这些行业的看法是对的，你就获得了相当于市场与行业收益之差的利润，再扣除投资费用。

货币对冲和投机

用 ETF 来实施货币交易是个热门领域。用 ETF 和 ETN 来对冲货币风险，可以为全球旅游者和在海外经营业务的小公司降低金融风险。由于 ETF 和 ETN 交易的灵活性，个人投资者的投机行为也已经变得更加容易。它们是根据计价货币来支付货币市场利率，同时对冲美元下跌风险的证券。

你是否正在计划一次海外旅行，并且希望对冲你为此存下的美元呢？也许你正在为意大利的一套别墅存钱？用一小笔年费的代价，你就可以锁定你将用于这种安排的货币的价值，并且获得你的资金按照该地区现行利率所赚取的利息。在你动身旅行之前或完成你的别墅交易之前，你只需要卖出 ETF 或 ETN，取出美元。

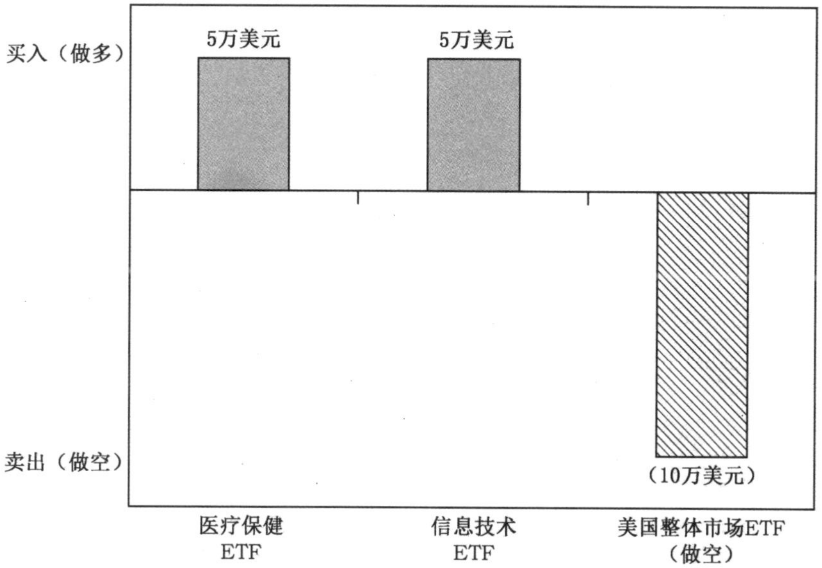

资料来源：Portfolio Solutions，LLC.

图 20.4　市场中性 ETF 交易举例

你的本性是不是一个投机者？你有没有欧元兑日元会贬值的直觉？如果答案是肯定的，那就做空一只欧元基金，买入一只日元基金。如果你是对的，这两只基金的总收益之差就成为你的利润，当然要再减去佣金成本。

税负亏损收获

税负亏损收获是一种常见的避税方法，可以用于应税账户的 ETF 管理。其理念是，卖出亏钱的 ETF，用亏损来抵消赚钱交易所产生的应税收益。如果做得成功的话，税负亏损收获就会提高投资者的税后收益。

该策略的一个障碍是：洗售规则。如果你卖出一只基金并在 30 天内将它买回的话，美国国税局不允许你将其视为税负亏损。这里的"同一只基金"的定义不仅是指你刚刚卖掉的证券，还包括"实质上相同"的任何品种。

幸运的是，品种繁多的ETF已经为投资者提供了与卖出的投资产品有可能相似但并非实质上相同的选择。洗售规则不允许投资者在立刻买回相同ETF时获得税负亏损收获，但是通过把亏损收益重新配置到一只类似的ETF上，你就可以规避洗售规则。这样，投资者就可以取得税负亏损收获，同时仍然保持市场敞口。

假设你在2003年12月的时候，用应税账户买入了价值1万美元的安硕罗素3000 ETF(代码:IWV)。IWV试图实现罗素3000指数的表现，这是一个市值加权指数，包含大约3 000只美国最大的股票。

由于之后12个月股价下跌，你的IWV仓位的市值缩小到了8 000美元。结果，你卖掉了IWV，买入了价值8 000美元的先锋美国整体市场ETF(代码:VTI)。该ETF是以摩根士丹利资本国际美国市场基准指数为标的的，而这一指数代表着大约3 500只美国最大的股票。该交易确认了2 000美元的税负亏损，同时保持了你在股票市场上的仓位。

IWV和VTI多年来的表现很接近，但是两者是由毫无关系的基金公司管理，跟踪的是两个截然不同的指数。因此，两个基金并非实质上相同的。这就是说，你可以实现IWV的2 000美元税负亏损收获，同时立刻将收获投资于VTI，而无须担心是否受制于美国国税局的洗售税。

图20.5显示了从2001年12月到2003年12月，IWV相对于VTI的表现。你可以看到，在2002年末前后调换基金会产生几乎相同的表现。然而，你还有2 000美元的税负亏损可以用来冲抵其他投资的收益，或用来抵消最多3 000美元的一般收入所得税。

税负转换策略对高收入投资者有实际好处，它能提高投资组合的税后表现。假设你属于35%的联邦税率等级，如果2 000美元的IWV税负亏损用来冲抵2 000美元的一般收入的话，你就节省了700美元的联邦所得税。这相当于1万美元投资的7%。不错，你在卖出VTI并额外赚取2 000美元的时候，需要支付资本利得税，但是资本利得税的税率是15%，而不是35%。你只需要把节省的700美元税款中的300美元还回去，最终结果是400美元的税务节省。多亏了美国联邦政府，你等于用1万美

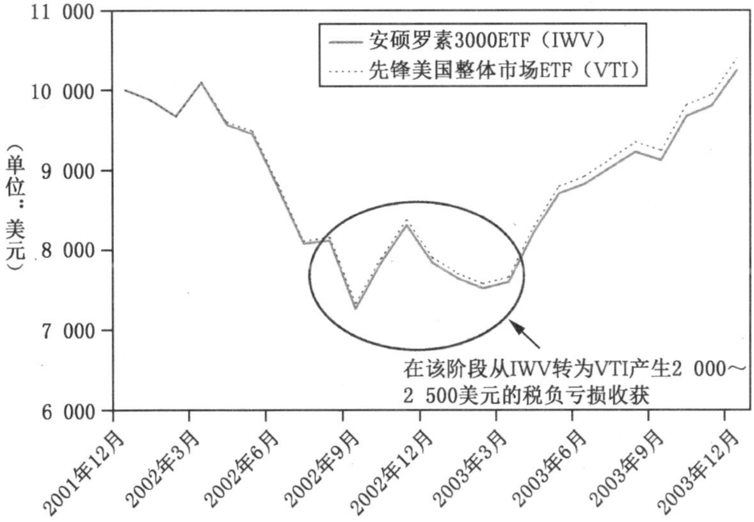

资料来源：Portfolio Solutions，LLC.

图 20.5 ETF 税负转换举例

元投资获得了 4%的免税收益。

在使用税负转换策略之前，需先咨询你的税务顾问。税法变化很快，而你的税务顾问会及时掌握税法限制问题的动向。

未来的 ETF 策略

你是否准备在最近几年买房，但又担心你所在的地区房地产价格上升到超出你的承受能力范围？或者你是不是准备在明年卖掉一处房产，希望能对冲房价的下跌风险？你也许不久就能够买入（或者卖空）住宅 ETF，用来对冲你对房屋的买入（或卖出）。截至本书撰写的时候，美国市场上还没有住宅 ETF，但是，它最终会成为蓬勃发展的 ETF 行业的一部分。

小 结

不断发展的 ETF 市场已经创造了大量新颖而有趣的投资组合管理策略。ETF 交易的灵活性和以 ETF 为标的物的期权产品，已经使得曾经仅限于大型机构投资者的精深复杂的策略，走向了普通大众。

本章提到了许多策略，却都只触及皮毛。对冲策略可以使对某一行业持有过大敞口的人们降低风险；使用配对交易的投机者可以买入一个行业的 ETF 并做空另一个行业的 ETF；全球旅游者和在海外从事买卖交易的企业，可以对冲自己的货币风险；而税负转换策略是提高应税投资组合税后表现的一个简单有效的途径。

每一种新策略的出现都伴随着投资风险。在使用这些复杂理念之前，要清楚自己所掌握的知识和交易技能的局限性。另外，在使用 ETF 税负亏损收获策略之前，审慎的做法是先咨询你的税务顾问。

第二十一章　给 ETF 投资者的操作提示

管理你的 ETF 投资组合可能是一场顺利的进化或让人泄气的经历，在很大程度上取决于你选择投资哪里和如何交易。如果在没有计划的情况下投资 ETF 市场，很可能会产生较高的成本，因为你不会在买入、卖出基金的时候获得良好的交易执行结果。只要知道一些交易提示，你的投资成本就有可能降到最低。

除了自己管理账户以外，还有一个办法是聘请别人帮你管理。这可以通过你的经纪公司，或者某个收取管理费的注册投资顾问公司（RIA）。注册投资顾问公司是根据所管理资产的一定比例收费的，而不是交易佣金。无论是哪种情况，都聘请专业顾问来设计、交易、管理投资组合，这对没有兴趣管理自己的账户或者不再有能力管理自己的账户的投资者来说，常常是一种更好的解决方案。

托管机构的选择

ETF 是在证券交易所交易的，因此，在美国，ETF 只能通过某个在纳斯达克注册的经纪公司才能购买。你可以聘用一个提供全面服务的经纪公司，比如美林或美邦，或者挑选一家折扣经纪公司，比如嘉信或 TD 美国交易（TD Ameritrade）。每种类型的托管机构都有其优势和劣势。

提供全面服务的经纪公司的优势是，有一个全职代表。在你每次打电话的时候，你总是在跟同一个人对话。该注册代表应该很清楚你的投资目标，能推荐合适的证券品种。全面服务型经纪公司的另一个优势是，能获得研究报告。如果你相信华尔街的股票分析师们能够提供卓越的研究结果和投资建议，那么通过一个全面服务型经纪公司获取公司研究报告就十分重要。

委托全面服务型经纪公司也有一些显著的劣势。首先，佣金成本很高。执行相同的交易，全面服务型公司收取的佣金率有可能是折扣经纪公司的 10 倍甚至更高。如果你是个活跃的交易者，高佣金成本将很快侵蚀掉你的利润。

选择全面服务型经纪公司的第二个缺点是，业内本身固有的利益冲突。全面服务型经纪公司为很多客户提供服务，它们收取在公司设有账户的个人客户支付给它们的管理费和佣金。同时，公司收取产品供应商支付的产品分销和市场营销费用，因为这些产品是通过经纪公司的渠道网络进行销售。当某个经纪公司推荐某个投资产品的时候，公司真正代表的是哪个客户呢？这个顾问是以你的最大利益为先，还是把向经纪公司支付大笔费用来推销自己产品的那家公司的利益放在首位呢？

如果你喜欢自己研究 ETF，不需要与某个全面服务型经纪公司的某个注册代表扯上关系，那么折扣经纪公司就能为你节省大量的交易佣金。这类低佣金成本的公司包括嘉信、TD 美国交易、富达、史考特交易（Scottrade）等一大批公司。许多此类公司都提供独立的 ETF 调研，与全面服务型公司提供的分析十分相似。

折扣经纪公司的缺点是，你与公司代表之间的互动很少。你每次给折扣公司打电话的时候，跟你讨论你的账户问题的人都是不同的。

有些折扣公司如今也为账户较大的客户提供更高水平的服务，这种服务能让你在每次打电话的时候接你电话的是同一个人。但是，顾客要当心的是，很多时候，公司代表的报酬是取决于他们的销售的，也许是直接挂钩，也许是通过完成销售目标。在这种情况下，全面服务型公司存在的那种利益冲突，同样存在于折扣经纪公司。如果你有怀疑就要提出来，根据法律要求，公司代表是必须披露冲突情形的。

交易 ETF 份额

ETF 的实际资产净值(NAV)在每天闭市之后公布一次，日内参考价值只是基金对实际 NAV 的估计值。

由于定价滞后和流动性的限制，ETF 并非总是在等于日内价值的价位上交易。ETF 的交易价格是由市场决定的。ETF 市场价格和日内价值之间的差异一般都很小，虽然有可能而且的确出现过大的差异。如果 ETF 市场价格大于其日内价值，就称作 ETF 溢价交易；如果出现相反情形，就称作 ETF 折价交易。

证券交易所、ETF 公司和签约交易商都会密切跟踪 ETF 价格与日内价值之间的差价。每天在闭市以后，ETF 与其实际 NAV 之间的收盘价差都会通过各个网站发布。ETF 也可以在闭市后进行交易，但是这些闭市后的交易价格并不是溢价或折价交易数据的一部分。晨星在其 ETF 概览页面和 Total Returns 网页上列出了 ETF 溢价和折价历史数据。

溢价和折价数据非常有用，能显示出某个 ETF 的收盘价在一天结束时跟踪其 NAV 的好坏。然而，定价时间上的差异可能会造成该数据的虚高或虚低。例如，某个指数里的某只股票可能因为兼并消息的缘故提前结束交易，在这种情况下，收购价格就会反映在收盘时的 ETF 价格中，却不体现在 NAV 中。再举一个例子，某些股票或 ETF 有可能出现推迟交易，直到下午 4 点以后才计入交易行情。这些交易的缺乏有可能会导致 ETF 价格与 NAV 之间的差异不同于真实差异。

ETF 价格与其日内价值之间的差异在股市刚刚开盘的时候常常比较大，因为市场参与者在等待着所有股票的开盘。这种较大的价差有可能会持续 30 分钟左右，而接下来所有股票都会开盘，定价也就更加准确了。因为这个原因，我不建议在美国东部时间上午 10 点之前交易 ETF。在正常市场情况下，到了东部时间上午 10 点的时候，日内价值和 ETF 价格会彼此趋于一致。

行情数据在市场波动很大的日子里会延时，而这一点可能会加大 ETF 交易价格与其日内价值之间的价差。额外价差之所以会出现，是因为庞大的交易量阻碍了有些交易的记录。因此，日内价值有可能是不准确的。

当标的证券的买卖价差变大的时候，ETF 的买卖价差也会变大。这一情形在市场剧烈波动的日子里会出现，这时，ETF 交易价格与日内价值之间的差异可能会变得很不稳定，而交易者会去寻找其他价格指标。当价差因为波动性的缘故而增大的时候，很多交易者都会转向期货和期权市场，以便帮助自己确定正确的 ETF 价格，而不是延时的日内价格。

如果你不是很着急的话，以下是交易 ETF 的三点建议：

1. 在东部时间上午 10 点之后、下午 3:30 之前交易。这样，就在价差最大的开盘和收盘前后留出 30 分钟的无交易时间。

2. 在波动性不是很大的日子里交易，此时日内价值很稳定。

3. 如果你在波动性很大的时候进行交易，就要去核查一下期货和期权市场，因为此时的 ETF 日内价值很可能不准确。

资产位置安排

税负是每个投资者的一种费用，应该予以控制。本书已经讨论过数个使用 ETF 节税的策略，其中包括 ETF 结构中固有的税收效率(第四章)和可以用来管理应税账户的税负亏损收获策略(第二十章)。

本章要讨论的最后一个节税办法是：资产位置安排。第十七章和第十八章详细讨论了资产配置问题，描述了要从不同资产类别中挑选 ETF。资产位置安排就是将这些 ETF 分散到不同类别的投资账户的方法。有些投资账户的税收效率高于其他账户。资产配置和资产位置安排可以同时进行，以实现高于预期的税后收益。

应税账户每年都会收到一份 1099 报表，要申报该账户所产生的应税收入额。优惠税收账户则不会收到 1099 报表，因为没有由收入产生的税务。由此可知，税收效率高的 ETF 最好放在应税账户里，而税收效率低的 ETF 最好落在递延税收账户中。

应税账户

应税账户会生成年度 1099 报表，列出美国国税局希望你在年度报税表里申报的所有红利、利息和证券交易。应税账户包括但不仅限于个人账户、联合账户、信托账户、企业账户和托管账户。有的时候，某个账户的主要受益人可能并不纳税，比如不可撤销的信托账户，但是该账户本身仍然属于应税，可以从税务筹划中获益。

投资组合中股票和债券的总体配置是投资组合表现最重要的决定因素。第二重要的决定因素是税收效率。如果你能够递延应税收益并减少应税红利和利息收入，那么该账户的税后表现就能提高。通过构建一个税收效率高的投资组合，你就能支付更少的税，这将增加你的财富。

有几个策略可以减少应税账户的税负。首先，只挑选税收效率高的 ETF。证券交易委员会规定所有 ETF 都要报告税后表现和税前表现。此外，美国晨星公司还提供 ETF 的税收效率评级，这也是很有用的信息。晨星公司的共同基金报告可以在大部分公共图书馆免费阅读，也可以付年费从该公司订阅。你可以以很便宜的价格在网上订阅晨星公司的共同基金数据库。

大部分股票 ETF 的税收效率很高。证券的换手率很低，而基金之间的套利使得基金经理可以分散投资于低成本的股票（见第四章）。由于 ETF 的赎回和创立规定，基金经理有机会将资本收益转移给赎回初始份额的机构投资者，从而在年末的时候避免大部分 ETF 的资本收益分配。

应税账户是安放你的股票 ETF 的一个理想的地方。通过 ETF 管理程序所取得的税收效益，加上在波动市场的税负亏损收获，使应税账户成了最合适的选择。交易所交易票据因其独特的结构也使应税账户成了有趣的选择(见第四章)。不过,要小心房地产投资信托(REIT)ETF,因为它的课税方式不同于普通股票 ETF。由于 REIT 把很大一部分收益作为一般收入,因此应税账户不是这种证券的理想选择。

应税账户中的债券:将应税债券 ETF 安排在应税账户中永远是个难题,因为没有一个万全之策。应税债券包括公司债券、政府债券、房屋抵押贷款和持有这些资产类型组合的综合基金。

有一个流派的观点是,把税收效益高的股票 ETF 放在应税账户里,把税收效益低的固定收益 ETF 和 REIT ETF 放在优惠税率账户里。虽然对于有些人来说,这是一个明智的策略,但是对其他人来说可能并不是可实现的。

以下是投资者也可以把应税债券 ETF 放进应税账户的三个原因:

1. 投资者在优惠税率账户里可能没有太多的资金。因此,债券 ETF 默认只能进人应税账户。

2. 应税收入低、税率等级低的投资者可能会觉得应税账户中债券的税后收益仍然是可以接受的,例如,利息的税率低于 30%。

3. 投资者可能没做好把投资产品按照账户类型进行分类的心理准备,这一点可能会导致意外的后果。单独看待应税账户里股票 ETF 的表现,而不是综观全局的做法是错误的,因为这样会导致在市场大幅波动的时候做出情绪化的账户决定。

处理应税账户中的债券问题的最好办法是计算一下你要为利息收入缴纳多少税。要想获得答案,你只需要问一问你的税务顾问。第二个办法是找出你最近的纳税申报表,找到你的 1040 报表的第二页上的"应税收入"一栏。如果你赚得的应税收入增加了 1 000 美元,你需要多缴多少税?这一信息可以从跟报税表一起收到的小册子里找到,也可以从美国国税局网站 www. irs. gov 上找到。

如果你要为你的 1 000 美元利息收入支付不到 300 美元的所得税,那么你的税率等级就是低于 30%,把债券 ETF 放在应税账户中一般是没有问题的。

如果你需要缴的税是 300 美元或者更多的话，你的税率等级就是 30%或更高，那么把债券 ETF 放在应税账户中的成本就比较高。如果把债券 ETF 放在优惠税率账户中可能有利于避税。

我的建议是，与税务顾问谈一谈。税务问题可能很复杂，而如果没有一个知识丰富的税务专家的帮助，对任何一种减税投资策略都不要去尝试。

税率优惠账户

从很多方面来说，构建、管理一个税率优惠 ETF 投资组合，比创建、管理一个应税投资组合更加简单，因为税负问题不会影响决策。你在选择税率优惠账户里的 ETF 时自由度更高。税率优惠账户包括个人退休账户（IRA）、罗斯个人退休账户（Roth IRA）、养老金账户和其他递延或避税账户。

把 REIT ETF 放在非应税账户中是个不错的主意。REIT ETF 的税收效率很低，因为它必须每年分配应税收入（见第十二章）。如果你要把一个投资组合 10%的价值放在 REIT ETF 里，尽量考虑放在非应税账户里。

在税率优惠账户里管理债券 ETF 消除了为利息收入每年缴纳所得税的负担。应税债券 ETF 的品种有很多，你可以选择的范围包括公司债券基金、政府债券基金、房屋抵押贷款基金和持有这些债务类型组合的综合基金。高收益公司债券基金尤其适合税率优惠账户。

大部分商品和货币 ETF 的税收效率很低，投资者必须为商品基金中的期货的一部分收益缴纳一般所得税。结果是，总体税率高于长期资本利得税率。

金银基金是一个不同的税负类型。美国国税局把持有黄金、金条和白银的基金看作收藏品。收藏品长期实现收益的最高税率是 28%，而不是证券交易收益的 15%。

ETN 是商品税收规则的一个例外。在你卖出的时候，ETN 是在卖出并实现长期资本利得的时候征税的,而不是按照商品期货合约的年收益。它是具有高税收效率的唯一一种商品投资类型,可以放在应税账户里。切记:截至目前,IRS还没有质疑ETN的税收处理方式。但是,这可能是会发生变化的。你要向你的税务顾问咨询最新规则。

选择使用商品和货币产品的投资者应该在决定将这些投资产品放在什么地方之前,仔细考虑税收方面的意义。在大部分情况下,这种产品可能应该放在税率优惠账户里。

资产位置安排的隐性风险

你是应该在应税账户里只放股票ETF,在税率优惠账户里放债券ETF、REIT和商品,还是应该在这两个类型的账户间平均分配呢?这取决于投资者,而不是投资产品。

从理论上说,应用资产位置安排策略是个不错的做法。但是,从心理上说,却未必如此。把所有股票ETF放在应税账户里,把所有债券和REIT ETF放在税率优惠账户里是有风险的。有些客户会开始进行"账户锁定",他们会比较这两个账户的表现,而不是把两个账户看作一个完整的投资组合。

把应税账户的表现与税率优惠账户的表现进行比较,有可能产生意料之外的结果。进行账户表现比较的人,很难眼看着他们的纯股票ETF的应税账户在熊市时期大幅下跌。这些投资者可能会变得情绪化并丧失大局观。出现这种情形的时候,投资者会作出非理性的决策,卖出应税账户里的所有股票ETF。

在低迷的市场上情绪化地卖出股票ETF一般都会导致较低的总收益和较高的投资组合风险。如果你倾向于比较各个投资组合,那么建议你放弃资产位置安排策略,在所有账户都应用相同的资产配置。

税收法规是不断变化的,而这一点有可能会影响你的配置决定。如果你讲纪律性,并专注于整体投资组合而不是其中的某个组成部分,那么资产位置安排策略有可能是短期内节税的不错途径。请咨询你的税务顾问。

ETF 再平衡

全球市场涨跌起伏，不会总是同时或等量地朝着同一个方向发展。你的投资组合中代表不同资产类别的 ETF 会偏离你最初买入这些资产时候的配置。ETF 需要通过再平衡回到各自的预定目标，以便这种偏离不会过大。再平衡也会将投资组合风险重新调整至符合你的投资目标。

至少每年进行一次再平衡的做法是个好主意，尤其是在市场波动特别大的时候。最简单的再平衡方式就是选定每年的同一个时间进行再平衡。例如，你可以选择一月份的第一个星期，或者你的生日。另一个方法是偶尔检查投资组合的配置，看一看你的 ETF 是否偏离目标一定的百分比。例如，当市场力量导致 50％股票、50％债券的投资组合偏离至 53％股票、47％债券的投资组合。

对税率优惠账户进行再平衡是不会产生税收方面的影响的，但是在再平衡应税账户时就会有税收方面的考虑。如果卖出一部分获利的 ETF 份额，买入更多跌价的 ETF 份额，就会产生应税投资组合的资本收益。

还有另外一些办法可以用来再平衡应税账户，最大限度减少应税事项。请考虑以下 5 种方法：

1. 不要自动将 ETF 红利收益再投资。让该收益流入你的现金账户，而不是自动买入更多的 ETF 份额。当现金在你的账户里积累后，你再手动将其投入需要投入的 ETF。

2. 在向应税账户补充新资金的时候，要利用该机会对投资组合进行再平衡。

3. 如果你先前有过税负亏损结转，或者可以通过税负亏损收获来冲抵资本收益，那就用那些亏损来冲抵溢价卖出 ETF 份额而产生的收益。

4. 只卖出已经在你的账户里待了一年以上的 ETF 税负品种。宁可缴纳较低的长期资本利得税，也不要支付较高的短期资本利得税。如果账户里没有持有超过一年的份额，那就等到持有一年以后再卖出。

5. 你并不需要在每年的同一天再平衡应税投资组合。如果你没有持仓获得长期收益，那就最好等上一个星期或一个月时间，等到短期资本利得变成长期资本利得，从而降低你的纳税额。

雇用投资经理

本书已经论述了很多方面，我很高兴你能读到这儿。现在你需要决定谁来实施所有这些好主意。

有些人喜欢聘请一个专业投资顾问来设计、实施、管理他们的ETF投资组合。如果你太忙，没有多大兴趣，感到很困惑，或者没有能力随时跟踪你的投资组合，那么请顾问的做法是合理的。

投资顾问有两种：注册代表和只收取管理费的代表。注册代表在经纪公司工作，收取管理费的代表一般都是独立性的。

注册代表（经纪人）受雇于经纪公司。你每次买入、卖出证券，他们就获得一笔佣金。有些经纪公司也提供一个收取费用的选择，叫作保管账户，来代替佣金。这样是没有问题的，只要管理费不超过佣金——采用经纪公司保管账户来管理ETF投资组合时，就是这种情形。你可以授予你的经纪人对ETF投资组合交易的决断权，而该经纪人可以为你实施管理。这种做法的缺点是，如果经纪人的报酬是佣金，那么就可能出现在不需要交易时进行交易的倾向。

独立投资顾问是只按管理费获得报酬的。支付了标准的年费后，他们就会按照你的需求去设计、实施、维护ETF投资组合。所收取的管理费一般是依据所管理资产的价值。收取管理费的方式解决了佣金销售方式产生的利益冲突。但是，收取管理费的顾问也不是不会造成利益冲突，有些顾问要收取额外的管理费或1.5%来管理ETF投资组合。没有投资顾问可以创造足够的价值以弥补额外的管理费。

顾问的服务内容

以下是顾问提供的一部分服务内容：

1. 帮助制订投资计划。很多人需要别人帮助他们根据需要来实现正确的资产配置和制订投资计划。他们也许已经有了一个关于希望自己财务上实现何种目标的笼统概念，但是没有能够制订完整计划的工具或经验。顾问会帮助客户理解他们的需求如何能够通过 ETF 投资来满足，然后设计、实施、管理这个完整的投资计划。

2. 提供策略的持续性。人们平均每三年更换一次投资策略[按照美国投资公司协会(Investment Company Institute)共同基金换手率数据测算出的结果]。在 20 世纪 90 年代，成长型股票十分火爆，几年以后，投资者转向了价值型股票，然后是国际股票，接着是商品驱动型股票。优秀的顾问不会追逐市场或收益率，管理风格的一致性有助于实现更好的终身效益。

3. 充当人体断路器。有时，投资者会在半夜惊醒，因为他们害怕市场会崩盘。出现这种情况的时候，顾问就要随时扮演心理学家的角色。这常常意味着要使投资者的恐惧心理平静下来，劝说他们不要做出情绪化的投资决策。

4. 提供全天候服务。在你的一生中，你会有一个时期完全没有时间或欲望来处理日常的投资决策，值得信赖的顾问会替你完成投资方面的日常工作，确保你的投资组合维护得当。

好的顾问会以高效和节省费用的方式完成工作。为了能更好地理解，我建议联系先锋集团并询问获取一份免费的关于“如何选择财务顾问”的副本。该手册在网站 www. vanguard. com 上能找到，也可以通过邮件或致电索取。

另一个获得精明的财务顾问的建议的途径是通过网站 www. Bogleheads. org。该网站与名为 Vanguard Diehards 的晨星讨论版和名为 Bogleheads 的公共讨论版相链接[第二个讨论版是以杰克·博格尔(Jack Bogle)命名,他是先锋集团的创始人和指数基金管理领域的先驱]。

作为全美领先的低成本顾问公司之一的创始人、首席执行官,我相信优秀的顾问通过制订可行计划,实施该计划,并确保客户聚焦于这个路线,能为客户提供最佳服务。顾问的工作不是用一些奇异的策略拿客户的钱冒险,他们的工作是理解客户的财务目标,并创建一个以合理成本和可控风险去满足这些目标的投资产品组合。

小　结

你可以用几步走的方式让你的ETF投资组合管理工作变得更容易。选择合适的经纪公司是关键。佣金成本十分重要,但优秀经纪公司最重要的特点是,代表你的人能始终代表你的最大利益。

交易ETF的方式和时机有可能会影响你的投资表现。我建议在交易日的中间时段和市场相对平静的时候买入、卖出,这些时间是ETF交易价格最接近其日内价值的时候。

控制税收是ETF投资组合管理的一个重要因素。不同类型的账户面临的税负问题各不相同。对于你的股票ETF来说,最好的位置安排可能是应税账户,而债券ETF的最佳位置是税率优惠账户。咨询一下你的税务顾问,看一看资产配置是否对你有利。

除了自己管理账户以外,你还可以聘用专家为你管理。这一点可以通过你的经纪公司,或某个收取管理费的投资顾问来实现。聘请顾问有几个优点,包括情绪平稳,以及投资策略能得到执行保证。合适的顾问会指导你朝着自己的财务目标高效前进,同时确保成本得到控制。

附录 A 指数策略箱缩略语指南

下表左列是成分证券选择的缩略语和主要方法，右列是成分证券权重确定的缩略语和主要方法。请参见术语表中有关类别和方法的定义。

成分证券选择缩略语	成分证券权重确定缩略语
P A 被动选择/完全复制	C A 市值权重/总市值加权
P B 被动选择/买入持有	C C 市值权重/受限市值加权
P S 被动选择/抽样选择	C F 市值权重/自由流通市值加权
P I 被动选择/单只证券	C L 市值权重/流动性加权
	C P 市值权重/产量加权
S C 筛选/公司事件筛选	
S E 筛选/交易所筛选	F D 基本面权重/分红加权
S F 筛选/基本面因素筛选	F E 基本面权重/净利润加权
S M 筛选/多因子筛选	F F 基本面权重/多因子加权
S P 筛选/价格趋势筛选	F M 基本面权重/趋势加权
S S 筛选/社会因素筛选	F P 基本面权重/证券价格加权
S T 筛选/主题筛选	F Q 基本面权重/定性因素加权
	F S 基本面权重/社会因素加权
Q C 定量选择/技术面模型	
Q E 定量选择/经济周期模型	X E 固定权重/等权
Q F 定量选择/基本面模型	X F 固定权重/初始等权，然后流通市值加权
Q M 定量选择/多因子模型	X L 固定权重/杠杆权重

续表

成分证券选择缩略语	成分证券权重确定缩略语
Q P 定量选择/非公开模型*	X N 固定权重/多空策略权重
Q Q 定量选择/定性模型	X M 固定权重/修正等权
Q X 定量选择/趋势模型	X S 固定权重/负杠杆权重

* 非公开模型意味着没有足够的公开信息用于分析这种方法。

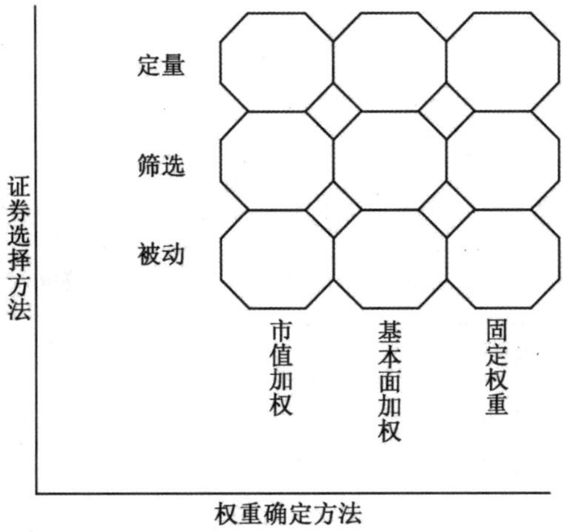

图 A.1　指数策略箱

附录B　ETF资源列表

ETF书籍

Active Index Investing by Steven A. Schoenfeld (2004)

All About Asset Allocation by Richard Ferri (2005)

All About Index Funds by Richard Ferri (2007)

All About Exchange Traded Funds by Archie Richards Jr. (2002)

The Bogleheads,Guide to Investing by Taylor Lari More, Mel Lindauer, Michael LeBoeuf and John C. Bogle (2006)

ETF Investing Around the World by Canton T. Delfeld (2007)

ETF Trading Strategies Revealed by David Vomund and Linda Raschke (2006)

Exchange Traded Funds: An Insiders Guide to Buying the Market by Jim Wiandt (2001)

Exchange-Traded Funds for Dummies by Russell Wild (2006)

Exchange Traded Funds as an Investment Option by A. Seddik Meziaru (2005)

Getting Started in Exchange Traded Funds by Todd Lofton (2007)

Investing with Exchange-Traded Funds Made Easy by Marvin

Appel (2006)

The New Global Investor by Carlton T. Delfeld (2004)

New Investment Frontier: A Guide to Exchange Traded Funds for Canadians by Howard J. Atkinson and Donna Green (2006)

Power Investing with Basket Securities by Peter Madlem & Larry D. Edwards (2001)

The Smart Investors Guide for Investing by Nachman Bench Ph. D. (2003)

Someone Will Make Money on Your Funds by Gary L. Gastineau (2005)

Understanding Exchange-Traded Funds by Archie Richards Jr. (2007)

ETF 网站及互联网资源

新闻与研究

theetfbook. com：更新本书内容并链接重要的 ETF 网站。

etfguide. com：一个内容丰富的交易所交易基金数据库，包含了指数策略箱数据、市场研究、重大新闻以及评论。

etf. stock-encyclopedia. com：ETF 数据库以及指向 ETF 提供商的链接。

etfzone. com：内容丰富的 ETF 数据库、评论以及讨论区。

indexinvestor. com：包含对指数基金投资的深入分析。

indexuniverse. com：包含新闻、信息以及数据。该公司也出版交易所交易基金报告(Exchange-Traded Funds Report，ETFR)以及《指数期刊》(*Journal of Indexing*)。

marketwatch. com：ETF 行业的重要新闻及评论。

morningstar. com：详尽的数据库、研究报告、评论以及讨论区。

seekingalpha. com：ETF 文章、新闻以及投资建议。

主要的 ETF 产品提供商

bldrsfunds. com：BLDRS 是基于纽约银行 APR 指数建立的系列 ETF。

Claymore. com/etfs：Claymore 公司发行了跟踪各种市场的系列 ETF。

dbcfund. db_com：德意志银行是 DB 商品指数基金（AMEX：DBC）的发起人。

ftportfolios. com：首先跟踪细分市场和量化指数的信托类 ETF。

holdrs. com：HOLDR 是由美林推出的一个非管理型行业投资组合。

ishares. ca：安硕加拿大 ETF 由巴克莱全球投资管理。

ishares. com：安硕系列 ETF 由巴克莱全球投资管理。

nasdaq. com/oneq：富达公司管理 ONEQ ETF。

powershares. com：PowerShares 提供了一系列定量型 ETF。

proshares. com：ProShares 提供杠杆及反向 ETF。

rydexfunds. com：Rydex 公司提供了一系列跟踪关键分支市场的 ETF。从 currencyshares. com 可以进一步了解货币 ETF 的报价。

ssgafunds. com：State Street Global Advisors 管理了多种 ETF 产品。

Vaneck. com：Van Eck Global 发行了少量的 ETF，其中包括 Gold Miners。

vanguard. com：Vanguard ETF 是先锋开放式基金的一个类别。

wisdomtree. com：智慧树提供按基本面选股与加权类型的 ETF。

主要的市场指数提供商

barclays. com：雷曼在被巴克莱收购前是世界顶尖的固定收益基准

指数提供商。

djindexes. com：道琼斯公司进行市场基准指数的开发与管理。

ftse. com：富时进行市场基准指数的开发与管理。

indexes. morningstar. com：各种指数反映了不同的股票风格、市值规模以及行业部门。

msci. com：摩根士丹利进行市场基准指数的开发与管理。

russell. com：罗素公司进行市场基准指数的开发与管理。

standardandpoors. com：标准普尔公司进行市场基准指数的开发与管理。

wilshire. com：威尔希尔公司提供了威尔希尔 5000 以及其他多种指数。

主要的美国证券交易所

nasdaq. com：纳斯达克交易所提供了一系列 ETF，包括纳斯达克 100 指数基金、纳斯达克生物科技指数基金以及 BLDR 系列基金。

nyse. com：纽约证券交易所是美国最早的证券交易所，且发行了一系列重要的 ETF。美国证券交易所于 2008 年并入了纽约证券交易所，并且在 2009 年 amex. com 也并入了 nyse_com。

术语表

12b-1 费用　一些共同基金收取年费以支付营销和分销活动。费用直接来自基金资产，这降低了股东的总回报。

累积红利　按 ETF 份额支付的股息，要扣除开支，考虑前一天的收盘价。股票在整个季度里支付股息，ETF 仅每季度支付一次股息。

主动管理　寻求超越金融市场平均回报的投资策略。主动的管理者依靠研究、市场预测以及他们自己在选择、买卖证券方面的判断和经验。

阿尔法　高出或低于贝塔所代表的风险的一定百分比的业绩衡量指标。正的阿尔法意味着基金的表现超过风险代表的水平，而负的阿尔法意味着基金表现不佳。阿尔法为 1.5 的 ETF 表示其表现优于相同贝塔的指数 1.5 个百分点。

年换手率　每年卖出并替换成新股票的价值占投资组合的百分比。

年化率　通常为实现可比性，将不到一年期限进行年化的比例。例如，投资组合周转率为 6 个月 36％可以转换为 72％的年化率。

AP　见授权交易商。

要价　卖方愿意出售证券的价格。对于无负担共同基金，要价与基金每股净资产值相同。

授权交易商　有权与基金公司直接买卖 ETF 创设份额的机构投资者。

自动再投资　投资的股息或其他收益用于购买投资工具的额外股份

的安排。

平均有效到期日 货币市场或债券基金中所有证券的到期日的加权平均值。到期日是货币市场工具或债券买方得到证券发行人偿还的日期。平均到期日越长，基金价格随着利率变化而上涨或下跌的幅度越大。

后端收费 当投资者出售基金份额时，某些共同基金收取的销售费，也称为或有递延销售费。

基准指数 跟踪市值加权市场回报的指数。用于比较主动型基金管理人业绩表现的指标。

贝塔 衡量投资组合过去股价波动相对于市场整体或合适的市场指数涨跌程度的指标。市场(或指数)的贝塔被定为 1，因此当市场整体涨或跌 10%的时候，贝塔为 1.2 的投资组合的股价会涨或跌 12%。

买卖价差 在某个证券上买方愿意的出价和卖方要价之间的价差。

账面价值 一个公司的资产减去所有负债和无形资产。

整体市场指数 涵盖整个市场上所有证券，或对证券的范围进行抽样以实现接近市场回报的一篮子证券。例如罗素 3000 指数和巴克莱综合债券指数。

经纪人/经纪商 为公众购买或出售共同基金或其他证券的个人或公司。

买入并持有 投资证券并长期持有的一种投资策略。同时定义 HOLDR，这是一种 ETF 结构，可以在投资组合中一次购买证券，而不会替换或重新平衡这些证券。

资本利得或损失 共同基金、股票或债券等资产的卖出价格与原始成本的差额。

资本收益分配 向 ETF 股东支付本年度基金证券出售的盈利减去任何已实现亏损后的收益。

封顶 见受限指数。

现金投资 短期债务工具，如到期日小于一年的商业汇票、银行承兑汇票和国库券，也称为货币市场工具或现金储备。

封闭式基金 拥有固定数量份额的共同基金，通常在主要的证券交易所上市。

大宗商品 谷物、金属和矿物等未加工的在商品交易所大量交易的商品。

大宗商品期货 见期货。

受限指数 在指数或ETF中可被代表但被限制一定数量的证券，这些证券在投资组合中的数量受到限制或封顶。

消费者物价指数(CPI) 衡量消费品和服务价格变化的指标。消费者价格指数用于追踪通货膨胀的变化。

公司行为 公司董事会作出的会影响公司股东的决策。

成本基础 投资的原始成本加上相关的购买费用和资源改善。出于税收目的，要从销售价格中减去成本基础以确定资本利得或损失。

国家风险 政治事件(战争、全国选举)、金融问题(通胀上升、政府违约)或自然灾害(地震、收成不佳)将削弱一个国家的经济并导致该国存在投资下降的可能性。

息票/息票率 债券发行人承诺在债券到期前向债券持有人支付的利率。

创设单位 一组股票或证券构成由ETF基础信托持有的基金的一个单位。一个创设单位是可以兑换一定数量的ETF份额的标的资产的面额。

信用评级 一种公开的排名，是基于一个实体支付债务利息或本金能力的严谨的财务分析。

信用风险 债券发行人无法及时偿还利息和本金的可能性，也称为违约风险。

货币风险 由于美元兑外币的价值上升，美国投资外国证券的回报可能会减少，也称为汇率风险。

托管人 (1)银行、代理人、信托公司或其他负责保管金融资产的组织；(2)监管未成年人托管账户中的共同基金资产的个人。

股息宣布日 公司董事会或共同基金宣布下一次股息支付金额和时间的日期。

违约 到期时未支付本金或利息。

折旧 一项投资价值的减少。

衍生品 一种金融合约，其价值基于或"衍生"于传统证券（例如，股票或债券）、资产（例如，商品）或市场指数（例如，标准普尔500指数）。

折扣经纪人 以低于全面服务经纪商的佣金率执行买卖证券委托单的经纪公司。

分配 ETF支付红利或资本利得。

股息收益率 每股的年回报率，通过将年度股息除以当前股价确定。在股票型共同基金中，该数字代表共同基金持有的股票的平均股息收益率。

美元成本平摊 持续地定期投资等量的资金。这种技术确保投资者在价格较高时购买较少的股票，在价格较低时购买更多的股票。

每股收益 公司的收益除以已发行的普通股数量。

经济周期 指经济活动围绕其长期增长趋势的波动。这个周期涉及复苏、繁荣、收缩和衰退。经济波动通常使用实际国内生产总值（GDP）来衡量。

有效市场 由一些专家提出的理论，该理论认为股票价格反映了所有投资者已知的所有市场信息，同时指出投资者无法击败市场，因为不可能确定未来的股票价格。

增强型指数基金 通常被设计用来跟踪指数，通过使用杠杆、期货、交易策略、资本利得管理和其他方法超越普通指数基金表现。

等权，然后浮动 一种投资组合权重的分配方法，一篮子中的每个证券最初被分配相同的权重，然后随着证券市值的变化而浮动。用于HOLDER。

等权 一种投资组合权重的分配方法，一篮子中的每个证券具有相同的百分比。另见修正等权。

估计现金金额 对每个创设单位中内嵌的现金金额的估计。每个创设单位的估计现金金额旨在让授权交易商了解在特定日期创设或赎回ETF份额所需的现金。

交易所 用于买卖双方之间公开交易证券的物理场所或基于计算机的系统。

交易所交易基金(ETF) 在股票市场上交易的指数基金。一个常见的ETF是标准普尔存托凭证(SPY),其跟踪标准普尔500指数。

除息日 股息和/或资本利得从共同基金资产中扣除或留出,以支付给股东的日期。在除息日,基金的份额价格要跌去分配金额(加上或减去任何市场活动)。也称为再投资日期。

费率 投资组合支付的年度费用占平均净资产的百分比。费率包括管理费、行政费用和任何12b-1费用,这直接降低了投资者的回报。

因子 可以代表证券价值的各种基本面、定性和定量指标。财务比率是常见因子。

美联储 美国的中央银行,负责管理整个美国的货币和信贷供应。美联储的七人委员会由总统任命,对美国的货币和经济政策产生重大影响。

收费型顾问 财务顾问在提供金融服务时按小时费率、年度保留金或管理资产的约定百分比收取费用。

自由流通股 投资大众可自由投资的上市公司股票。自由流通股指数不包括大型所有者持有的或具有销售限制的股票的价值(限制性股票在成为非限制性股票之前不能出售)。

前端收费 一些共同基金和其他投资工具在购买时收取的销售佣金。

全市值化 一种市值化方法,使用所有发行在外的股票,无论谁持有。

完全复制 一种ETF策略,完全复制标的指数中的证券和权重。典型的是单位投资信托(UIT)。

基本面 有关公司的财务信息，来自其资产负债表、损益表、现金流量表和其他公开发布的信息。

基本面分析 一种通过检验公司财务报表和运营，从而预测股票价格变动的方法。

基金家族 由同一机构发售的一组共同基金，通常在基金和多个基金的合并账户之间提供交换特权。

期货 在特定时间以特定价格买入或卖出特定数量的特定商品（例如，谷物或外币）的合约。

全球基金 投资于美国和外国公司股票的共同基金。

委托人信托 ETF在创设时期参照指数，但保持静态且不跟踪指数。HOLDR是这种形式的ETF的主要拥护者。

国内生产总值(GDP) 一国劳动力在一年内提供的所有商品和服务的价值。作为美国经济的主要衡量指标之一，国内生产总值由商务部每季度发布一次。以前称为国民生产总值(GNP)。

对冲 用一项投资抵消另一种证券的风险的策略。

高收益基金 主要投资信用评级为BB或更低的债券的共同基金。由于高息债券的投机性，高收益基金的价格波动性和信用风险较其他债券型基金更高。

HOLDR 控股公司存托凭证。代表投资者对特定行业、部门或集团中指定公司的普通股或美国存托凭证(ADR)所有权的证券。

指数化 一种匹配市场或一组股票的平均表现的投资策略。通常是通过在市场上购买少量的各种股票来实现。

指数提供商 构建和维护股票和债券指数的公司。主要提供商有标准普尔、道琼斯、巴克莱、MSCI、罗素和威尔希尔。

参考最优组合价值 见日内价值。

通胀风险 生活费用增加将减少或消除特定投资回报的可能性。

利率风险 由于利率上升，证券或共同基金价值下跌的可能性。

国际基金 投资于在美国以外的市场交易的证券的共同基金。外国市场存在额外风险，包括货币波动和政治不稳定。过去，这些风险使得外国股票的价格比美国股票的价格波动更大。

日内价值 持续估计构成 ETF 份额的股票和现金的价值，由 ETF 上市的交易所每 15 秒报价一次。在各个地方，它也被称为日内参考价值、基础交易价值、参考最优组合价值。

反向基金 设计为与股票或债券市场走向相反的基金。另见做空基金。

投资顾问 对投资组合的投资做出日常决策的个人或组织。

投资等级 信用质量被独立的债券评级机构认为是最高的一类债券。

垃圾债券 信用评级为 BB 或更低的债券。因为向那些愿意承担低质量债券的额外风险的人提供了回报，也被称为高收益债券。

大盘股 通常指股票市值超过 100 亿美元的公司，尽管标准因指数提供商而异。

杠杆指数基金 设计为按照特定比例放大市场波动的指数基金。杠杆率为 2 的标准普尔 500 指数基金上涨或下跌的程度是标准普尔 500 指数的两倍。

流动性 证券的可变现程度，也就是说，证券能以多快的速度按照合理的价格出售转换成现金。

收费基金 在认购份额(前端收费)或出售(后端收费)时收取销售费用的共同基金。

多空 做多预期价值会增加的证券，并做空价值将减少的证券。

长期资本利得 出售已持有超过一年的证券或共同基金份额的利润。

管理费用 也称为咨询费。共同基金向其投资顾问支付用于监督基金持仓的费用。

市值 衡量公司或经济规模的指标，等于股票价格乘以上市公司已发行股票的数量。通过将公司股票总数乘以每股价格来确定。

市场中性 该策略购买认为可以实现高额回报的股票，并同时做空等量的整体市场指数基金，从而抵消市场回报对投资组合的影响。

到期日 债券发行人同意向买方偿还本金或面值的日期。

市值中点 投资组合中股票市值的中点（市场价格乘以已发行股票数量）。投资组合中的一半股票具有更高的市值，而另一半股票具有更低的市值。

中盘股 通常指股票市值介于 20 亿美元至 100 亿美元的公司，尽管标准因指数提供商而异。

修正等权 根据每种证券的基本面因子或其在定量模型中的排名，为投资组合中的证券分配固定权重的投资组合权重分配方法。

动量 指价格和收益趋势的统计强度。它还可以应用于采用盈利预测和对这些预测进行修正的分析师信念的方向和强度。

晨星风格箱 晨星公司已将国内共同基金划分为小型、中型和大型基金，按投资目标分为增长型、价值型和混合型，使用九宫格图来说明基金风格。

市政债券基金 投资于州、市和地方政府发行的免税债券的共同基金。从这些债券获得的利息将转交给份额持有人，通常不用缴联邦、州和地方所得税。

全国交易商协会(NASD) 旨在保护投资者免受欺诈行为侵害的经纪人和交易商组织。

资产净值(NAV) 共同基金的总资产的市场价值减去负债并除以已发行份额的数量。单个份额的价值称为份额价值或份额价格。

不收费基金 不收取任何销售佣金的共同基金。

名义回报 通货膨胀调整前的投资回报率。

开放式基金 能够每日发行份额或赎回已发行份额的投资实体。每天报价一次，时间为当天结束时，价格是基金的资产净值(NAV)。

运营费用 为资产维护或经营而支付的金额。收益在扣除运营费用后进行分配。

优化 为最大可能达到某种预期风险收益结果，而在投资组合证券选择和权重分配时采用的数学方法。

期权 卖方给予买方在特定日期或之前以指定价格买卖证券的权利，而买方没有义务的合同。

应付日期 股息或资本利得支付给持有人的日期。对于共同基金，应付日期通常在登记日期的2～4天内。应付日期还指计划发放已宣布的股息或债券利息的日期。

投资组合构成文件 一份每日更新的清单，列明了授权交易商一个创建单元所对应的证券名称和数量以及现金数量。

投资组合交易成本 与买卖证券相关的费用，包括佣金、申购和赎回费、交易费和其他杂项费用。在共同基金募集说明书中，这些费用会与基金的费用比率分开列出。该项不包括买/卖差价。

溢价 超过一个证券或一个可比证券或一组投资的面值或赎回价值的金额。这表示该证券受到投资者的高度青睐。也指为了获得保险支付的费用。

市净率(P/B) 股票的每股价格除以其每股的账面价值(即净值)。对于投资组合，是指其持有的股票的加权平均价格与账面比率。

市盈率(P/E) 股票的价格除以过去一年的每股收益。对于投资组合，指投资组合中股票的加权平均市盈率。市盈率是市场对公司前景作出预期的良好指标；市盈率越高，对未来收益增长的预期就越大。

产品描述 一份书面文件，其中包含有关ETF费用、目标和在二级市场上购买份额的机制的重要信息，但不能取代募集说明书。

产量加权 基于指数中每种商品在特定时期的平均产量，通常为5年。

自营 指数提供者和投资经理使用的不透明投资策略。该策略不向投资者全面披露。缺乏透明度意味着投资者永远无法完全确定为什么在指数或基金中增加或替换某项投资。

募集说明书 一份为潜在投资者提供有关共同基金的信息，包括对其投资目标、政策、风险、成本和过往表现的讨论的法律文件。在投资者可以建立账户之前，必须向其提供募集说明书，并且还必须向美国证券交易委员会备案。

代理 股东授权其他人（例如基金或公司管理层）在股东大会上代表其投票的书面授权。

定性分析 基于例如员工待遇、产品质量、产品的剩余专利期限以及环境管理水平等非财务信息对证券进行评级的过程。

定量分析 在证券中，对特定可衡量因素（例如，资本成本或资产价值）的评估，以及对销售、成本、收益和利润的预测。结合更主观或定性的考虑（例如，管理有效性），定量分析可以改善投资决策和投资组合。

房地产投资信托(REIT) 管理一组房地产投资并向其股东分配至少 95%以上年净收益的公司。房地产投资信托基金通常专注于某种特定的物业，例如，可以投资如办公楼、购物中心或酒店这样的房地产；购买房地产（股权 REIT）；并向建筑开发商提供贷款（抵押贷款 REIT）。

实际回报率 考虑通货膨胀后的投资实际回报。例如，如果特定时期的名义投资回报率为 8%，通货膨胀率为 3%，则实际回报率为 5%。

登记日 用于确定谁有资格获得公司或基金下一次分配股息或资本收益的日期。

赎回 授权交易商提交一个创建单元并接收实物股票。

赎回费 (1)当投资者在短时间内出售份额时，一些开放式共同基金收取的费用。(2)向授权交易商收取创建单元赎回费用。

注册投资顾问(RIA) 在美国证券交易委员会或 RIA 开展业务的州注册，但未经其背书的投资专业人士。这些顾问推荐投资产品并管理账户。

注册投资公司(RIC) 紧密跟踪指数的常见 ETF 类型，允许抽样（并非必须购买指数中的每一只股票）并在运营中使用衍生品。例子包括 iShares 和板块 SPDR。

再投资 使用投资收益购买额外证券。一些 ETF 结构允许管理者将基金持仓的股息再投资，而其他结构不允许再投资。

复制 见完全复制。

资本回报 未从收入和利润中支付的分配。这是投资者本金的回报。

风险承受能力 投资者在等待投资价值增加的同时，承受投资价格下降的能力或意愿。

抽样 不持有市场或指数中所有证券，而持有能代表市场或指数特点的证券的一种选择证券的策略。

行业多样化 投资组合中股票权重是基于每个主要行业组别中的公司。

行业基金 专注于相对细分市场行业的共同基金。与某些多元化基金相比，这些基金的价格波动性更高，因为行业基金受行业特定问题的影响。

证券交易委员会(SEC) 监管共同基金、注册投资顾问、股票和债券市场以及经纪人、经纪商的联邦政府机构。美国证券交易委员会是根据《1934年证券交易法》成立的。

发行在外份额 截至上一个交易日收盘时的ETF份额数量。它是用于计算资产净值的数字。由于在交易日会不断创设和赎回ETF，因此份额每日都会发生变化。

夏普比率 衡量风险调整回报的指标。要计算夏普比率，请将资产的超额收益[其收益超过无风险资产（如国库券）收益的部分]除以资产的标准差。应将比率与适当的基准进行比较。

做空基金 旨在提供与指数每日表现反向变动的投资结果的共同基金或ETF。

卖空 出售不属于卖方的证券或期权合约，通常是为了利用证券或期权价格的预期下跌。在典型的卖空交易中，出售借入的证券或期权，借入方同意在指定的未来日期或之前以市场价格购回股票或期权。通常被认为是一种冒险的投资策略。

短期资本利得 出售已持有一年或以下的证券或共同基金份额的利润。短期资本利得作为普通收入征税。

小盘股 通常指股票市值低于 20 亿美元的公司，尽管标准因指数提供商而异。

价差 一个证券的出价（立即卖出）与要价（立即买入）的差异。

标准差（SD） 衡量基金回报与先前回报或所有类似基金平均回报的差异的程度。标准差越大，证券的表现偏离平均回报的可能性（和风险）就越大。

附加信息声明（SAI） SAI 详细介绍了共同基金募集说明书中出现的许多事项，特别是基金分配的税务结果。

互换协议 双方之间将一种证券交换为另一种证券的协议，是为了改变投资组合的构成或其所包含的债券的期限，或改变投资组合或金融安排的其他方面，如利率支付或货币。

税收递延 延迟支付投资收入的税。例如，传统个人退休账户的所有者不会就其退休账户中累积的利息、股息或资本收益缴纳所得税，直到他们开始提款。

免税债券 通常由市、县或州政府发行的债券，其利息支付免征联邦政府税，在某些情况下，还豁免缴纳州和地方所得税。

免税 即使在取款后，利息或收益也免于缴纳联邦所得税的投资或账户。

税务替换 通过同时出售一只指数基金和购买类似基金来创造税收损失。

主题投资 含有情感色彩的投资组合管理策略，例如清洁空气和水、公司事件和社会责任。

总现金要求 前一天执行创建和赎回的每个创建单元所需的现金，以确保这些交易按资产净值执行。所需现金可确保现有 ETF 份额不会因创建及赎回活动而导致任何价值稀释。

总回报 共同基金资产净值在特定时期内的百分比变化，其最终的资产净值经过调整，以计入所有股息和资本收益分配的再投资。

交易价差 见价差。

交易费/佣金 由中间人（例如，经纪商或银行）评估的用于协助出售或购买证券的费用。

国债 美国政府发行的特定金额和到期日的可转让债务凭证。由1年或更短时间，1～10年，以及10年以上期限组成。

换手率 显示过去一年的交易活动。换手率高的投资组合会产生更高的交易成本，更有可能分配资本收益。

基础交易价值 见日内价值。

单位投资信托（UIT） 需要精确复制指数并禁止使用衍生工具的常用ETF类型，例如管理投资信托，包括SPY和QQQQ。

未实现的资本利得或损失 由于证券尚未售出而导致的证券价值“非实际”增加（或减少）。一旦投资组合经理出售证券，资本利得或损失由基金实现，并且在出售证券的纳税年度内向股东支付任何款项均应纳税。

波动性 证券、共同基金或指数价格波动的程度。通常按数学度量，如标准差或贝塔。基金的波动性越大，其高价和低价之间的离散度就越大。

洗售规则 美国国税局规定，禁止在出售一项投资时申报损失的投资者在出售之前或之后30天内购买该投资或实质上相同的投资。

收益率曲线 在图上绘制的线，描绘了从短期到长期的不同期限债券的收益率。该曲线显示了短期利率和长期利率之间的关系。

到期收益率 如果投资组合内的证券持有至到期日，投资者将获得的回报率。